企業との協働による
キャリア教育

私たちは先輩社会人の背中から何を学んだのか

宮重徹也 編著

慧文社

まえがき

　筆者は1996年3月に広島商船高等専門学校流通情報工学科を卒業し、同年4月に信州大学経済学部第3年次に編入学した。高専在学中は情報工学という理科系の学問分野を専攻していたにも関わらず、大学への編入学とともに経済学という文科系の学問分野を専攻することにしたのである。

　理科系から文科系へと専攻する学問分野を変更したことに伴い、就職活動の形態も大きく変わることになった。理科系の学問分野を専攻していた高専時代は、多くの友人が学校推薦制度により各方面へ就職していった。これは高専・大学を問わず、理科系の学問分野を専攻する学生にとって一般的な就職活動の形態であった（理科系の高専であれば学校推薦制度、理科系の大学や大学院であれば教授推薦制度が一般的である）。一方、文科系の学問分野を専攻する学生は自由公募の就職活動を行い、就職先を決定することになる。

　筆者も大学編入学とともに文科系の学問分野を専攻することにしたため、自由公募の就職活動を行うことになった。筆者は1998年3月に信州大学経済学部を卒業しているが、就職活動を行った1997年は就職氷河期であるだけではなく、就職協定が廃止された最初の年でもあった。

　就職協定廃止1年目の1997年に就職活動を行った筆者は、大学3年生の12月から就職活動を開始し、就職活動を終えた大学4年生の9月までに、100社を超える企業を訪問した。この就職活動を通じて自分自身という人間を見つめ直すとともに、世の中には様々な性格の企業があることを理解した。具体的には、この就職活動の経験から、自分という人間は新しいことにチャレンジをしたいタイプの人間であり、金銭的な報酬よりも仕事の意義ややりがいを重視するタイプの人間であることを理解した。また、100社を超える企業を訪問するなかで、仕事の意義ややりがいを提供するだけではなく、新しいことにチャレンジをさせてくれる企業と出会った。それが、1998年4月に入社した萬有製薬株式会社であった。

　多くの企業が利益を挙げることだけを目的としていたが、米国メルク・グループの在日法人である萬有製薬は、親会社であるメルクと同様に、「患者さんのために（Where patients come first）」という基本理念を掲げ、利益を超えてその基本理念の実現を目指すための企業活動を行っていた。また、萬有製薬では「患者さんのために」という基本理念に基づく活動で

あれば、どのようなことにでもチャレンジをさせて貰えた。筆者は2000年4月に富山商船高等専門学校国際流通学科に助手として赴任することになったが、萬有製薬で働いた2年間は毎日がサークル活動のように楽しく、一度も会社を辞めたいと思ったことがなかった。これは自分自身の性格に合った企業で働いていたためである。

　富山商船高等専門学校国際流通学科（現富山高等専門学校国際ビジネス学科）は、高専では珍しい文科系の学科であるため、同学科の卒業生は高専では珍しく自由公募の就職活動を行うことになる。本校への赴任にあたり、「君は自由公募の就職活動を通じて、自分自身で自分自身に合った企業を探し、毎日、仕事の意義ややりがいを感じながら自発的に楽しく働いていた。教員という職業はその経験を学生へと伝えることのできる仕事である。その経験をこれから社会へと巣立つ学生に還元していって欲しい。毎日、仕事の意義ややりがいを感じながら楽しく働ける社会人を増やしていって欲しい。」と言われ、是非とも自分自身のこの経験を日本の将来を担う学生に還元したいと考えていた。

　富山商船高等専門学校国際流通学科への赴任当初は、自分自身が高専の教員として仕事をしていくために修士号を取得する必要があり、授業においてこのような経験の話をしながらも、学生に実体験をしてもらうことが出来なかった。2003年3月に修士号を取得したことを契機に、学生にもこのような経験を実体験してもらう機会として、卒業研究報告会と企業訪問を含むゼミ合宿を企画し、2004年度から毎年夏休みにゼミ合宿を実施することにした。このゼミ合宿では、卒業研究報告会において自分自身で考える能力に磨きをかけるとともに、企業訪問において仕事の意義ややりがいを感じながら自発的に楽しく働く社会人と出会い、自分が人生を通じてどのような仕事をしていくのかを考えてもらうことを目的とした。

　萬有製薬で働いていた時に筆者を動かしたものは、「Where patients come first」という萬有製薬の基本理念であった。いま筆者を動かすものは、「Where students come first」という自分自身の信念であると信じたい。このような信念を持って働けるようになったのは、萬有製薬における勤務経験の影響が大きい。

　本書において宮重ゼミの学生の経験した実体験が他の学生の方々にも伝わり、それらの学生の方々が自分らしい未来を築くための手助けになることを期待してやまない。

末筆となるが、ご多忙を極める中、筆者の信念にお付き合いを頂き、宮重ゼミの学生に貴重な経験を積む機会をご提供頂いた企業の方々に厚く御礼申し上げたい。

　2015年3月
　編著者代表　宮重徹也

企業との協働によるキャリア教育　目次
―私たちは先輩社会人の背中から何を学んだのか―

第1章　2004年度ゼミ合宿　　　9
1．2004年度ゼミ合宿の概要　　　10
2．卒業研究報告会から学んだこと　　　11
3．ジェイアイ傷害火災保険株式会社本店への企業訪問から学んだこと　　　16
4．アベンティス・ファーマ株式会社日本法人本社への企業訪問から学んだこと　　　22

第2章　2005年度ゼミ合宿　　　31
1．2005年度ゼミ合宿の概要　　　32
2．卒業研究報告会から学んだこと　　　32
3．株式会社資生堂本社への企業訪問から学んだこと　　　37

第3章　2006年度ゼミ合宿　　　43
1．2006年度ゼミ合宿の概要　　　44
2．卒業研究報告会から学んだこと　　　45
3．株式会社リンクアンドモチベーション東京支社への企業訪問から学んだこと　　　52
4．同級生と共に過ごして学んだこと　　　61

第4章　2007年度ゼミ合宿　　　67
1．2007年度ゼミ合宿の概要　　　68
2．卒業研究報告会から学んだこと　　　69
3．アステラス製薬株式会社東京本社への企業訪問から学んだこと　　　77
4．株式会社日立製作所東京本社への企業訪問から学んだこと　　　87
5．ゼミ合宿を終えた感想　　　97

第5章　2008年度ゼミ合宿　　　103
1．2008年度ゼミ合宿の概要　　　104

2．卒業研究報告会から学んだこと　　　　　　　　　　　　　104
　　3．サントリー株式会社ワールドヘッドクォーターズへの企業訪問
　　　　から学んだこと　　　　　　　　　　　　　　　　　　　108

第6章　2009年度ゼミ合宿　　　　　　　　　　　　　　　　　　115
　　1．2009年度ゼミ合宿の概要　　　　　　　　　　　　　　　　116
　　2．卒業研究報告会から学んだこと　　　　　　　　　　　　　116
　　3．株式会社リンクアンドモチベーション本社への企業訪問から学
　　　　んだこと　　　　　　　　　　　　　　　　　　　　　　121

第7章　2010年度ゼミ合宿　　　　　　　　　　　　　　　　　　129
　　1．2010年度ゼミ合宿の概要　　　　　　　　　　　　　　　　130
　　2．卒業研究報告会・特別研究報告会から学んだこと　　　　　130
　　3．株式会社ローランド・ベルガー東京オフィスへの企業訪問から
　　　　学んだこと　　　　　　　　　　　　　　　　　　　　　137

第8章　2011年度ゼミ合宿　　　　　　　　　　　　　　　　　　145
　　1．2011年度ゼミ合宿の概要　　　　　　　　　　　　　　　　146
　　2．卒業研究報告会・特別研究報告会から学んだこと　　　　　146
　　3．独立行政法人理化学研究所和光本所への企業訪問から学んだこ
　　　　と　　　　　　　　　　　　　　　　　　　　　　　　　152

第9章　2012年度ゼミ合宿　　　　　　　　　　　　　　　　　　161
　　1．2012年度ゼミ合宿の概要　　　　　　　　　　　　　　　　162
　　2．卒業研究報告会・特別研究報告会から学んだこと　　　　　163
　　3．全日本空輸（ANA）東京本社への企業訪問から学んだこと　172

第10章　2013年度ゼミ合宿　　　　　　　　　　　　　　　　　183
　　1．2013年度ゼミ合宿の概要　　　　　　　　　　　　　　　　184
　　2．卒業研究報告会・特別研究報告会から学んだこと　　　　　185
　　3．三菱商事株式会社本社（丸の内パークビルディング）への企業
　　　　訪問から学んだこと　　　　　　　　　　　　　　　　　195

第 11 章　2014 年度ゼミ合宿　　　　　　　　　　　　　　　207
　1．2014 年度ゼミ合宿の概要　　　　　　　　　　　　　　208
　2．卒業研究報告会・特別研究報告会から学んだこと　　　　209
　3．株式会社神戸製鋼所神戸本社への企業訪問から学んだこと　216

第 12 章　2014 年冬合宿　　　　　　　　　　　　　　　　223
　1．2014 年冬合宿の概要　　　　　　　　　　　　　　　　224
　2．富士電機株式会社本社（ゲートシティ大崎イーストタワー）への企業訪問から学んだこと　　　　　　　　　　　　224
　3．千代田化工建設株式会社グローバル本社（みなとみらいグランドセントラルタワー）への企業訪問から学んだこと　　229

第 13 章　2008 年度キャリア研究会研修合宿　　　　　　　237
　1．2008 年度キャリア研究会研修合宿の概要　　　　　　　238
　2．グンゼ株式会社大阪本社 CSR 推進室への企業訪問から学んだこと　　　　　　　　　　　　　　　　　　　　　　238

第1章　2004年度ゼミ合宿

1．2004年度ゼミ合宿の概要

　2004年度ゼミ合宿は2004年7月19日（月）～7月21日（水）までの2泊3日で、5年生のゼミ生4名と4年生のゼミ生3名の合計7名の参加のもとに実施した。

　夏休み期間中ということもあり、1日目は避暑地である白樺高原に移動し、北白樺高原のペンションにおいて、5年生の卒業研究報告会を行った。2日目は休息日にあて、白樺高原から霧ケ峰高原を経て美ヶ原高原までのビーナスラインを観光し、訪問先企業の所在する東京へと向かった。3日目は午前にジェイアイ傷害火災保険株式会社本店を、午後にアベンティス・ファーマ株式会社日本法人本社を訪問させて頂いた。

◆2004年度ゼミ合宿の日程表

○7月19日（月）

富山――JR北陸本線――糸魚川／糸魚川――JR北陸本線――直江津
7:05　　　　普通　　　　　　8:29／8:59　　　　普通　　　　　　9:37

直江津――JR信越本線――長野／長野―――JR長野新幹線―――
9:47　　　　普通　　　　　　11:19／11:34　　　新幹線あさま514号

――佐久平／佐久平――JRバス白樺高原線――東白樺湖
　　　　11:58／12:20　　　季節運行　　　　　　　13:29

　　　　　　　　　　　　北白樺高原・姫木平のペンションで卒業研究報告会

○7月20日（火）

姫木平中央――JRバス白樺高原線――東白樺湖／東白樺湖――
9:30　　　　　　季節運行　　　　　　　　9:40／10:20

――JRバス白樺高原線――山本小屋
　　　季節運行　　　　　　　11:57

　　　　　　　　　　　　　　美ヶ原高原・美ヶ原高原美術館　　散策

山本小屋――JRバス白樺高原線――東餅屋／東餅屋――
16:00　　　　季節運行　　　　　　　　16:49／16:50

――JRバス和田峠南線――下諏訪／下諏訪――JR中央本線――錦糸町
　　　季節運行　　　　　　17:25／17:39　　特急あずさ32号　　20:24

　　　　　　　　　　　　　　　　　　　　　　　　　　東京都内宿泊

○7月21日（水）
　10:00～13:00　ジェイアイ傷害火災保険株式会社本店　訪問
　14:00～16:00　アベンティス・ファーマ株式会社日本法人本社　訪問
　　　　　　　　　　　　　　　　　　　　　　　　　新宿駅で解散

美ヶ原高原の風景

2．卒業研究報告会から学んだこと

　宮重ゼミにおける卒業研究の目的は、卒業研究を通じて論理的思考力を身に付けることにある（本科4年後期～5年にかけて行う研究を卒業研究と言う）。換言すれば、卒業研究を通じて、自分自身で考える能力を身に付けることを目的としている。

　そのため、ゼミ合宿における卒業研究報告会の目的は、論理の明快な卒業研究論文を作成するために、提出期限までの時間に余裕のあるこの時期に、卒業研究の論理の明快でない箇所を見直すことにある。そのため、この報告会では報告学生は自分の卒業研究を論理的に説明し、報告を受ける学生は論理の明快でない箇所や不完全な箇所を指摘することが求められる。これらの作業を通して、各学生の卒業研究の論理が明快となるように

見直していくとともに、論理的思考力を磨いていくことになる。
　本年度は、ゼミ合宿1日目の2004年7月19日（月）14時30分～18時20分まで卒業研究報告会を実施した。卒業研究報告会の内容は、以下のとおりである。

◆卒業研究報告会の内容
報告時間　　　　　報告者氏名　　　　　　報告タイトル
14:30～15:20　　原理恵　　　　　　社会貢献活動が企業に与える効果
15:30～16:20　　竹沢美香　　　　　日本企業の米国型経営導入後の明暗
16:30～17:20　　牧野麻衣子　　　　第3セクター事業が赤字経営に陥る要因
17:30～18:20　　永井瑛美　　　　　M＆Aにおける組織文化の重要性

　この卒業研究報告会に参加した学生の感想は以下のとおりである。

◆国際流通学科5年　竹沢美香
　ディスカッションを行っていて一番驚いたのは、4年生がものすごくロジックを理解していたことだった。私はもちろん、5年生全員に対する質問が、恐ろしいほどに的確で痛いところをついていた。きっと今の4年生が書く卒業研究は傑作になるだろうと素直に思った。
　それと、避暑地でのディスカッションは正解だと思った。エアコン不要の大自然の中で新鮮な空気と共に勉強するのは、日頃勉強の虫になっている私たちにとって気分転換にもなった。

◆国際流通学科5年　永井瑛美
　ゼミ合宿では「なぜそうなるのか、そう言えるのか」という理由を客観的に裏付けるということが、どれだけ難しいかということを痛感した。みなさんすばらしい質問をされて、答えるのが苦しかった。プレ卒（プレ卒業研究：4年生後期に行う卒業研究の前段階）以来ずっと考えてきたけれど、企業文化の衝突を立証するのはやはり難しすぎると今回また思ってしまったので、M＆Aからは離れずにテーマを考えなおそうかと思った。
　物事の本質を研究することは面白いけれど、長い月日と能力が必要でこのままいくと卒業できるのか不安になってきた。ロジックは実際理解することまではできても、自分で論文の中で正しく使うことは思っていた以上

に大変そうだ。M.E. ポーターの本を読んで「ロジックが通っていない」などと言っていたけれど、あれだけ分厚い本を一冊書き、かつロジックを通すのはかなり大変な作業になるだろうと思う。

　しかし他の人の発表を聞いて質問することは楽しかった。自分の知らない分野の研究ばかりで、新しい知識を得ることができてとてもためになった。4年生は素朴な疑問の「なぜ？」という質問が多かったが、逆にその素朴な質問が重要でなかなか5年生は答えに困っていたようだった。同じ分野の研究をしている人同士で話し合えるというのはとてもいい機会だったと思う。

　また、私は今回初めてビーナスラインを旅行し、その雄大で美しい景色に圧倒された。富山や私の知っている緑とは違い、きれいで澄んだ黄緑色に近い緑が一面に広がっている美ヶ原は外国のようだった。ハイジの舞台のようだった。美ヶ原まで道がくねくねと曲がっていて酔いそうになったけれど、きれいな景色で忘れたほどだった。どんどん空に近づき家や湖を見下ろす眺めもよかった。あまり花は咲いていなかったけれど、天気がよく遠くまで見渡せた。美ヶ原では美ヶ原美術館に入ったが、たくさんの作品と眺めのよさでどれだけいても時間が足りなさそうだった。ほんとうに自然に感動し、また来年の夏に行きたいと思う。

◆国際流通学科5年　原理恵

　発表内容はまだまだ十分ではなかったが、教官、ゼミの仲間、下級生にさまざまな視点から質問をしてもらえたことがよかったと思う。今後の課題は、参考文献をもっと充実させ、いち早く事例研究に取り組むことである。

　永井さんの研究は、参考文献やデータを多く集めてあって、説得力があった。竹沢さんの研究は、フレームワークがややあいまいだったが、興味深いテーマだったと思う。牧野さんの研究は、勉強した跡がみられ、よくまとまっていた印象である。他人の研究を聞くと、研究のフレームワークや問題点、改善点を発見することができる。その時と同じ視点で、自分の研究を見て、改善していこうと思う。

◆国際流通学科5年　牧野麻衣子

　自分の研究内容を発表して、ひとりひとりに質問をもらうという形式で

ディスカッションをしたのは、おそらく初めての経験だったので、とても緊張した。他のゼミ生の発表を聞いていると、かなりの段階まで構想を練っている学生もいて、感心してばかりだったように思う。発表の仕方や、研究の進め方で良いと思ったものをぜひ今後の参考にしていきたいと思った。

　また、自分を除く学生6名及び教官から頂いた質問も的を射ており、それらを解決するのも今後研究を進める上での重要な課題となるだろう。時間にあまり余裕がないので、できるだけのことをしていきたいと思っている。

◆国際流通学科4年　伍嶋沙友里

　ゼミ合宿の1日目に5年生の方々の卒研報告を聞きました。報告やそれに対する質問の中でこれからプレ卒、卒研に取り組む上で大切なことを学べたと思います。

　その中の1つは研究の背景・動機をしっかり持つことです。何で研究したいかどうして関心を持ったかということは、意外とまわりから興味があるようです。自分の研究動機を伝えることで、研究を読む人、聞く人の関心を高め、これから発表することに惹きつけることができると思います。だから、テーマをなんとなく、簡単そうだからという理由で決めるのではなく、まず自分が興味を持って取り組める内容であることが1番大切です。

　それから、卒研の難しさや大変さも伝わってきました。今からできること、新聞などを読んで情報を捜したり、土台となる知識をつめこんだりして、できることの可能性を広げておきたいと思います。

◆国際流通学科4年　新田久美子

　私が今回ゼミ合宿に参加した動機は、企業見学に興味があったことと、自分が今後プレ卒や卒研をどのように進めていけばいいのか、いまいち摑めていなかったからです。先輩方がどのようなことを研究課題としているのか直接聞けるチャンスだと思い、参加しました。先輩方はそれぞれ興味のあることを研究課題としていて、まだ始まったばかりということもあり、まだ漠然としていましたが、研究を進める方向性ややり方は見えているようでした。また私のわけのわかっていないような質問にも丁寧に答え

てくださったので、とても感心しました。

　卒研はテーマに対してすごく奥深いところまで突き詰めて知っていかなければならないということを肌で感じとれたので、今回のゼミ合宿は私にとってとてもいい機会になったと思います。またこのゼミ合宿で先輩方と知り合うことが出来たので、卒研などで困ったときは是非相談に行ってアドバイスを受けたいと思います。

　今回お世話になった「森の音楽家」は、去年のゼミ旅行で1度お世話になっていたのでとても懐かしい感じでした。オーナーも奥さんも去年と変わらず優しい方で、私達にとてもよくしてくださいました。料理もすごく美味しくてお土産にジャムを買って帰りました。今回は特別にコテージを見せていただき、隠し扉も教えてもらいました。また機会があれば是非「森の音楽家」に行きたいです。

◆国際流通学科4年　南圭祐

　7月に長野にゼミ合宿へ行った。ペンション「森の音楽家」にて、夜に宮重ゼミ生による卒研報告会があり、参加し聞かせていただいた。私たち4年生はこれから卒研に入るところで、どのように進めていけばよいのか、全体をどんな風にまとめればよいのかわからなかったので、5年生の研究を聞いてぜひ参考にしていきたいと思った。4人の方が発表したが全員が企業経営についてで、私もその方向で研究を進めていきたいと思っていたから、今後に大きく影響し役に立っていくと思う。

　宮重教官はロジックを大切にする方で、AがあってBがあり、そのことによりCがあるという風にいつも学生に説いている。今回も中間報告なので、内容を突いていくことより文の流れについて注意していた。私たち4年生も5年生一人一人が終わるごとに何か質問しないといけなかったが、何を質問すればいいのか分からず常識的な単語の意味しか聞くことができなかった。私から見て5年生の卒論（卒業論文）は抜け目なくよく調べてあり、文の構成もとてもよくできているように感じた。まだ漠然としかできておらず、これからこのような流れで卒研を進めていくという5年生もいたが、漠然と言っている割にそのことについてのしっかり知識の土台ができていて、それくらいは普通なのかと思い知らされた。

　5年生の方たちの研究の背景や、仮設の立て方などを聞いて、今まで私の書いたものが論文ではなく作文といわれていた意味を知ることができ

た。そしてこのように組み立てていくのだなということを知った。私もこれから書くことになるが、何となくだけれど分かったような気がするので、5年生の方たちにも負けないくらいすばらしいものを作りたいと思う。

3. ジェイアイ傷害火災保険株式会社本店への企業訪問から学んだこと

　宮重ゼミにおける企業訪問の目的は、次の2点である。第1に、宮重ゼミでは経営学に関する卒業研究に取り組む学生が多いため、企業訪問を通じて企業内部の状況を肌で感じることによって、文献や講義からは得ることのできない「暗黙知」を修得することである。第2に、学生は将来、企業などの組織へと就職することになるため、研究という観点からのみではなく、働く場所という観点からも企業を理解することである。特に先輩社会人の背中を見て、「働く」ということを考えてもらうことを大きな目的としている。

　本年度は、ゼミ合宿3日目の2004年7月21日（水）10時00分～13時00分までの3時間にわたって、ジェイアイ傷害火災保険株式会社本店を企業訪問させて頂いた。企業訪問の内容は、以下のとおりである。

◆ジェイアイ傷害火災保険株式会社本店の訪問内容
　① 歓迎のあいさつ（南沢光仁 代表取締役社長）
　② ジェイアイ傷害火災保険株式会社について（竹内正人 総務課長）
　③ 損害保険と損害保険会社について（金子芳邦 企画課長）
　④ 社内見学―首都圏営業センター、事務センター、損害サービス部―
　　　　（渡部正浩 法務・コンプライアンス部長、金子芳邦 企画課長）
　⑤ ＯＡ実習（鈴木優子 様）
　⑥ 質疑及び会談
　　　　（渡部正浩 法務・コンプライアンス部長、金子芳邦 企画課長）

　ジェイアイ傷害火災保険株式会社本店への企業訪問から学生の学んだことは以下のとおりである。

◆国際流通学科5年　竹沢美香

　ジェイアイ保険は、旅行会社JTBと保険・金融サービス会社のAIGという業界リーダーである2社による合弁会社である。そのような会社の社長に会える機会はおそらくもう二度と無いだろう。また、首都圏営業センター、事務センター、損害サービス部門という実際に仕事をしている最中の職場も見学させていただき、「働く」ということを少しだけ肌で感じ取ることが出来た。ここには制服などがなく、女性社員は私服で仕事をしていた。男性社員もスーツをきっちり来て仕事をするのではなく、ノーネクタイでのびのびと仕事をしている事に少し驚いた。これも、この会社の基本理念のようなものなのだろうか。

　会社説明・傷害保険や事務の流れの説明では、私たちの聞き覚えのない用語や難しい法則がでてきて、保険を取り扱う仕事の難しさを改めて知った。サービスという目に見えない商品を世界規模で展開しているだけあって、そのサービスの充実さにも驚いた。外国での病気・けが・盗難に対応するため、海外55都市に設置しているJiデスクをはじめ、ジェイアイが提携した病院の設置、24時間体制のダイレクトコールサービスまで幅広いサービスが組み込まれている。

　また、ここでは会社・社員の情報が全てパソコンで管理されている。社員の詳しい情報や、会社のどの部屋が何時に何に使われているかなど、細部に至るまでOA化されており、その便利さとめずらしさに驚いた。

　数ヶ月後には私も社会人になり、仕事をすることになる。今回、実際この目で見たこと、教えていただいたことをその時に生かしたいと思った。

　企業訪問は、わたしにとって本当に価値のあるものだった。実際の職場を見るのはとてもいい勉強になったし、これから就職活動を行う4年生にとっても参考になることばかりだと思う。都会の、しかも大企業のオフィスに入ることなどもう二度とない事だろうから、それだけで良い経験をしたと心から満足している。

◆国際流通学科5年　永井瑛美

　ジェイアイ傷害火災保険株式会社（以下ジェイアイ保険）はJTBとAIGの合弁会社である。旅行損害保険に特化しており、収入保険料の8割がそれで占められている。保険の販売は代理店（JTBやトラベランドなど）を通して行っている。非常に専門性の高い領域なので4月1日から

の定期的な新卒採用を行っておらず、専門性を持った良い人材を見つければいつでも入社できる体制になっている。社員は男性3：女性1の割合で営業職の方以外は私服である。一人一台パソコンと電話があり、机は全員前を向いて並べてある。社内の雰囲気は社員数が少ないせいかアットホームな感じだった。社内での書類提出やスケジュール管理などは全てオンライン化されており、とても便利な環境が整っていた。

　Jiデスクには日本語を話せる人を採用し、海外との時差の関係で24時間365日営業体制である。社内には世界各地の現地時間がわかる時計がかけられている。現在海外55都市に設置されているJiデスクはこの先増える可能性もある。今年はアテネ・オリンピックがあるため、臨時でアテネにもJiデスクが開設されている。ジェイアイ保険では近年注目されているコンプライアンスに力をいれており、それらの代理店とはジェイアイ保険のコンプライアンスに同意の上提携している。現在「コンプライアンス・プログラム」を文書化中である。

◆国際流通学科5年　原理恵

　ジェイアイ保険はJTBとAIG保険の合弁会社で、多種多様な保険商品を販売している百貨店型の保険会社とは異なり、旅行保険に特化した専門店型の保険会社である。私たちが海外旅行に行くとき、必ず保険をかけることに注目したジェイアイ保険では、日本人旅行客が利用する地域の95％をカバーしている。また、トラベル・サービスやJiデスク、「たび情報局」などの支店を世界各国に配置している。今年夏に開催されたアテネ・オリンピックのような大きなイベントがあれば、日本の社員に応援を頼んだり、臨時で現地支社を設けたりするそうだ。販売経路としては、親会社で旅行会社のJTBやトラベランドのウェイトが大きい。

　会社の雰囲気は、わりとラフな雰囲気に感じた。というのも、ノーネクタイの日を設けたり、女性の服装は自由であるからだ。顧客と直接対面するというより、コンピュータや電話に向かっていることが多いので、スーツや制服を着用する必要がないのだそうだ。全ての机の向きが一方に向いているのも、想像していたオフィスと違い意外であった。

　ジェイアイ保険で一番感心したことは、会社全体がオンラインで繋がれていることだ。社員各々のスケジュールをコンピュータ上で管理し、例えば会議などはグループメンバーのスケジュールが空いている時間帯に設定

したりするそうだ。また、共有ファイルには各種の書類フォームが入っており、社員は必要時にそれを利用して書類を作成することができる。コンピュータに書類フォームを保存して、その都度プリントするので、紙を節約できるそうだ。IT化は、企業の様々な面の経営効率化に貢献しているのだと感じた。

◆国際流通学科5年　牧野麻衣子

　ジェイアイ保険は、JTBとAIGが合併で運営する企業であり、その業務は海外旅行保険に特化している。海外旅行保険を集中的に取り扱うことができている理由は、「他の保険取扱企業に旅行保険に特化しているところがない」ということと、「各地にJTBの設置した営業所がある」ということにあると思う。これまで海外旅行保険を集中的に取り扱う企業がなかったため、それが新しい市場の開拓および市場におけるシェア確立につながっているのだろう。

　また、世界各地に営業所を持っている世界最大手の旅行会社JTBとの合弁企業だということも強みだと感じた。ジェイアイ保険はJTBが各地に持つ営業所内にサービスデスクを設置することで、現地に保険業務専用の新たな営業所を設立せずとも、顧客にサービスを提供できるようになっている。少なくとも私のように海外旅行の保険を選ぶ基準が良く分からない利用者の立場から言えば、自分の参加する旅行を主催している旅行会社、特にJTBのようにブランドを確立している企業が直接関わって運営している保険会社だと聞いた方が、得られる安心感は大きいと思う。

　実際にオフィスを見せて頂いて思ったことは、業務を行うのがAIG側となっているからか、それとも合併や吸収ではなく「合弁企業」という形で運営されているからなのか、企業文化がぶつかるといった問題もなさそうだということだった。旅行プランの提供や保険の提供だけに留まらず、互いの専門分野の特性をうまく混ぜ合わせることで新たな利益を生み出していくのは、とても効率の良い方法だと思う。

　近年、戦争やテロによって海外旅行への危険性が高まっている反面、ドラマがブームになった影響から韓国はもちろん中国などアジア圏へ渡航する人が増加している。手軽に海外旅行ができるようになったことで、今後さらに利用者は増加するのではないかと思った。

　また、3日目に東京で企業訪問をする機会を持てたことは、私にとって

良い経験になったと思う。実際に「働く」ということを見ることができ、その企業の雰囲気や設備、働く人の様子など、資料をながめているだけでは得られない貴重な体験をすることができた。私は卒業後大学に進学する予定だが、今回仕事をする現場を見て、私たち学生の世界がいかに甘いかということを少し理解したような気がする。学生と社会人の違いを理解し、「働く」という意識を持って就職活動に臨みたいと思った。

◆国際流通学科4年　伍嶋沙友里

　保険について今まで勉強したことがなかったので、新たに保険について知ることができました。またジェイアイ保険は今まで思ってきた保険会社のイメージとは少し違った保険会社だということを感じました。そう感じた理由に、ジェイアイ保険が旅行保険を中心とした専門店スタイルをとっていることがあると思います。販売・営業は出資しているJTBの方でほとんどしているそうです。健康保険や生命保険と違った営業方法、旅行者のための様々なサービスを伺うことができました。

　またオフィスを見学させていただきました。そこで働いておられる方々の姿を見て、就職して「働く」ということに対する実感が少し湧いてきました。というのも、私は自分が学校を卒業してどこかの会社に就職して働いているという姿が想像できないでいました。実際に真剣に働いているオフィスの雰囲気を直に感じ働くことに対する意識を持つことは、私にとてもプラスになったと思います。この貴重な体験を、就職や働く際などに活かしたいです。

◆国際流通学科4年　新田久美子

　JI保険は大使館などが多く立ち並んでいる町にあるビルの3・4階にあり、まず始めに私達は南沢社長から歓迎の挨拶を受けました。南沢社長は、スキルやテクニカルが優れているだけでなく、プラスアルファとして倫理観も備わっている人材を現在は求めているとおっしゃっていました。現在は定期採用が中止となり、企業方針に合った人材であれば新卒、経験者を問わず、常時募集しておられるそうです。そのため最近は中途採用の方が多いそうです。

　そしてJI保険はJTBとAIGの合弁会社なだけあって、さまざまな損害保険の中でも旅行損害保険に特に力を入れておられ、企業の収入保険料

の8割を占めているそうです。特徴としては、海外55都市にJiデスクというお客様相談所のようなものがあり、全てのJiデスクに日本人または現地の方で日本語が話せる方がおり、24時間日本語でお客様の対応が出来るそうです。なぜこの55都市になったかというと、日本人観光客の多い都市をピックアップするとそうなったそうです。またJTBの企画やツアーがあるときは、その土地に臨時でJiデスクを置くこともあるそうです。

　その他キャッシュレスメディカルサービスといって、お客様が緊急時の際、現金などを持っていなくてもキャッシュレスで病院の治療が受けられるシステムもあるそうです。その際の病院は、企業のほうである一定の基準があり、その基準をクリアした安全な病院の治療を受けられるそうです。また各地にJiデスクがあることを生かし、生の現地情報がわかるJiデスク「たび情報局」もあるそうです。このように現在はJI保険として様々な面で業績をあげておられるようですが、JI保険という合弁会社を設立した当時はやはり企業間の価値観の違いを感じたそうです。しかし他企業があまり手を加えていなかった旅行損害保険に目をつけ業績を伸ばしているようなので、私自身はこの合弁は成功しているのではないかと思いました。

◆国際流通学科4年　南圭祐

　7月21日に企業訪問があり、東京の外資系の会社2社を訪問しました。1社大体2時間くらいの時間を私たちのためにさいてくれ、会社の概要や特徴などについて教えてくれました。私たちはこれから就職など考えていく時期で、会社とはどのようなところなのか知らなかったので、2社見学してどのような感じのところか実際に見ることができ、とても参考になりました。ありがとうございました。

　JIは旅行のエキスパートJTBと保険・金融サービスのエキスパートAIGが資本を50％ずつもち起こした合弁会社で、お互いの知識・技術によって会社経営を支えています。主に旅行障害保険を取り扱っていて、海外300箇所を超える提携病院の配置により旅行者の95％をカバーすることが可能らしいです。海外主要都市にはJiデスクという現地サービスを配置し、現地事情に精通したプロが日本人旅行客の相談・トラブルの対応をするそうです。私はそれを知り、国内・海外にサービス拠点を置く

JTBの長所を使い普通の保険会社には真似のできず、抜け目のないサービスにすごくよくできているなと驚きました。

次に会社に入って感じたことを書きます。オフィスはやはり個人情報を取り扱う会社なので、社員一人一人 ID をもっており、それがないと入れないように厳重にセキュリティがされていました。最初、保険会社の事務の流れなどについて説明していただき、次に職場案内をしていただきました。どの部署もせかせか忙しそうにしていました。その後 OA をつかって HP などを見せていただきました。その時に職員のスケジュール、掲示板等が書いてあるガルーンというファイルを見せていただきました。これは一人一人の予定、部屋・機器の予約・使用状況を確かめるもので最近取り入れたらしいのですが、まだ社員全体には広がっておらず、全員は使っていないと言っていました。会社はすばらしいところだと思ったけど、全体の協調性は思ったより低いのを感じました。

文末となりますが、今回の企業訪問にあたり若輩者である私の依頼を快く引き受けて下さいました法務・コンプライアンス部長の渡部正浩様、また当日有意義なご講演を頂きました代表取締役社長の南沢光仁様、総務課長の竹内正人様、企画課長の金子芳邦様、情報システム部の鈴木優子様に厚く御礼申し上げます。

4. アベンティス・ファーマ株式会社日本法人本社への企業訪問から学んだこと

宮重ゼミにおける企業訪問の目的は、次の2点である。第1に、宮重ゼミでは経営学に関する卒業研究に取り組む学生が多いため、企業訪問を通じて企業内部の状況を肌で感じることによって、文献や講義からは得ることのできない「暗黙知」を修得することである。第2に、学生は将来、企業などの組織へと就職することになるため、研究という観点からのみではなく、働く場所という観点からも企業を理解することである。特に先輩社会人の背中を見て、「働く」ということを考えてもらうことを大きな目的としている。

本年度は、ゼミ合宿3日目の2005年7月21日（水）14時00分～16時00分までの2時間にわたって、アベンティス・ファーマ株式会社日本

法人本社を企業訪問させて頂いた。企業訪問の内容は、以下のとおりである。

◆アベンティス・ファーマ株式会社日本法人本社の訪問内容
①　歓迎のあいさつ（執行役員・法務部長　那谷宗輝様）
②　アベンティス・ファーマ株式会社及び医薬品産業について
（人材開発部　石坂岳彦様）
③　医薬品工場における仕事内容について（品質保証部　小田貴士様）
④　企業法務について―コンプライアンスを中心に―
（執行役員・法務部長　那谷宗輝様）
⑤　社内見学―財務本部、法務部など本社内各部門―
（執行役員・法務部長　那谷宗輝様、品質保証部　小田貴士様）
⑥　質疑応答
（執行役員・法務部長　那谷宗輝様、品質保証部　小田貴士様）

アベンティス・ファーマ株式会社日本法人本社への企業訪問から学生の学んだことは以下のとおりである。

◆国際流通学科5年　竹沢美香
　アベンティスは、ビルのいくつかの階をオフィスとしているが、まずその清潔さと広さに驚いた。やはり、医薬品を取り扱う会社なので、清潔感は重要なのだと思った。また、オフィス内のインテリアにも工夫を凝らしてあった。ソファや会議室のイス、デスクから壁まで、どれも海外から取り寄せたもので、社長のこだわりだと聞いてまた驚いた。オフィスから眺めることが出来る景色は絶景で、晴れた日には富士山も見えるそうだ。こんなオフィスで働けるなら、仕事へのモチベーションも上がるのではないだろうか。
　会社の説明を聞いていると、外資系企業の凄さを改めて知った。製品をつくる工場は東京ドームの約1.2倍の広さで、中には物流センターが設置してある。アベンティスは、研究開発力を生命線にしており、会社の売り上げの17％、約3750億円を研究開発に投入している。そのため、工場には最新の設備が整っており、日々医薬品が作られている。
　企業にとって重要なコンプライアンスについても説明していただいた。

事前に調べておいたがさらに詳しくわかりやすく教えていただき、いま会社にとっていかにコンプライアンスが大切か勉強になった。
　私が最も興味があったのは、企業が求める人材についての説明であった。これから社会に出る者としてどのような意志を持って仕事をするべきかとても勉強になった。また、女性の採用が増えていること、性別は関係なく自分がこの会社で何をしたいのか、そういう意志が大切で、企業はそのような点を見ていることも教えていただいた。これは、就職活動を行う前に知っておきたかった。数ヶ月後には私も社会人になり、仕事をすることになる。今回、実際この目で見たこと、教えていただいたことを、その時に生かしたいと思った。
　企業訪問は、わたしにとって本当に価値のあるものだった。実際の職場を見るのはとてもいい勉強になったし、これから就職活動を行う４年生にとっても参考になることばかりだと思う。都会の、しかも大企業のオフィスに入ることなどもう二度とない事だろうから、それだけで良い経験をしたと心から満足している。

◆国際流通学科５年　永井瑛美

　アベンティス・ファーマ株式会社（以下アベンティス）は過去何度も合併を繰り返して大きくなってきた会社であり、現在「サノフィ・サンテラボ」との合併が決まっている。医療用医薬品の中でも、患者数の多いガン、花粉症、高血圧、糖尿病、感染症などに特化している。研究開発費が売上高の17％（平均８％）を占め、近年厚生労働省の新薬として認められる医薬品数が着実に増加している。オフィスは高層ビルの上部にあり、とてもきれいで落ち着いた感じだった。机は一人一人離れて並べられており、テレビ電話で会議ができる環境や、医薬品関係の図書室、休憩用のカフェもあり整った環境だった。
　唯一の工場は川越にあり、工場・研究所・物流センターが１つになっている珍しい工場である。工場の広さはほぼ東京ドームと同じで、工場内では滅菌の服を着て体全体を覆い、髪の毛が落ちないようにしている。工場では欠けたり割れた錠剤をはじく「自動錠剤検査機」などがあり、かなり自動化が進んでいる。アベンティスは「Good Manufacturing Practice（医薬品の製品管理及び品質管理に関する基準）」の向上に力をいれている。品質保証部が海外との品質保証のネットワークを利用したり、品質試験や

クレームの分析、マーケットからの情報収集に携わり、世界のどこよりも高い品質の Global Quality Standard を築くことを目標にしている。

アベンティスには企業倫理を守るために、違法行為を通報することができる「社内通報（Hotline）システム」が設けられている。通報は匿名で、今年9月からは外部顧問弁護士も参加し、コンプライアンス重視の経営体制をつくっている。コンプライアンスを重視し始めた3年前よりも従業員のモチベーションが向上し、社内によい雰囲気ができている。

◆国際流通学科5年　原理恵

今回訪問したアベンティス・ファーマは医療用薬品会社で、現在のアベンティス・ファーマに至るまで、多くの合併を繰り返した会社である。製薬業界では、研究開発力が生命線と言われ、研究開発には莫大な資金が必要である。アベンティスは売上の17％を研究開発に投じており、世界第3位の医薬品企業となっている。

元々は全く異なる会社が一つの会社になったために、アベンティス・ファーマではたくさんの文化が存在し、それぞれが衝突することもあったそうだ。しかし、それぞれが過去にやっていたものにこだわらずに、「ゼロ・ベース・マインド」といって、今、会社にとって必要なものを優先していくことを心がけているそうだ。業務内容としては、ガン・糖尿病・アレルギーといった患者数の多い薬を扱っており、年々業績を伸ばしている。

また、工場では、一つの工場で多品種を扱っており、その品質は世界トップクラスである。全世界に点在するアベンティスグループの工場の中で、日本工場は世界最高水準の品質基準を誇っている。それは、日本の消費者の品質要求度が世界一高いからである。

会社の雰囲気は、とても静かだった。各個人のデスクにはしきりが立てられており、個人主義の強い会社である印象を受けた。また、会社のコンプライアンスについて話を伺うと、思った以上に倫理観が強く、コンプライアンスが企業に浸透していくように、一生懸命取り組んでいる様子が伝わってきた。会社のインテリアは、インテリアショップのようにオシャレで、窓からは大都会の高層ビル群が見え、図書室やカフェがあり、会社の環境や設備は、少なくとも私にとってはインセンティブになると思った。

◆国際流通学科5年　牧野麻衣子

　アベンティスは、ヘキストとローヌ・プーラン・ローラが合併して誕生した企業である。売上の約17％という、他社と比較しても驚異的とも言える割合を研究開発費に当て、多くの医薬品を開発している。しかも、現在はサノフィ・サンテラボとの合併を進めているそうだ。

　これまで私は医薬品業界がそれほどまでに合併・吸収の多い業界だということを全く知らなかった。しかし、実際のお話では、「慌ただしくはなるけれど、この業界ではよくあること」とのことで、それは「合併や吸収、再編を行うという決断は『苦渋の選択』である」という先入観を持っていた私にとって意外なお言葉であり、驚きであった。「変化の激しい企業だからこそ『スポンジのように物事を吸収できる人』や『変化を楽しめる人』が向いている」と言われたことが心に残っている。

　また、外資系企業ということもあってか、オフィス内は日本風のものとは全く違う雰囲気になっており、デザイン性だけでなく機能性の面から見ても、働く場所としては十分すぎるほどの魅力があると感じた。さらに驚いたことは、それら全ての内装を社長が自ら采配されているということだった。細部まで指示が行き渡っていることで社長をより身近に感じることができ、それによってよりよい職場環境が形成されていくのではないかと思う。お話の中で最も嬉しかったことは、今年度入社した人の約56％が女性だったということだった。我が家の祖父母などは、私に良い仕事に就くよりも良い主婦になってほしいと願っているが、女性が頑張っているという話を聞いたことで、尊敬の気持ちを持つと同時に「私も頑張ろう」と改めて思った。

　3日目に東京で企業訪問をする機会を持てたことは、私にとって良い経験になったと思う。実際に「働く」ということを見ることができ、その企業の雰囲気や設備、働く人の様子など、資料をながめているだけでは得られない貴重な体験をすることができた。私は卒業後大学に進学する予定だが、今回仕事をする現場を見て、私たち学生の世界がいかに甘いかということを少し理解したような気がする。学生と社会人の違いを理解し、「働く」という意識を持って就職活動に臨みたいと思った。

◆国際流通学科4年　伍嶋沙友里

　東京オペラシティにある会社は、とても眺めがよく、内装もきれいで、

とても憧れるオフィスでした。アベンティスでは、今まであまり知らなかった製薬のことやコンプライアンスについてお話を伺うことができました。

製薬会社は研究開発力が必要で、合併が盛んに行われている業界で、アベンティスも何度も合併をしてきました。合併ではいいものがぶつかるのだから、（企業文化・製品などの）衝突がないわけがなく、合併の時は０ベースでいいものを見つけようという気持ちでいるそうです。合併がいい効果を生み出すには、会社の中の人がそのようにポジティブに考えていることが大切なのではないかと思いました。

それから、実際に行われているコンプライアンスへの取り組みについて聞きました。興味を持ったのは、従業員がコンプライアンスを遵守していることや誠実さなどの評価が難しいという点です。以前から企業の評価において、財務諸表に出ている数値として分かるものではなく、そこには出てこないヒトの価値など、換算できない、または難しいものが大切だと感じていました。その評価の難しい部分に取り組んでいるという話を聞けて、とても参考になりました。

◆**国際流通学科４年　新田久美子**

アベンティスは東京オペラシティタワーの40階から48階にあるため、窓から東京を一望できとても景色が良く、会社の中も外国を思わせるようなモダンな雰囲気で、さすが外資系…と私は最初から圧倒されました。会議室も会社というよりはどこかのインテリアショップに来たような感じでした。アベンティスのスローガンは「Our challenge is life —生命の可能性への挑戦」であり、ライフサイエンスに取り組んでおられるそうです。

またアベンティスは多くの企業が合併に合併を重ね現在のアベンティスに至るため、現在はゼロベースの考え方、過去は過去であり今イイモノは何かという方針があるそうです。そのためアベンティスは定期採用（新卒採用）が主で、自ら考え自ら行動できるスポンジのような人（いろんなことを吸収できる人）を採用しているそうです。また、テクニカルだけではなく、倫理観のある人材を求めているそうです。

アベンティスは、主にガン・糖尿病・アレルギーに力を入れており、新薬も毎年出しているそうです。これには研究開発力が命となり、研究開発には莫大なお金がかかることが、合併が度重なる理由の１つと言えるそう

です。日本の薬品の品質水準は高く、全世界の工場でも日本と同じ水準になっているため、全ての工場においてクオリティーが高いそうです。

　最近よく耳にするコンプライアンスについては、どの企業にとっても重要な項目とされているようです。アベンティスでも社内外での信用を築くため、ホットライン（社内通報）システムを導入しているそうです。このシステムで社内のマイナスを通報することは、会社にとってプラスになり誠実さが守られるそうです。また信用を築くということはモチベーションを上げることに繋がるそうです。コンプライアンスは数字に表すことが困難なため目に見えにくいですが、企業にとってはとても重要だということがわかりました。アベンティスは来年もう1度合併を行うそうなので、今後の活動がどのようになるのか気になるところです。

◆**国際流通学科4年　南圭祐**
　7月21日に企業訪問があり、東京の外資系の会社2社を訪問しました。1社大体2時間くらいの時間を私たちのためにさいてくれ、会社の概要や特徴などについて教えてくれました。私たちはこれから就職など考えていく時期で会社とはどのようなところなのか知らなかったので、2社見学してどのような感じのところか実際に見ることができ、とても参考になりました。ありがとうございました。

　アベンティス・ファーマは、世界総売上第3位に入るほどの大製薬会社で、欧州の歴史ある2大企業が合併しできた会社です。医療用医薬品、ワクチン、動物用医薬品の3つの事業からなりたっており、ワクチン事業は世界一、動物用医薬品はメルクという他の大企業と50％の出資をして運営しているそうです。

　会社は新宿の巨大なタワーのフロアを借りていて、景色もよく歩いてもいいのかと思うほどのきれいな床だった。職場はカクカクしたものが少なく、丸く丸くコーディネートされていて、仕事していてもいらいらせず落ち着いて取り組めそうな感じだった。

　ここではコンプライアンス推進について説明していただいた。従来コンプライアンスと考えられていた範囲と現在望まれている範囲、それはなぜ必要なのか細々教えてくれた。聞いていて否定の仕様がなく納得できるすばらしいものだった。

文末となりますが、今回の企業訪問にあたり若輩者である私の依頼を快く引き受けて下さり、また当日大変有意義なご講演を頂きました執行役員・法務部長の那谷宗輝様、当日有意義なご講演を頂きました人材開発部マネージャーの石坂岳彦様、品質保証部の小田貴士様に厚く御礼申し上げます。

第2章　2005年度ゼミ合宿

1．2005年度ゼミ合宿の概要

　2005年度ゼミ合宿は7月24日（日）から25日（月）までの1泊2日で、5年生のゼミ生7名の参加のもとに実施した。

　夏休み期間中ということもあり、1日目は避暑地である野反湖を訪問し、野反湖を散策した後、花敷温泉の温泉旅館において、5年生の卒業研究報告会を行った。2日目は午前中に東京・汐留に移動し、午後から株式会社資生堂本社を企業訪問させて頂いた。

◆2005年度ゼミ合宿の日程表
○7月24日（日）
富山──JR北陸本線・北越急行線──越後湯沢／越後湯沢──
6:45　　　特急はくたか1号　　　　　　　8:41／9:14

────JR上越新幹線────高崎
　新幹線Maxたにがわ434号　　9:45

高崎──JR吾妻線──長野原／長野原──JRバス・花敷線──花敷温泉
10:41　　　普通　　　　　12:04／12:37　　　　　　　　　　13:07

花敷温泉──JRバス・花敷線──野反湖
13:12　　　7/21〜8/21運行　　　13:53
　　　　　　　　　　　　　　　　　　　野反湖のニッコウキスゲを散策

野反湖──JRバス・花敷線──花敷温泉
15:06　　　7/21〜8/21運行　　　15:47
　　　　　　　　　　　　　　　　　花敷温泉の旅館で卒業研究報告会

○7月25日（月）
花敷温泉──JRバス・花敷線──長野原／長野原──JR吾妻・高崎線──上野
9:50　　　　　　　　　　　　10:20／10:50　　特急草津4号　　　13:19

　14:30〜16:00　　株式会社資生堂本社　　訪問
　　　　　　　　　　　　　　　　　　　　　　　新橋駅で解散

2．卒業研究報告会から学んだこと

　宮重ゼミにおける卒業研究の目的は、卒業研究を通じて論理的思考力を身に付けることにある（本科4年後期〜5年にかけて行う研究を卒業研究

と言う)。換言すれば、卒業研究を通じて、自分自身で考える能力を身に付けることを目的としている。

そのため、ゼミ合宿における卒業研究報告会の目的は、論理の明快な卒業研究論文を作成するために、提出期限までの時間に余裕のあるこの時期に、卒業研究の論理の明快でない箇所を見直すことにある。そのため、この報告会では報告学生は自分の卒業研究を論理的に説明し、報告を受ける学生は論理の明快でない箇所や不完全な箇所を指摘することが求められる。これらの作業を通して、各学生の卒業研究の論理が明快となるように見直していくとともに、論理的思考力を磨いていくことになる。

本年度は、ゼミ合宿1日目の2005年7月24日(日)16時00分～22時00分まで卒業研究報告会を実施した。卒業研究報告会の内容は、以下のとおりである。

◆卒業研究報告会の報告内容

報告時間	報告者氏名	報告タイトル
16:00～16:30	伍嶋沙友里	M&A成功の条件
16:30～17:00	尾谷真樹	外資系企業の進出と雇用形態の変化
17:00～17:30	新田久美子	正規社員の雇用と競争優位
17:30～18:00	細井良子	富山港線路面電車化とそれに伴うまちづくり
休憩		
20:00～20:30	庵谷佳奈江	ドラッグストアにおけるフランチャイズ・システム導入
20:35～21:10	吉田明日香	企業の海外進出における成功要因
21:25～22:00	加藤慈	多国籍企業の現地化と企業利益

この卒業研究報告会に参加した学生の感想は以下のとおりである。

◆国際流通学科5年　庵谷佳奈江

　この議論は、学生一人一人が卒業研究の枠組みを発表し、その発表を受けて、教官や他の学生が質問や意見を述べ合うという形式で行われた。

　私たちのゼミでは、雇用形態、M&A、まちづくり、多国籍企業について研究を進めている学生がいる。テーマの方向性が異なれば、論文の展開方法や必要となる知識も異なってくる。しかし、「論理」というのは、私たちがどのようなテーマで研究を進めていても、議論を交わすことのでき

るものだと感じた。

　私の発表は、7人中の5番目ということで後半だった。他の学生の発表を受けての、教官の質問を聞いているうちに、その質問内容が、自分の論文においてもあてはまるのではないかと思った点が多々あった。また、私たち学生は発表するだけではなく、他の学生への質問もしなければならないという議論上のルールがあった。だから、論文が主観的に展開されていないか、論理的な根拠に基づいているかどうか、細部まで聞く必要があった。そうして、自分の頭で考え、論理というものを理解していけるようになるのだろう。

　私は、「フランチャイズ・システムの発展過程～ドラッグストアにおけるフランチャイズ・システムの導入」というテーマで卒業研究を進めている。その研究の第3章で、他業界におけるフランチャイズ・システムの導入について述べる章がある。自分では、小売業、サービス業、外食産業の3つの業界を挙げて、第3章を進めていこうと考えていた。しかし、ドラッグストア業界は小売業の中の1つであり、私の論文で小売業、サービス業、外食産業の先行事例を挙げるのは、不適切であるとの指摘を受けた。

　私の論文にはまだまだ足りない部分がたくさんある。しかし、今回の議論で自らがいろいろ質問し、また質問や指摘をもらうことによって、論文の完成に一歩近づけたのではないかと思う。私にとって、とても有意義な時間を過ごすことができたと思う。

◆国際流通学科5年　尾谷真樹

　ゼミ合宿の日が近づくにつれて、私はとても焦っていました。その理由は、自分の卒業研究が思うように進んでいなかったからです。このままだとゼミのメンバーの前で発表できないとさえ思っていました。しかしゼミ合宿が終わった今思い返してみると、ゼミ合宿に参加して本当によかったと思っています。

　一人で卒業研究を進めていると、自分の論文の枠組みがあやふやになってしまうことがあります。今回、ゼミのメンバーの前で自分の研究の内容を説明することで、自分の論文の枠組みを再確認することができました。そして、あれほど卒業研究に対して焦っていた自分のはずなのに、人に研究内容を伝えることができたことで、さらに卒業研究へのやる気が出てき

ました。また、ゼミのメンバーと自分の研究に関して議論をすることにより、一人で研究する中で気づけなかったことも知ることができました。また機会があれば、積極的にメンバーと卒業研究の報告を行いたいと思いました。

◆国際流通学科5年　加藤慈

　普段は研究を自分で進めているため、他のゼミ生の研究内容について聞く機会はあまりなかったが、今回の発表会ではそれを聞くことができた。

　発表では、自分の研究以外の研究内容について予備知識があまりなかったため、理解しがたい部分もあったが、自分の研究にも当てはまる議論が多かった。また、自分の発表に対しなされる指摘は、特に定義や理論の部分など研究の土台となるものについてであり、それらは的確で、それにより研究の詳細を見直すことができた。

　まだ課題は多いが、この議論によって考えを深めることができた。自分だけで研究を進めることも大切だが、定期的にこのように議論をする機会を持つことも重要だろう。自分では気付かなかったことを指摘されることは多々ある。この7月で本ゼミは解散し、集まることもなくなるのだろうが、時には他のゼミ生と意見を出し合い、互いの研究にまた活かせたらと思う。

◆国際流通学科5年　伍嶋沙友里

　研究報告を聞いて、自分の研究も含め今から特に大変なのは実証研究における企業の選定だと感じました。研究の内容や社会での評価など選ぶにふさわしい合理的理由、また実際に選び調べていくうちに仮説とは異なる結果がでるかもしれないということもあります。早く取り掛かるべきだと思いました。

　また卒研は1人1人なので、発表の場がないと恥ずかしかったり進んでいなかったりで、人に見てもらうことがあまりないです。今回、報告することで自分の研究が他の人から見てどんなところが疑問になるかなど知ることができました。また同じ研究内容でなくても、情報や資料の交換などにもつながったのでよかったです。これからは、友達に見てもらえるくらいの余裕をもって進めていけたら良いと思います。

◆国際流通学科5年　新田久美子

　今回の報告会は、お互いに発表しあい、またいろんな意見やアドバイスも交わすことが出来たので、それぞれにとってとても有意義な報告会になったと思う。普段は、みんなが研究を進める中でまとめた文献や論文のレポートの報告しか聞く機会がなかったため、今回はみんながどのような研究をどのような形で進めているのかがわかり、より理解が深まった。そして、報告の中で、実は自分の研究内容と重なる部分があったり、自分が知っていることでアドバイスできる部分があったりと、新たな発見があった。

　報告を始める前までは、自分の発表すらままならない状態で、その上、みんなの研究に意見なんて出来ないだろうと思っていた。しかし、いざ報告会を始めると、それぞれの研究がとても興味深いもので、みんなが質問や意見を積極的に言っていたので有意義な報告会になった。夕食までに終わる予定でいた報告会だが、途中で夕食をはさむことになり、長時間にわたる報告会となった。

　今後もそれぞれが研究を進めていき、困った時にはお互いにアドバイスをしあいながら、今よりも高いレベルのものを報告し合えればいいと思う。

◆国際流通学科5年　細井良子

　私はゼミ合宿を終えて、卒業研究をひとつ仕上げることの難しさを改めて感じました。私はまず論理的に書かれているということを理解するため、『イノベーションのジレンマ』を読みました。始めは読んでいても難しくて理解できなかったのに、読んでいくうちに「論理的に書かれている」ということを理解できるようになりました。

　そして、自分の卒業研究の枠組みもあまり苦労することなく完成させました。資料も少しずつでも集まり始めて、私は文章を書き始めました。まず、研究の背景・目的・方法を明らかにし、先行事例を書き始めました。先行事例の一つ一つも背景から結論に至るまでつながりがわかるように書きました。

　やっと本論を書こうとしたときに、自分の中でいつの間にか、「これを書けば話はまとまって、先行事例ともつながる。だからこの結論にもつながる。」ということばかりに気をとられて、本当に自分の研究したい内容

を見失いました。私は、自分の本当に研究したいことを随時確認しながら、それを見失わず、自分の納得いく卒業研究を行いたいと改めて思いました。

◆国際流通学科5年　吉田明日香

　今回の発表会に参加して、これまでの学校のゼミとはひと味違った雰囲気の中で発表することができ、とても勉強になった部分がたくさんあった。教官からの指摘やアドバイスからだけではなく、それぞれテーマは違っても、同じ「卒研」を取り組む仲間からの視点や考え方も参考になり、共感できる部分が多かった。普段、あまり自分の研究について人と話す機会がなかったが、今回のように議論していく中で見えてくるものもたくさんあるのだと思った。

　また、自分の研究テーマを改めてじっくりと見直し、考え、「まだまだ力不足」という現実も思い知らされたが、それ以上に、「もっとこうしよう」という前向きな思考に変わったと思う。これは、自分の中ではとても大きな変化であり、また、今後研究を進めて行く中で、とても重要になると思う。

　今回学び、そして仲間や教官からもらったアドバイスを参考にして、今日からまた気持ちを新たに自分の研究を進めていきたいと思う。

3．株式会社資生堂本社への企業訪問から学んだこと

　宮重ゼミにおける企業訪問の目的は、次の2点である。第1に、宮重ゼミでは経営学に関する卒業研究に取り組む学生が多いため、企業訪問を通じて企業内部の状況を肌に感じることによって、文献や講義からは得ることのできない「暗黙知」を修得することである。第2に、学生は将来、企業などの組織へと就職することになるため、研究という観点からのみではなく、働く場所という観点からも企業を理解することである。特に先輩社会人の背中を見て、「働く」ということを考えてもらうことを大きな目的としている。

　本年度は、ゼミ合宿2日目の2005年7月25日（月）14時30分～16時00分までの1時間30分にわたって、資生堂本社を企業訪問させて頂いた。企業訪問の内容は、以下のとおりである。

◆**株式会社資生堂本社の訪問内容**
① 歓迎のあいさつ（CSR部　中村正寛様、深井秀治様、渡部麻美様）
② 資生堂の企業倫理活動について（CSR部参事　中村正寛様）
③ 質疑応答（CSR部　中村正寛様、深井秀治様、渡部麻美様）

資生堂本社への企業訪問から学生の学んだことは以下のとおりである。

◆**国際流通学科5年　庵谷佳奈江**
　私たちは資生堂のオフィスを訪問し、資生堂の企業倫理推進への姿勢と取り組みについて学ばせていただいた。
　オフィスに入ってすぐに雰囲気が落ち着いていると感じた。それはきっと資生堂という企業が、人に優しく、人をとても大切にしている会社であるからだと思った。
　ここでいう「人」というのは、『THE SHISEIDO WAY』に記されている、「お客様」、「取引先」、「株主」、「社員」、「社会」であり、私はその中で最も大切にされるべき人は社員だと思った。もちろん、社員以外は大切にしなくてもいいというわけではない。これまでは、どちらかというと、企業外部のステークホルダーを重要視していた企業が多いと思うが、これからは内部のステークホルダーにも目を向けなくてはならなくなってきたのだと感じた。それは、社員が資生堂とステークホルダーとのパイプ役だからである。だからこそ、企業倫理委員会を設置し、『THE SHISEIDO CODE』や『資生堂企業倫理白書』の刊行、研修などを行い、熱心に、より倫理的な企業を目指しているのだろうと思った。
　私は実際に企業を訪問させていただき、そして企業倫理推進への姿勢と取り組みについて実際に話を聞かせていただいたのは、今回が初めてだった。だから、資生堂以外のほかの企業が企業倫理推進のためにどのような活動を行い、現在どのような段階まできているのか詳しくはわからない。しかし、この資生堂見学に参加して、企業倫理というものに興味を持つようになり、倫理とは？と考えるようになった。自分が将来就職して企業で働くようになると、企業倫理と無関係ではいられなくなるので、とてもよい機会になったと思う。

◆国際流通学科5年　尾谷真樹

　資生堂本社の見学では、まずよい会社とは何かということを聞きました。従来は業績のよい会社がよい会社とされていましたが、現在、今後は業績がよいことに加えて、社会に役立つ会社が必要とされていると聞きました。そのことから近年、企業のCSRが注目されているとも話していらっしゃいました。資生堂でも1997年から資生堂CSRレポートを通してステークホルダーに情報開示をしているそうです。

　資生堂には企業理念をしっかりと実現させるために、THE SHISEIDO WAYとTHE SHISEIDO CODEがあります。企業理念を掲げている企業はたくさんありますが、これほど企業理念を真剣に全社員に浸透させようとしている企業はないのではないかと思うほどでした。

　今回、資生堂という日本を代表する企業を見学し、大変貴重な経験をすることができました。また、資生堂のCSRの取り組みついて詳しく知ることができ、他の企業はCSRについてどのような取り組みをしているのかとても興味を持ちました。私の卒業研究では企業のCSRについての取り組みは研究対象ではないのですが、卒業研究以外で研究してみたいと思いました。

◆国際流通学科5年　加藤慈

　今回の企業訪問では企業倫理を中心としたお話を伺った。同社では企業の性格を「業績重視」から「社会に役立つ会社」へ転換し、CSR活動に力を入れ、顧客や株主はもちろん、地域住民や行政などを含む社会とともに企業活動を行っている。

　企業活動を適切に行うため、つまり企業倫理を推進するために、同社では様々な措置が採られている。まず、コンプライアンスは当然として、その上に企業価値の向上を目指している。そして、企業理念とTHE SHISEIDO WAYを実現するために具体的な企業倫理・行動基準、資生堂CSR活動の基本であるTHE SHISEIDO CODEというものを制定している。このTHE SHISEIDO CODEは同社が進出している外国でも採用されており、これが企業活動の指針となっている。その他にも企業倫理研修などの企業倫理活動を行っている。

　このような企業倫理を推進する様々な努力の結果、経営倫理優秀努力賞を受賞するなど企業価値を高めることとなった。現在では多くの企業が

CSR活動を行っているが、同社のように企業に大きな影響と結果をもたらした企業はそう多くはないであろう。それはもちろん同社の努力の結果である。今後も「社会に役立つ会社」としての資生堂のさらなる企業価値の向上が期待される。

◆国際流通学科5年　伍嶋沙友里

　資生堂の企業倫理活動についてお話を伺いました。従来よい会社とは業績のよい会社でしたが、現在また今後はプラス社会に役に立つ会社でなくてはいけません。そのために資生堂CSR部では、コンプライアンス・企業価値の向上を目指しておられます。

　まず企業理念を実現するためにTHE SHISEIDO WAYがあります。これはステークホルダーを顧客・取引先・株主・社員・社会の5つに分け、企業理念に基づきステークホルダーに対して資生堂がどうあるべきかを示されています。

　WAYをさらに具体化したのがTHE SHISEIDO CODEです。1997年に企業倫理委員会の設置後、スタンダード版（英語）を作成し、スタンダード版と国の法律を考慮した15カ国それぞれのCODEが作られました。最初にスタンダード版を作成するのは国際的に活躍されている企業ならではだと思いました。

　企業理念を徹底するための仕組みとして、特に気になったのがコードリーダー制です。コードリーダーは各職場で企業倫理活動を促す、報告するといった役割を担い約600名います。企業倫理を促す役割がはっきりしていて、浸透させる力が強いと思います。他にも、議論の「場」を大切にすること、啓発・情報発信、モニタリングなどがありました。

　CSR、企業倫理など最近注目されていることについて、資生堂の方から直接教えていただくことができて、とても勉強になりました。

◆国際流通学科5年　新田久美子

　今回会社訪問をさせていただいたのは資生堂の東京本社である。オフィスは汐留の日本テレビの隣のビルにあり、とてもきれいだった。私達を迎えていただき、資生堂の会社説明をしてくださったのは、CSR部の中村さんだった。

　資生堂は化粧品で有名ということもあり、働いている人の約7割、お客

様の約9割が女性である。このような環境にあるせいか、資生堂では女性が働きやすい仕組みをとっているそうだ。他にも、より良い会社であるための工夫がたくさんあるようだ。従来の良い会社とは、業績の良い会社であったが、現在は従来プラス社会の役に立つ会社だそうだ。

　そのため、資生堂は他社よりも比較的早い段階からCSR部を設立し、より良い会社環境や社会での資生堂の在り方を考えてきているという。そのような資生堂の在り方を示したものが、「THE SHISEIDO WAY」であり、「THE SHISEIDO CODE」である。お客様・取引先・株主・社員・社会を大切にしていくことが、資生堂の企業使命であり、企業理念であるそうだ。そして、この理念や倫理を会社の隅々まで浸透させていくように活動しているのが、中村さんを含むCSR部の仕事だそうだ。

　最近はほとんどの会社が企業理念を掲げているが、これはただ掲げるだけでは意味がないのだ。これを掲げて会社に浸透させることが大切だが、時間がかかり数字では評価しにくいため、とても難しいといわれている。しかし、資生堂では明確な理念を掲げ、それを会社の隅々まで浸透させる仕組みが多々あるようなので、これから長い時間をかけて是非今以上にすばらしい会社になればいいと思う。私も資生堂の商品を愛用させていただいているので、今回の訪問で資生堂の素晴らしさを詳しく知ることができ、とても充実した時間を過ごすことが出来た。

◆国際流通学科5年　細井良子

　私は今回初めて企業訪問に参加しました。そこで今まであまり意識したことがないCSR（企業倫理）について資生堂に話を聞くことができました。資生堂と言えば、やはり化粧品が有名で、私も個人的に同社の化粧品を使用しているので、一顧客としてもとても興味がわきました。私は資生堂CSRレポート2005を読んで、改めて資生堂という会社はしっかりしているなと感じました。

　私がとても関心を持ったのは啓発活動です。企業倫理を社内に根付けるため、きめ細やかな研修や啓発誌「コードレター」、企業倫理委員会ホームページ、企業倫理関連ビデオライブラリーなどとたくさんの活動を行っており、会社の土台をしっかり築いているなと思いました。

　そのほかに資生堂に魅力を感じたのは、肌の弱い人でも安心して使えるよう、研究者自らも敏感肌で、その体験を生かして化粧品の開発にあたっ

ていました。私は、当事者の目線に立って研究を行っているという、その姿勢がすばらしいと思いました。そして何よりも「資生堂エコポリシー」という環境保全のための活動を行っていることがすばらしいと思いました。これらが、資生堂が多くの人に支持される理由なのだと実感しました。

◆国際流通学科5年　吉田明日香

　資生堂は7割の従業員の方が女性だと聞いていたし、普段、化粧品などで身近に感じる会社だったので、とても興味があった。また、今回は資生堂のCSRレポートを中心にお話していただいたが、私は卒研のテーマで少しCSRについて調べていたので、実際に企業の方からお話が聞けるいい機会になった。

　よりよい企業を目指して、企業内ではさまざまな取り組みがなされている。資生堂での取り組みで印象に残ったのは、従業員に対するきめ細やかな対応である。女性従業員が多いからだけでなく、資生堂のCSR活動としてさまざまな制度が組み込まれていて、働きやすそうなイメージだった。特に企業倫理活動を担うコードリーダー制の徹底や、それに伴う研修・懇談会の開催、相談窓口の設置など、分かりやすく、また目に見える活動が多いことも、従業員や社会からの理解を得ることができる一つのポイントではないかと思う。

　海外への取り組みはまだ進行途中であるそうだが、今後、もっともっと企業のグローバル化が進めば、いっそう企業のCSR活動は重要になってくると思う。その中で、資生堂でもまさに「これから」といわれた課題を、日本と同様に海外でも取り組んでいってほしいと思う。また、今、世界中で深刻化している環境問題についても積極的に取り組んでほしいと思った。

　文末となりますが、今回の企業訪問にあたり格別のご配慮を頂きました経営倫理実践研究センターの岡部幸徳先生、株式会社資生堂CSR部部長の桑山三恵子様、CSR部参事の中村正寛様、CSR部の深井秀治様、渡部麻美様に厚く御礼申し上げます。

第3章　2006年度ゼミ合宿

1．2006年度ゼミ合宿の概要

　2006年度ゼミ合宿は7月22日（土）から7月24日（月）までの2泊3日で、5年生のゼミ生7名、1年生の学生1名の合計8名の参加のもとに実施した。

　夏休み期間中ということもあり、1日目は避暑地である白樺高原へと移動して、その白樺高原において、卒業研究報告会を実施した。2日目は高原での散策時間を設けた後、訪問先企業の企業調査報告会を行った。3日目は朝に東京へと移動し、リンクアンドモチベーション東京支社を企業訪問させて頂いた。

◆2006年度ゼミ合宿の日程表
○7月22日（土）
富山――JR北陸本線――糸魚川／糸魚川――JR大糸線――南小谷／南小谷――
6:31　　　普通　　　　　　　7:51／8:17　　　普通　　　　　　9:17／9:34

――JR大糸線――松本／松本――JR中央本線――上諏訪／上諏訪――
　　　普通　　　11:34／11:47　　普通　　　　　　12:25／12:50

――諏訪バス――東白樺湖
　　　　　　　　　14:00

　　　　　　　　　　　　　　　　　　　卒業研究報告会（14:55～19:45）

○7月23日（日）
東白樺湖――諏訪バス――美ヶ原美術館
8:25　　　　　　　　　9:55
　　　　　　　　美ヶ原高原美術館・美ヶ原高原　　散策

美ヶ原美術館――諏訪バス――霧ヶ峰
14:00　　　　　　　　　　　14:55
　　　　　　　　霧ヶ峰高原・八島湿原・車山高原　　散策

霧ヶ峰――諏訪バス――東白樺湖
16:28　　　　　　　　16:57

　　　　　　　　　　　　　　　　　　　企業調査報告会（19:20～23:00）

○7月24日（月）
東白樺湖――諏訪バス――茅野／茅野――JR中央本線――新宿
9:21　　　　　　　　　10:04／10:27　特急あずさ12号　12:38

14:00 〜 16:20 　株式会社リンクアンドモチベーション東京支社（東京汐留）訪問
　　　　　　　　　　　　　　　　　　　　　　　　　　　新橋駅で解散

2．卒業研究報告会から学んだこと

　宮重ゼミにおける卒業研究の目的は、卒業研究を通じて論理的思考力を身に付けることにある（本科4年後期〜5年にかけて行う研究を卒業研究と言う）。換言すれば、卒業研究を通じて、自分自身で考える能力を身に付けることを目的としている。

　そのため、ゼミ合宿における卒業研究報告会の目的は、論理の明快な卒業研究論文を作成するために、提出期限までの時間に余裕のあるこの時期に、卒業研究の論理の明快でない箇所を見直すことにある。そのため、この報告会では報告学生は自分の卒業研究を論理的に説明し、報告を受ける学生は論理の明快でない箇所や不完全な箇所を指摘することが求められる。これらの作業を通して、各学生の卒業研究の論理が明快となるように見直していくとともに、論理的思考力を磨いていくことになる。

　本年度は、ゼミ合宿1日目の2006年7月22日（土）14時55分〜19時45分まで卒業研究報告会を実施した。また、ゼミ合宿2日目の7月23日（日）19時20分〜23時00分まで企業調査報告会及び一部学生の卒業研究報告会を実施した。卒業研究報告会の内容は、以下のとおりである。

◆卒業研究報告会の報告内容
〇7月22日（土）

時間	報告者	報告タイトル
14:55 〜 15:55	水野翔	米国におけるレクサスの成功要因
15:55 〜 16:45	中田晴香	音楽業界における競争力の構築
16:50 〜 17:40	古市紅葉	伝統芸能が定住性に及ぼす影響 　　—上庄祭と六渡寺獅子舞を事例に—
18:00 〜 18:35	本保智子	ホテルの成功要因
18:35 〜 19:05	村上マミ	外国企業の日本進出における成功要因 　　　　　　　　　　—基本理念の効果—
19:15 〜 19:45	堀川彰広	並行在来線の経営分離に伴う 　　　　北陸本線沿線の街づくりについて

○7月23日（日）

時間	報告者	報告タイトル
19:20～20:00	出口絵里	ブランド構築におけるCSRの有益性
21:50～23:00	5年生全員	企業調査報告会 リンクアンドモチベーションの企業調査内容について

この卒業研究報告会に参加した学生の感想は以下のとおりである。

◆国際流通学科5年　出口絵里

　今回の報告会で、私の頭の中という狭い視野で考えられていた論文が、複数の第三者からの質問や考えを受けて、より広い視野で考えられるようになった。

　本研究ではタイトルを「ブランド構築におけるCSRの有益性」とし、企業の自発的なCSR活動によってステイクホルダー（企業と何らかの利害関係をもつすべての人）にその企業に信頼感を与え、それが企業のイメージとして蓄積されてブランドとして認知される。そうして構築されたブランドが社会に広く認知されているということが、従業員のモチベーションに繋がり、企業の利益に結びつくということを明らかにすることが目的である。

　今回の報告会で指摘されたのは、①CSR活動には様々なものがあるが、本研究ではどういった活動を自発的CSRとして位置づけるのか、②ブランドが構築されたことによって従業員のモチベーションは本当に上がるのか、③従業員のモチベーションが利益に繋がることをどう実証していくのか、④事例対象企業の選別はどういう基準で行うのか、といったことである。

　その中で特に議論となったのは、①の本研究における自発的CSRの位置づけについてである。企業のCSR活動は非常に幅広い。本業を通じて社会貢献していくというものもCSRであるし、メセナやフィランソロピーという本業との関連性が薄いものもCSRに含まれるのである。

　本研究における自発的CSRは、企業イメージを創り上げるものがCSRであるならば、その企業の基本理念とCSR活動が一貫したものでないと、その企業のイメージというのはステイクホルダーに伝わらない。そこで、

本研究では企業が本来倫理的な企業理念に則して事業活動を行うものであり、そういったことを前提とすると企業にとってCSR活動を行うことは必然であり、こうして行われるCSRを自発的CSRとしている。定義づけについては理解を得られたのであるが、今回の報告会では実際にCSR活動というと幅広いのだが、そのすべてを含むと自発的CSRの概念から外れてしまうのではないかというものである。実際に考えてみると、メセナやフィランソロピーはCSR活動であるが、企業の経営理念とはかけ離れたものである。そこで今回の報告会での議論の結果、新しい製品やサービスなどを開発し、ステイクホルダーに対して提供し続けていくなどの、本業に徹するというものを自発的なCSR活動と位置づけることとなった。

　私は最初、CSR活動の分類については考えていたのであるが、その中でどういったものが自発的CSR活動にあたるのかということについては具体的に考えていなかった。やはり、自分の頭の中だけで考えているのは視野が狭く、議論がどこかで迷走しているのも気付きにくいものである。報告会という形で真剣に互いの論文について考え合う機会があったからこそ、複数の第三者の指摘を受けることができたし、私自身も広い視野で本研究を考えられるようになった。このような機会を与え、丁寧に指摘して下さった指導教官の宮重徹也教官、共に議論してくれたゼミ生の皆に感謝したい。

◆国際流通学科5年　中田晴香

　波が来た。皆と議論をしていると、次第に今まであやふやだったフレームワークがすっきり見えてきた。そのおかげで研究を進める上での具体的な理論がわかり、読むべき本も見つかったので、夏休みの間にその本を読んで卒研を進めて行き何とか10枚を達成したい。

　皆の意見・質問から、自分では気づかなかったような課題がでてきた。例えば、
- 日本ゴールドディスク大賞最優秀アーティスト賞の2001年以前の経歴も調べること。これは村上さんの質問から出てきたものだが自分では考えもしなかったことだったので、調べれば何か新しい事実がわかり、卒研に活かせるかもしれないと思った。
- エイベックス以外のレコード会社がアーティストを売り込むための戦略を調べること。「おしゃれだと思うアーティストランキング」で10

位以内に入っていたアーティストで所属レコード会社がエイベックス以外のaiko（ポニーキャニオン）、YUKI・中島美嘉（ソニーミュージック）、椎名林檎（東芝EMI）それぞれの企業のアーティストの特徴、特にファッションに注目して傾向をつかみ、企業がどのようなイメージ戦略を立てているのかを探り、それがCDシングルのメインマーケットである中高生からの支持がエイベックスよりも低いということを記述より証明する。それらのことから、その企業らがメインマーケットを切り開いていないということを述べたい。

・CDシングルのメインマーケットが中高生であることを検証すること。これについての資料は日本レコード協会のホームページに掲載してあったが、他にも資料を発見すればそれも載せたい。
・日本レコード大賞の調査対象者や審査基準など詳細を調べる。

1人で卒研を進めていたら確実に行き詰って何をしていいかわからなくなっていたと思うので、この合宿の卒研報告会に参加できたことをとても嬉しく思う。私の卒研に対し貴重な意見・質問をしてくださったゼミ生の皆と教官に感謝したい。

他の学生に対する意見・質問では、全体に言葉の定義づけが難しいと感じた。例えば、村上さんの外資系企業、成功の定義、古市さんの定住性の定義、出口さんのCSR、ブランドの定義などである。こうしてみると言葉の定義はあいまいなものが多く、自分でなんとなくイメージはしていても、いざ聞かれるとよくわからずはっきり答えられないものだと思った。

出口さん、村上さんは理論研究が進んでいて素晴らしいと思ったが、皆の意見を聞いていると実際に検証するのは少し難そうに見えた。

◆**国際流通学科5年　古市紅葉**

私は、「獅子舞が地域にもたらす定住性―氷見市上庄地区『上庄祭り』と六渡寺獅子舞を事例に―」というタイトルで報告をした。学説整理から研究目的、研究背景、今後の課題などを報告し、他の学生と教官からいくつもの指摘を受けた。最終的には、これまで考えていた研究目的を覆すような結論に至ったのだが、それは前進と捉えて良いものか未だに断言できないので、今後きちんと煮詰めて行かなければと危機感を持っている。

今回の報告会で最も大きく前進したのは、中田さんの研究ではないだろうか。彼女は自分ではあまり進んでいないと思っているようだが、実際は

着実に研究を形にしていっている。しかし、この前進は本保さんの一言がなかったら得られなかった成果であろう。報告前は長いと思っていた一時間も実際に行ってみると非常に短く、もっと議論を深めるには不十分だと感じるほどであった。

　どうしても自分一人で煮詰めていると、思いこみや感情で考える節が目立ち、客観性を失ってしまう。今回の報告会で、自分の研究を他人に報告し、討論することの重要性と困難さを思い知らされた。今回の反省点は、自分の事前準備が足りず、質問に論理的に答えられなかったことである。自分が頭で理解しているつもりになっていても、他人に言葉を使って正確に伝えなければ意味がなく、論文として成り立たない。自分の考え方がいかに甘かったかをやっと自覚した。課題は多く残ったが、これを機に今後より緻密に議論を進めていきたい。

◆国際流通学科5年　堀川彰広

　今回の報告会は、毎回学校でやっているゼミとは違ったものがあった。

　一つは、他の学生が常に質問してくることである。学校でのゼミでは教官のアドバイスや指摘が中心だが、報告会では教官だけではなく皆が質問してくれた。教官自身の指摘ももちろん不可欠だが、周りの友達が自分の研究に対してどのような印象を持っているのか、どこがわかりづらいのかなど、率直に意見を述べてくれたので、今後の研究で直していかなければならない点が明確に見えたような気がする。このように皆と集まって報告会をすることは、自分の研究だけではなく友達の研究にも関心を持つことができるのでいい機会であると思う。

　もう一つ、学校の授業と違い時間がたっぷりあるので、納得いくまで議論を続けられることである。初めは、長い時間議論することがあるのかと疑問に思っていたが、いざやり始めると議論することが多すぎて各1時間を要した。また、この議論で特に長引いたのが一つ一つの言葉の定義付けである。定義がなされていない言葉が多く、皆でそれぞれの研究に合うような定義付けを一生懸命議論した。

　以上のことから、卒業研究報告会は私自身の研究にとっても、また、友達の研究をより深く知ることにとってもとても良い機会であった。

◆国際流通学科5年　本保智子

　ホテルの成功要因と題して卒業研究を進めてきました。今回の卒業研究報告会では、今まで調べてきてわかったことを報告しました。友達の報告を受け、自分の研究がまだまだ遅れていると実感しました。私の卒業研究は切り口がまだ曖昧なので、夏休み中には進めていける切り口を考え出し、研究を進めていきたいと思っています。

　友達からの質問は的確で自分では思いつかないものだったので、新しい見方が出来ました。友達からの質問や指摘は今後、自分の研究に取り入れたいと思います。学生が調べている業界やテーマは偏っていないので、今回の報告会で様々な業界についての知識をつけることができました。

　他の学生からの指摘によって新しい切り口を見つけることが出来た学生もおり、他の人の意見を聞くということは大事だと思いました。また、急な質問にもちゃんと答えていて、しっかり調べてあると感じました。

　夏休みに入ってすぐに卒業研究報告会で、バタバタと始まり、終わってしまったけれど、このような機会は大切だと思いました。一人で考えていると行き詰まったり、嫌になってしまいます。しかし、そんなときに人の意見を聞くと、人の意見を参考にしたり、新しいアイディアが思いつくことがあります。報告会に参加して人の意見を聞けたことはとてもよかったと思います。

◆国際流通学科5年　水野翔

　卒業研究報告会に参加して感じたのは、自分の卒研の進捗度の遅さと第三者からの視点のありがたさであった。自分の卒業研究に関してはフレームワークが出来ておらず、トヨタ自動車のトヨタ生産方式の定義やバーニーの資源ベース理論についてのレビューが中途半端であった。レクサスの外部団体からの評価に対する信憑性など細かい点まで指摘していただいた。ニューリッチの定義なども調べねばならず、やらなければならないことがとても多いと思った。環境がいつものゼミ室から長野に変化したからか、教官が釘をさしていたからか、ゼミ生のモチベーションが通常よりも大幅に高かったと思う。

　私自身の卒業研究の不十分さに気づく事が出来たのは教官をはじめ、ゼミ生のみんなのおかげである。卒業研究を進めるためにこれからも指摘していただきたいと思う。また卒業研究報告会を体調不良で途中退席したこ

とを謝罪します。すいませんでした。これからはスパートをかけようと思う。

◆国際流通学科5年　村上マミ

　今回の卒研報告会はとても有意義なものだった。自分の研究を別の視点から捉えた質問もあり、それを指摘されることで研究の不十分な点や、改善点に気付くことができた。自分で書いた論文を、自分自身で別の視点から捉え、考えることはなかなか困難なことである。しかし、他者の目から見た自分の研究に対する意見は、客観的なものであり、より緻密な論理を構成する過程においてとても貴重なものであると感じた。また逆に、他の学生の発表を聞いてそれに対して質問することで、他者の論文を論理的な視点で捉える訓練となり、学生それぞれのテーマの別の切り口を考えることで、柔軟に物事を捉える練習にもなった。

　今回最も強く感じたことは、様々な考えを持つ人とひとつのテーマについて議論することの重要さである。5年間同じ環境で生活し、同じような知識を得てきた7人だったが、一人ひとりその問題を捉える視点や考え方が異なり、個性の強い人はとても斬新な意見を持っていてとても新鮮に感じられた。最初は卒業研究報告会ということで、少し憂鬱な気持ちだったが、実際に報告会が始まり様々な議論が飛び交い始めると、自分にはない意見や考え方を自分自身に吸収することができ、それが楽しく感じられるようになった。今後もそういった機会を大切にし、様々な考え方を持つ人といろいろな議論をできたらいいと思った。

◆国際流通学科1年　渡辺美佐子

○卒業研究報告会に参加して

　テーマを見るとそれぞれ自分の好きなものを課題にしていたりして、個性が出ていると思いました。また発表後は直したほうがいいと思うところや、質問などをして、それぞれがとても意欲的に報告会に参加していました。自分も4年生のときに興味を持って楽しく調べることができる課題を見つけられるように今から考えていきたいです。

○出口先輩の報告を聞いて

　企業の社会的責任（＝具体的に環境美化など）というのが出口先輩の考え方です。この社会的役割を果たすことで、評判とブランド資産が高まる

そうです。ここで意見にあがったのが本質的なCSRの活動です。これは、本業を通して行うことができる活動です。確かに環境美化だけでは評判はあがるかもしれませんが、なぜその会社がそのことをしているのか疑問です。

　先輩の報告課題を最初見たとき難しそうって思ったのが第一印象でした。でも中身を見てみると、なんとなくではありますが自分にも意味が分かりました。調べて自分の考えを持ってそれを証明するなんてすごいと思いました。でも報告を聞いて自分もがんばろうと思うことができました。発表している先輩はかっこよかったっていうこともありますが、何よりも自分で調べてまとめて発表するということが大変であり充実感を得るのではと思ったからです。先輩方の卒業研究はどれも中身が濃くて、それぞれの考えなどが考えてあって濃いと思います。課題を決めるときは十分に資料を集めて自分にあったものを見つけたいです。先輩方のように個性があって自分が興味を持てる課題を見つけたいです。

3. 株式会社リンクアンドモチベーション東京支社への企業訪問から学んだこと

　宮重ゼミにおける企業訪問の目的は、次の2点である。第1に、宮重ゼミでは経営学に関する卒業研究に取り組む学生が多いため、企業訪問を通じて企業内部の状況を肌で感じることによって、文献や講義からは得ることのできない「暗黙知」を修得することである。第2に、学生は将来、企業などの組織へと就職することになるため、研究という観点からのみではなく、働く場所という観点からも企業を理解することである。特に先輩社会人の背中を見て、「働く」ということを考えてもらうことを大きな目的としている。

　本年度は、ゼミ合宿3日目の2006年7月24日（月）14時00分～16時20分までのおよそ2時間強にわたって、リンクアンドモチベーション東京支社（東京汐留）を企業訪問させて頂いた。企業訪問の内容は、以下のとおりである。

◆企業訪問の内容
　① 企業訪問の概略と講師の紹介　　　　　　　　　　　　（宮重徹也）

② 職歴とモチベーション曲線の事例紹介
　　（エントリーマネジメントカンパニー　マネージャー　染谷剛史様）
③ モチベーション曲線のワーク実習　　　　　　　（同　染谷剛史様）
④ モチベーション曲線の事例紹介
　　　　　　　（エントリーマネジメントカンパニー　木俣そま様）
⑤ 質疑応答　　　　　　　　　　　　　　　　　　（同　染谷剛史様）
⑥ 社内見学—東京支社オフィス—　　　　　　　　（同　染谷剛史様）

　リンクアンドモチベーション東京支社（東京汐留）への企業訪問から学生の学んだことは以下のとおりである。

◆国際流通学科５年　出口絵理

　リンクアンドモチベーションという会社は、ビジョンが明確で、そのビジョンに合致する者がその志の追求を目的に業務を執行している会社であると感じた。各々が自己の志を業務を通じて追求しているために、モチベーションも高く、業務についても楽しみながら行っているようにも感じた。

　今回の企業訪問はリンクアンドモチベーションのエントリーマネジメントカンパニー・マネージャーの染谷剛史さんに開いていただいた。今回の企業訪問でしていただいたことは、会社概要の説明、染谷さんがリンクアンドモチベーションに入社するまでの経緯、実際に新卒採用をとる際に行っている課題を行うこと、社内施設の見学である。

　まず、染谷さんが入社するまでの経緯のお話を聞いて、リンクアンドモチベーションにはどういった人材が合っているのかがわかった。染谷さんは負けず嫌いで、仕事は人の三倍やり、自分のやりたいことが明確であった。彼の言っておられたことは、「人生は自作自演のドラマである」ということである。これは、人生とは自分が判断して行った行動の結果が自分に返ってきているということを表している。また、こうして経験して学んだことが自分の優位性としてある、人との繋がりによって自分の経験というものが蓄積される、時間が過ぎるのはとても早いので妥協せず自分が判断し、選択した夢に向かって努力していってほしいということも言っておられた。そして彼の夢とは、人に何か影響できるようなことをしてあげたいというものであった。そう言っておられた彼の仕事をする姿はとても生

き生きとしておられて、仕事が楽しくて仕方がないというように見受けられた。

　次に実際に課題を行ったことについてである。これも課題を通じてこの会社の伝えたいことが伝わるものであったように思う。課題というのは、「モチベーション曲線を描いてみよう」というものと「あなたのやれること、未来をかんがえよう！」というものであった。これは自分の今までの人生をモチベーションを通して見て、その上で自分の人生について考えてみようというものである。人生には様々なモチベーションの上下があるが、それは何かのきっかけで経験したことによって自分がそのとき判断・選択したためにそういった動きを示したのであり、そしてそういった経験によって積み重なってきたものが今の自分の価値観としてあるので、その自分の価値観を見つめてみて、これからの未来を判断し、選択していってほしいというものであった。

　そして最後に社内施設の見学についてである。モチベーションを大切にしているだけに、社内施設の構造はとても考えられたものであると感じた。

　今回の企業訪問では、働くということをとても考えさせられた。今回はリンクアンドモチベーションを訪問させていただいたが、社会にはまだまだ様々な価値観を持った会社があると思う。今後、自分が社会に出る際には自分の価値観に従ってもっと様々な企業を見ていきたい。

　今回の企業訪問を開いていただいた株式会社リンクアンドモチベーション、そして染谷剛史さんに今回の訪問と私たちに素晴らしい経験とお話しを聞く機会を与えてくださったことに感謝したい。

◆国際流通学科5年　中田晴香

　会社に一歩入っただけで、ここは普通の会社ではないと思った。事務的なあのねずみ色の机やいすなどは一切なく、置かれているのはカフェのようなハイセンスなものばかりだった。窓からは東京タワーがばっちり見え、眺めも非常によかった。職場の施設にはかなりのお金をかけているそうだ。このような職場で働いていれば社員のモチベーションが上がるのは間違いないだろう。これもモチベーションを高める事業の一環なのだ。実際働いている社員の方々はいきいきとしていて、机の仕切りもなく和気あいあいとしてとてもいい雰囲気だった。

染谷さんの講義では社員研修などで実際に用いられているモチベーション曲線を描くというワークに取り組んだ。しかし私はなかなかペンが進まなかった。自分の過去を振り返るという機会がほとんどなかったので少し戸惑ったからだ。いざ書き出すと今まで自分の判断で行動してきたはずなのにその時々の自分の意思が薄弱だったことに今更ながら気付いた。きっと人生において目指すものというか夢というものの存在がなかった、あるいは考えようとしなかったからだろう。しかしその判断が今の私を形成している。当たり前の話だが、それが不思議に思えたし、同時に怖くもなった。自分の気持ちや今までの経験から得たものなどはあまり考えたことがなく、見落としがちなことだが、落ち着いてよく考えてみることによって今の自分、ひいてはこれからの自分にとって本当に大切なことがわかるのだと思った。これは私の憶測であるが現代の日本には私のような夢がないために意思がはっきりしていない人間が多いのではないかと思った。だからこそモチベーションについて考えるのが重要になり、それがリンクアンドモチベーションが今社会で受けている要因になっているのではないだろうか。

　講義をしてくださった二人のお話を聞いていると、内容の本質的なことは同じだったので、この企業は社長から社員まで全員が同じ理念・志のもとに同じところを目指しているということが感じ取れた。本当にこの会社のやる気が日本の会社全体を変えるのではないか、いや、ぜひ変えていってほしいと思った。

◆国際流通学科５年　古市紅葉

　今回企業訪問を行うに当たり、ゼミ生で事前に企業研究しあったのだが、調べれば調べるほど他社とは明らかに違う風土を持つ会社だと感じた。そのため実際に赴き、どのような会社なのか自分の目で確かめられる事をとても楽しみにしていた。

　まず、リンクアンドモチベーション社（以後LM社に省略）に入った瞬間、ホームページで見てはいたものの、船をイメージした近未来的な内装は、美術館と見間違うほどデザイン性が高く、思わず呆然としてしまった。ここは本当に会社だろうかと疑ってしまったほどだ。

　また、実際に業務を行っている部屋に入らせて頂いた。大変開放的な空間で想像以上だった。本当に「おしゃれ」の一言で、「ここで働きたい。」

と思わせるもので、環境を整備することでいかにモチベーションを上げさせ、従業員を大事に思っているかが伝わってきた。ワインまで常備してあったことには驚いたが、これもLM社の風土を顕著に表しているのではないかと思えたほどだ。

　印象に残ったのは、講演をしていただいたお二人のお話だ。その経歴に驚き、睡眠時間の短さに驚き、そして仕事に対する意欲の高さに驚かされた。会社のビジョンに共感し、また自分の中に揺るぎない信念を持ち、仕事を楽しんでいることがひしひしと伝わってきた。それほどまでに打ち込める天職に出会えたことを大変羨ましく思った。

　お二人に話を伺いながら、「働くこととは自分にとって何なのか。」を深く考えさせられた。以前「ビジョナリーカンパニー」を読んだときにも感じたことだが、今、この時期であるからこそより強く感じたのかもしれない。私は今、9月に行われる公務員試験に向けて勉強中である。就職活動も少しは行ってはみたものの、「人の役に立てる仕事に就きたい。」という想いから、公務員受験一本に絞ることにしたのだ。「人の役に立てる仕事＝公務員」というのも安直な考えかもしれないが、他にもいろいろと野望があるため、公務員が最適だと確信したのである。しかし、直前に試験を控え、「自分はこれで良いのであろうか。」などと余計なことまでも考えてしまうことが多々ある。

　モチベーション曲線を書き、5年後、10年後と先のことを考えた時、はっきりとしたイメージが浮かんで来なかったのである。挑戦してみたいことはたくさんあるのだが、それを具体的に言葉で表せなかった。それでも、死ぬときは「自分は誇りを持って人に言える、この仕事をしてきた。楽しく生きた。」と願う気持ちがあった。今後は「自分が何に働く喜びを感じるのか。」ということを明確にしていかなければならないと強く感じた。

　今回の企業訪問で、普段聞くことのできない、見ることのできない事を体験できたことは、私にとって大変良い経験になった。ホームページや雑誌やテレビだけでは絶対に伝わらないものを直接肌で感じてくることができた。世の中にはこのような素晴らしい会社があり、ここまで仕事を楽しんで生きている人たちがいるということを知ることができて、本当に嬉しく思う。仕事を通して、「人生」や「生きる」ということ自体を感じた。今回の体験を踏まえ、自分の今後の生き方の参考にしたい。

◆国際流通学科5年　堀川彰広

　リンクアンドモチベーションという会社については、事前に企業研究でどのような会社であるのかを調べていたが、ホームページを見る限りでも他とは一線違う会社であると感じていた。コンサルタント会社といえば、私の中では堅苦しいイメージがあったが、ホームページ上のエントランスルームの画像を見る限りではとても開放的なイメージが見て取れた。この企業研究の際の印象が強く、同社に訪れることを楽しみにしていた。

　某テレビ局のビルの一角に会社が入っていた。エントランスルームで私は思わず声を挙げてしまった。なぜなら、ホームページの画像で強く印象に残っていた光景が目の前に広がっていたからである。受付の机や横に広がる空間、また、丸窓が付いている会議室など、会社の中とは思えない新しい感覚がそこにはあった。会社全体は船をモチーフとして造られており、オフィスにも相当なお金をかけたと言われた。確かに言われてみればまるで船の中にいるような感じがした。いくら儲かっている会社でも、オフィスなど会社の内面にまでお金をかける企業は少ない。その他、オフィスには疲れたときに横になれるベッドや、休憩時の飲み物、さらにはアルコール類まで存在した。会社のために一生懸命働く社員のためにここまでお金をかけることができるのだろう。確かに、自分がもし社員であれば、一日中机に縛られているより気分転換する機会を与えてくれるあのオフィスで仕事をする方が楽しいだろうと思う。これが私の感じたことである。

◆国際流通学科5年　本保智子

　7月24日に株式会社リンクアンドモチベーションを訪問しました。前日にリンクアンドモチベーションについての研究報告会があり、設立して間もない会社なのに、高い利益を上げている会社で、独自の考え方や会社内のルールがあり、ユニークな会社という印象を受けました。企業研究の際、ホームページをみてもかたくなく自由な印象を受けました。実際、リンクアンドモチベーションを訪問し、会社の方に会い、お話を聞くと事前に感じていた印象の通りでした。

　お話の内容の全てがすごく印象的で心に響きました。特に、「入社1年目の心構えが2、3年目につながってくる」「自分にとって楽しいこと、大事なことに時間を費やすことが人生を有意義に過ごすコツ!!」「人生は自分が作る!!」というこの3つが心に残りました。

来春から社会人として働くのですが、今のうちから不安が多く心配だったのですが、頑張ってみようと思えるようになりました。

　説明会の中で自分のモチベーション曲線を描く作業をしました。私は自分の過去を振り返るのが嫌で、就職活動中も過去を振り返る自己分析を避けていました。そのため、今回過去のモチベーション曲線を描く際も、他の学生がスラスラと描いていても私は手が止まっていました。また、未来を考える作業の際も自分が何をしたいのかわからず、思わず泣きそうになりました。自分の将来のことなのに何も思い浮かばない自分がとても悔しかったです。もっと将来のことや目標を決めて行動しなければと思いました。夏休み中に将来の目標を考えようと思います。

　最後に社内を見学して、流れている時間が速く、澄んだ感じがしました。流れている時間は速いけれど、特にピリピリした感じでもなく、本当に自由な感じがしました。室内にいるのに外にいる感じがしました。外国の学校や会社のようでした。インテリアなどもおしゃれで働きやすそうな社内でした。一番驚いたことは、仮眠用のベッドがあったことと、ワインがおいてあったことです。

　就職活動で様々な企業を訪問してきましたが、リンクアンドモチベーションのような会社は初めてでした。

◆国際流通学科5年　水野翔

　リンクアンドモチベーションに訪問して印象的であった事は染谷さんのプレゼンテーションのすごさであった。染谷さんのお話にひきずりこまれている自分がいた。モチベーション曲線を自ら描く事によって、自分の人生は自らの決断で良くも悪くもしてきたものだと再認識させられ、納得できた。学生の立場からすると企業説明会の前にこのようなワークをしていただけるというのは、就職活動を行う学生からすると企業への好感度が高まるのだろうなと感じた。染谷さんのお話の中に出てきた、「自分の優位性」＝「経験に裏付けられた自信」や「人生のドラマを魅力的にするには自信を使って、夢叶えるために、選択し決断すること」という一言一言には、モチベーション曲線を行った後だったので重みを感じた。宮重教官にも同質の事を教えていただいていたが、モチベーションを扱う企業のコンサルタントとして成果をあげているのが納得できた。

　その後、女性社員の方のお話を聞かせていただいたが、お二人を見てい

て思ったのは二人とも仕事を全力で楽しんでいるのだと感じた。前日の企業研究でリンクアンドモチベーションの仕事と遊びを融合させるスタイルであるというのを調べていたが正直信じていなかった。仕事と遊びは別という私の考えが思いっきり壊された。富山では見ることは決して出来ないと思う。小さな世界でしかしらず、狭い視野と思い込みで縛られていた自分がいたのに気づいた。

　オフィスの見学では休憩スペースに仮眠用ベッドやお酒が置いてあり、職場なのかと思った。就職活動で見てきた企業の中でダントツに働くモチベーションは上がると思った。

　リンクアンドモチベーションに訪問させていただいて私の価値観は大きく変わった。決断にリスクはつき物だがいつも逃げてきた。リスク覚悟で挑戦してみようと自分自身を見つめなおすことが出来てよかった。本当にありがとうございました。

◆国際流通学科5年　村上マミ
　リンクアンドモチベーションを訪問する前、事前調査としてインターネットの企業サイトやホームページ、ビジネス雑誌などからリンクアンドモチベーションという企業について調べた。企業概要や企業コンセプト、事業内容やその特徴、代表取締役や社員の人柄などをそれぞれ発表しあい、その結果、私の中でリンクアンドモチベーションという企業は、モチベーションを重視したとても熱い企業だというイメージを持った。

　そして実際リンクアンドモチベーションの東京支社を訪問し、感じたことは、私が想像していた以上にいろいろな意味で熱い企業だということだった。オフィスに一歩足を踏み入れた瞬間からそこはまるで別世界のように、デザイン性の高い家具が並べられ、お洒落な空間が広がっていた。船をイメージしたというその空間は、船の木甲板をイメージさせるダークブラウンの壁と、船の窓をイメージさせる独特な円形の窓、そして船が航海する海をイメージさせるブールのライトがその空間をさらにお洒落に演出しており、私が今まで思い描いていたオフィス空間のイメージを一転させた。更に奥に入ると、そこは壁のない広い空間にデスクが並べられ、社員同士が気軽に話し合えるようなフラットなオフィスになっていた。また仮眠できるベッドがあったり、社員おすすめの本が並べられ、休憩時間はリラックスできるようにと細部に渡って社員が働きやすいオフィス環境と

いうものが整えられ、オフィス空間へのこだわりの強さを感じ取ることができた。

　さらに実際リンクアンドモチベーションで働く社員の方のお話を聞くことができた。染谷氏は、「人生においては選択と決断が重要である。一度決断したことは、なんであろうとただひたすら努力し、高いモチベーションを持って目標に向かって進むことが大切だ。」「自ら機会を創り出し、機会によって自らを変えることが重要だ。」という事をおっしゃっていた。また染谷氏の部下である木俣氏も言葉は多少異なっても染谷氏と同じようなことをおっしゃっていて、同じ価値観を共有して働いているのだということを強く感じた。私は二人の話を聞いて、二人の人生はとてもすばらしく、理想的であると思った。しかし実際自分の人生を振り返り、今まで起こった出来事ごとの自分のモチベーションの高さを考えてみると、私がこれまで生きてきた中には、二人のようにしっかりと選択し、決断してその目標に向かって進んだという事実が見当たらなかった。二人のような考え方を持ち、自分のモチベーションを高く持ちながら自分の目標に向かって前に進むことは、私にとって理想であって、実際その生き方を自分に置き換えてうまく成功できるかと言われると、正直少し難しいだろうなと思った。しかし今回、染谷氏や木俣氏のようなこれから先出会える機会がないような方のお話を聞き、私の中に今まで存在しなかった新鮮な考え方に出会うことができ、とても有意義な時間を過ごすことができたと思う。このような貴重な機会を与えてくださったリンクアンドモチベーションの皆様と宮重教官に深く感謝したい。ありがとうございました。

◆国際流通学科1年　渡辺美佐子

　まずは会社の中の雰囲気にとても驚きました。とてもオープンでインテリアにもすごくこってありました。事前にプレイスマネジメントをやっているということを調べていたので、オフィスにも期待はしていったのですが予想以上でした。なによりも驚いたのが、オフィスの中に仮眠施設があるということです。これは社員の方のことを気遣っての配慮ということでとてもいい会社だと思いました。

　染谷さんの説明の中にもあったように、問題は人にあるのではなく、間に存在（関係性）にあるという言葉がすごく心に残りました。関係性ならお互いが直すことで問題解決が図れるから、後にわだかまりが残るという

こともないと思います。

　訪問時に書かせていただいた、モチベーション曲線はとても面白かったです。自分の経験を振り返るということはなかなかできないので、とても貴重な経験になることができました。自分のモチベーションが下がったのは、①目標がなくなったとき、②一番今何をしなくてはいけないか分からなくなったとき、似通った点がいくつもあったので、これから始まる夏休みでは自分が今何をしなきゃいけないのかをしっかりと明確にして、それにチャレンジしていこうと思います。

　また、わたしがこの企業訪問に参加したのは、将来的に自分がどうしていきたいのかということを考えていて、宮重教官に相談して参加したのがきっかけでした。染谷さんや木俣さんのお話を聞くことで大分、自分の気持ちをすっきりすることができました。染谷さんや木俣さんのチャレンジ精神にはとても驚きました。何度か挫折してもしっかりと自分で立て直す姿がとってもかっこいいと思いました。何かに興味をもったらやってみることが大事。しかしそれを選択し決断したのは自分であるということを忘れてはいけない、この言葉を忘れずに今後の自分の学校生活に生かしていこうと思います。人生の先輩であるお二人のお話を聞けたことは、私の生活に大きな影響を与えていただくことができました。本当に感謝しています。ありがとうございました。

　文末となりますが、企業訪問当日も対外業務の予定があるなどご多忙を極める中にも関わらず、本ゼミ学生のために貴重なご講演を頂き、また社内をご案内頂きました株式会社リンクアンドモチベーション・エントリーマネージメントカンパニー・マネージャーの染谷剛史様、同社同カンパニーの木俣そま様に厚く御礼申し上げます。

4. 同級生と共に過ごして学んだこと

　2006 年度のゼミ合宿では、仲間として絆を深めてもらうために、同級生と共に自然散策を行う時間を取った。この自然散策の時間を過ごした学生の感想は以下のとおりである。

◆国際流通学科5年　中田晴香

　前日まで大雨で洪水や土砂崩れがあったというのに、みんな日ごろの行いがよいからか、当日はすっきりと晴れていたので本当によかった。長野は涼しかった、と言うか非常に寒かった。さすがは避暑地というだけある。長袖を着ていなければ風邪をひきそうなくらいだった。

　景色は息をのむほど美しく、街には花が溢れていた。ついでに虫も溢れていた。周り中を山に囲まれて富山に負けないくらい田舎だったが、比べるのが失礼なくらいに見た目の華やかさがまるで違った。空気も水も澄み切っていて全部がクリアにだった。まさしく私の想像するスイスと重なった。日本にもこんな場所があったなんて。普通に生きていたらこのような場所に出会うことはなかっただろう。

　食べ物もおいしく、食べたもの全てが満足だった。特に私が感動したのが絞りたての牛乳で、まったく臭みがなく牛乳が苦手な私でも大変おいしく飲むことができた。なぜそのままの味で富山まで届いてくれないのだろうか…。ソフトクリームも味が濃くて本当においしかった。唯一心残りなのはファミリーランドで行われていた大恐竜展に行けなかったことだ。

　ここは日常の生活に疲れて、のんびりしたいときに来るには打って付けの場所だと思った。また機会があればぜひ来たい。

◆国際流通学科5年　古市紅葉

　今回生まれて初めて行った印象は、長野の土地は涼しく、空と山が大変近くに感じられたことだった。自然に囲まれた良いところで存分に楽しめたというのが、心の底からの感想だ。

　それまで降り続き、災害をももたらした雨が、日程の一日目と二日目に止んでくれたことは有り難かった。二日目に行った美ヶ原の高原美術館から見る景色は本当に美しく、下に雲と山を見下すと、自分が本当に天空の城にいるような錯覚に陥ってしまうほどだった。そこからみんなで、徒歩で牛を見に行ったのだが、見ると実際に歩くとでは大きな誤差があり、想像以上に苦労してやっとたどり着いた。その苦労もあってか、到着した先で飲んだ絞りたての牛乳は、牛乳が苦手な友達でもおいしいと言ったほど嫌な匂いやくせがなく、とてもおいしかった。

　ペンションもアットホームな雰囲気で料理もおいしく、大変満足だった。二日目に白樺湖を見ながら優雅な朝食を摂れたことが嬉しかった。

何より、5年間を同じ教室で過ごしているものの、一緒に旅行という機会はなかなかない教官や友人たちと共に、憧れの避暑地・長野で過ごせたことは、長い商船生活の中でも大変思い出に残る出来事になった。この経験を糧に、勉強も卒研も頑張っていこうと思う。
　最後に、今回のゼミ合宿を何から何までお世話くださった教官に感謝したい。

◆国際流通学科5年　堀川彰広

　主要地方道諏訪白樺湖小諸線の一部（白樺湖～霧ヶ峰）と県道霧ヶ峰東餅屋線、県道美ヶ原公園東餅屋線からなる通称ビーナスラインと呼ばれる路線沿線を観光して、私が一番印象的だったのは美ヶ原である。まず目に飛び込んできたのは、雲の上に陸地が浮かんでいるような光景である。その光景にとても感動した。まるで宮崎駿の「天空の城ラピュタ」のような現実離れした世界が目の前に広がっていたからである。丁度その日は、運良く太陽が出て晴れており、青い空と下に浮かんでいる白い雲とのコントラストが美しかった。また、山本小屋までの登山道は草原の中を歩いているようでとても気持ちが良かった。空気が美味しく、何を見るにも一つ一つに感動していた。ただ残念だったのは、準備を怠っていた点だ。私はスニーカーにズボンを履いていたが、友達はヒールやスカートを履いていて砂利だらけの山道をとても歩きにくそうにしていた。もし頂上まで行こうという気があるならば、スニーカーは必須である。いくら観光地だからと言っても、山をなめすぎていたような感がした。
　次に印象深いのは八島湿原である。八島湿原は国の天然記念物に指定されており、広大な湿原地帯が広がっていた。湿原地帯には、ポツポツと紫や青、黄、橙色の綺麗な花が咲き、のんびりとした景色を作り出してくれていた。湿原から見た山はうっすらと霧がかかっており、しっとりとした光景が私の疲れた心を癒してくれた。
　また全体として諏訪バスを使って移動したが、この諏訪バスは期間限定で運行されているようである。また霧ヶ峰から上の八島湿原・美ヶ原まで行くとバスの本数は非常に少なくなる。1時間に2本ある時間帯もあったり、2時間に1本もない時間帯があったりと、運行感覚がバラバラな上に1本逃すと大変なことになりかねない。自家用車無しで来る観光客にとっては不便である。バスの本数が限られているのは、ほとんど観光地の移動

が目的の経路なので観光客以外の乗客はほとんど見込まれないため当然なのかも知れないが、観光客の多い時期のみでも増便させて欲しいと思った。

　この他にも、たくさんの感動の場面があった。日本にもまだこのような素晴らしい場所が残っていたのだとしみじみと感動した。

◆国際流通学科５年　本保智子

　７月25日は、朝からビーナスラインを観光しました。この日は天気もよく観光日和でした。宿泊先のペンションから、バスで１時間ほどで美ヶ原高原美術館に到着しました。高原美術館まで向かうバスの中からの景色もきれいでしたが、一段と高い高原美術館から見る景色は最高でした、高原美術館には色々な美術品があり、中にはよくわからないものもありました。高原美術館を楽しんだあと、絞りたての牛乳とソフトクリームを食べに山本小屋まで行きました。そこまで向かう道は岩だらけで歩きにくく、大変でした。しかし、目的地に着き、牛を発見したときは、足が痛いのも忘れ興奮して走りだしていました。大変な道を歩いた後に食べた絞りたてのソフトクリームはさらにおいしく感じました。

　高原美術館を去る頃には天候も悪くなり始め、肌寒くなってきました。次に車山高原に向かいました。途中乗換えがあったので霧ヶ峰高原でバスを待ちました。霧ヶ峰高原には馬がいて乗馬を体験できるところがありました。車山高原ではリフトに乗り、頂上まで行ってきました。登りは霧がかかっていて何も見えなかったのですが、降りは霧が晴れ景色を楽しむことが出来ました。景色を楽しんだ後、ペンションがある東白樺湖に向かいました。晴れていれば西白樺湖から馬車に乗る予定だったのですが、天候が悪く馬車もいなかったので諦めました。大変残念でした。

　天候はあいにくでしたが、とても楽しい一日を過ごすことができました。夏休みのいい思い出になりました。

◆国際流通学科５年　水野翔

　初めての長野に感動した。最初「長野＝田舎」というイメージで期待していなかったのが本音かもしれない。しかし電車で長野に突入すると自動改札を発見した。富山の惨敗である。長野に突入し、上諏訪駅からバスに乗り換え、霧ヶ峰まで昇っていくとムンムンとしていたバスの中が、窓を

あけると富山では体験できない涼しい風を体験できた。蜂に最初は怯えていたが、後半になるとゼミ生全員慣れていた。

　個人的に良かったと思うのは霧ヶ峰であった。古市学生と乗馬体験を行ったがとても印象的であった。私が乗った馬はムツゴロウ王国からやってきた馬らしくお利巧な馬かと思ったが、跨った瞬間に馬からの洗礼を浴び足を強打した。痛かった。車山高原のリフトは雨のため視界が保てず、寒さに負けて頂上に着いた瞬間、降りた。信州名産のソバも食べた。手打ちと書いてあったはずなのに冷凍ソバを解凍する瞬間をみてしまった。手打ちを冷凍したのだと前向きに考えようと思う。

　天候不良が続いていたが、私たちが行ったときは崩れる前で良かった。自分の進路や卒業研究などを考えこんでしまい、100％楽しめたかは疑問だったが行ってよかった。今度はこのメンバーで卒研報告会なしの旅行か彼女とデートで行きたいと思った。長野サイコー！！

◆**国際流通学科５年　村上マミ**
　梅雨空が続き、長野では大雨の影響で土砂崩れなどの災害が多発し、公共交通機関も運休という最悪な状況の中、私は２泊３日の旅行の準備をしていた。当日はどうか晴れますようにと祈りながら眠りにつき翌朝目を覚ますと、窓からは久しぶりに浴びる穏やかな朝日が差し込んできた。電車もダイヤ通り運転を再開し、ほっとして電車に乗り込んだ。普通列車を乗り継ぎ、上諏訪駅に到着。そこからバスに乗り込み私たちは白樺湖へ向かった。前日まで降り続いていた雨が嘘のように、夏のぎらぎらとした太陽が私たちを照りつけ、汗が休みなく流れてきた。しかしバスがいくつもの急カーブを通り抜け、いつの間にか街を見下ろす高さまで来ると、一転してバスの窓からはさわやかな涼風が吹き込み、私たちを癒してくれた。白樺湖へ向かう途中の景色がとても雄大で美しく、２日目の観光が待ち遠しく感じた。

　初日の卒業研究報告会を終え、いよいよ待ちに待ったビーナスライン観光の２日目。その日も前日以上に晴れ渡り、一時は雲ひとつない真っ青な空が広がるほどの快晴だった。私たちはバスに乗って、日本で一番高く、一番美しいと言われる美ヶ原高原へと向かった。その途中バスの窓からは、ニッコウキスゲの黄色い花が一面に咲き誇っているのが見えた。その鮮やかな黄色は、透き通るような真っ青な空と、高原のみずみずしい緑と

で、まるで絵画のように美しい景色を創り出していた。さすが美の神であるビーナスの名にふさわしい景色だと思った。その景色を見てテンションがあがった私たちだったが、美ヶ原に到着してそのテンションはさらに急上昇した。バスを降りるとそこはまるで別世界のようだった。雲を見下ろし、その下に見える街よりも空のほうが近くに感じられるようだった。あたり一面に広がる緑の草原を歩いていると、心地よい澄んだ風が私たちの背中を押してくれ、そこは現実離れした本当に美しい世界だった。

　今回のビーナスラインの観光は、今まで見たことのないような美しい世界を体験できた。人工的な美ではなく、自然が創り出す美は私たちの心の中にすっと入り込み、優しく癒してくれた。今回の観光で充分心が癒され、当分の癒しパワーを蓄えたので、また少し卒研で心が疲れたころ、ぜひこの雄大で美しい自然に会いに来られたらいいなと思う。

ビーナスラインの風景

第4章　2007年度ゼミ合宿

1．2007年度ゼミ合宿の概要

　2007年度ゼミ合宿は7月31日（火）から8月2日（木）までの2泊3日で、5年生のゼミ生7名、4年生のゼミ生2名、3年生のゼミ生3名の合計12名の参加のもとに実施した。

　夏休み期間中ということもあり、1日目は避暑地である白樺高原へと移動して、その白樺高原において、卒業研究報告会を実施した。2日目は高原での散策時間を設けた後、訪問先企業の企業調査報告会を行った。3日目は朝に東京へと移動し、アステラス製薬株式会社東京本社と株式会社日立製作所東京本社を企業訪問させて頂いた。

◆ 2007年度ゼミ合宿の日程表
○7月31日（火）
富山——JR北陸本線——糸魚川／糸魚川——JR大糸線——南小谷／南小谷——
6:31　　　普通　　　　　　7:51／8:15　　　普通　　　　　　9:17／9:34

——JR大糸線——松本／松本——JR中央本線——上諏訪／上諏訪——
　　普通　　　11:34／11:47　　普通　　　　12:25／13:50

——諏訪バス——東白樺湖
　　　　　　　15:00

　　　　　　　　　　　　　　　　　　　卒業研究報告会（15:35～22:30）

○8月1日（水）
白樺高原・白樺湖・霧ケ峰高原　　自由散策

　　　　　　　　　　　　　　　　　　　企業調査報告会（17:05～22:10）

○8月2日（木）
東白樺湖——諏訪バス——茅野／茅野——JR中央本線——新宿／新宿——
7:10　　　　　　　　　　7:58／8:29　特急スーパーあずさ6号　10:38

——JR中央・総武線——新日本橋
　12:00～14:15　アステラス製薬株式会社東京本社　訪問
新日本橋——JR総武・山手線——秋葉原
　15:00～17:30　株式会社日立製作所東京本社　訪問

　　　　　　　　　　　　　　　　　　　　　　　　秋葉原駅で解散

2. 卒業研究報告会から学んだこと

　宮重ゼミにおける卒業研究の目的は、卒業研究を通じて論理的思考力を身に付けることにある（本科4年後期〜5年にかけて行う研究を卒業研究と言う）。換言すれば、卒業研究を通じて、自分自身で考える能力を身に付けることを目的としている。

　そのため、ゼミ合宿における卒業研究報告会の目的は、論理の明快な卒業研究論文を作成するために、提出期限までの時間に余裕のあるこの時期に、卒業研究の論理の明快でない箇所を見直すことにある。そのため、この報告会では報告学生は自分の卒業研究を論理的に説明し、報告を受ける学生は論理の明快でない箇所や不完全な箇所を指摘することが求められる。これらの作業を通して、各学生の卒業研究の論理が明快となるように見直していくとともに、論理的思考力を磨いていくことになる。

　本年度は、ゼミ合宿1日目の2007年7月31日（火）15時35分〜22時30分まで卒業研究報告会を実施した。また、ゼミ合宿2日目の8月1日（水）17時05分〜22時10分まで企業調査報告会を実施した。卒業研究報告会の内容は、以下のとおりである。

◆卒業研究報告会・企業調査報告会の報告内容
○7月31日（火）

報告時間	報告者氏名	報告タイトル
15:35〜16:35	畑野智子	倫理的な企業による人材の獲得―化粧品産業の事例―
16:35〜17:20	道音由里	ワーク・ライフバランス施策による人的資源の獲得―総合電機メーカーの事例―
17:25〜18:05	海老絢乃	研究開発志向型製薬企業におけるR&D戦略の変遷
18:05〜18:35	高木聡	人的資源の獲得と個人の参加動機づけ要因
18:35〜19:00	高木梨沙	製薬企業におけるイノベーションの決定要因
休憩		
20:45〜21:40	中江夏希	ジェネリック医薬品企業の経営戦略
21:40〜22:30	杉森文香	日本における医薬品企業の合併効果

○8月1日（水）
報告時間　　　　報告者氏名　　　　　　　報告タイトル
17:05 〜 19:05　　全学生　　　　　　アステラス製薬の企業調査内容
休憩
20:40 〜 22:10　　全学生　　　　　　日立製作所の企業調査内容

　この卒業研究報告会に参加した学生の感想は以下のとおりである。

◆国際流通学科5年　海老絢乃
　今回の卒研報告会は、普段のゼミとは違った環境やメンバーで議論することで、違った視点からの意見をもらったり考えたりすることができ、充実した時間であったように感じる。
　この報告会で思ったことは、最初から1人1時間程度を目安にしていたからか、私を含め5年生みんなが自身の研究の背景や目的、研究成果等を1つ1つ丁寧に、深くわかりやすく説明をしていたということだ。普段の学校でのゼミでは、7人で1コマ（90分）を分けなければならないため、他のゼミ生がどのような研究をどこまで進めているのか、正直わかっていなかった。このことから、今回の報告会は充実していると感じられた。
　私自身の卒研では、現在、「研究開発志向型製薬企業におけるR&D戦略の変遷」というテーマの下で研究を進めている。製薬企業においてR&D活動は最も重要であるが、企業はその規模の拡大に伴ってR&D戦略の重点を、研究から開発へと移行することを明らかにすることが目的である。また、このことを明らかにするために米国メルク社とアムジェン社の事例調査を行う。
　1時間にも満たない時間ではあったが、意見や質問を聞くことで自身の卒研について再確認することができた。今後は事例調査、そして先行研究のレビューを続けていきたい。

◆国際流通学科5年　杉森文香
　私は先行研究のレビューからではなく実証研究から卒研を進めていたので、正直何を発表したらいいのか分からず、まとまりのない報告になってしまった。その点では少し後悔の残る卒研報告会になってしまったが、皆

の報告を聞いたことで卒研に対するモチベーションが上がったので、それだけでも報告会に参加する意味はあると思った。

　個人的には畑野さんの発表がよかった。一番始めの発表ということもあって緊張していたと思うが、きちんと自分の研究と向き合っているように感じた。医薬品関係の研究と違って畑野さんや道音さん、高木君の研究は大変なことも多いと思うが、その分自分なりにその研究に対して深い考えを持っていることが分かって、自分も頑張らなくてはならないと思った。

　また、報告会で一番驚いたことは、高木君が歩く辞書のように何でも知っていたことだ。どんな言葉の定義も分かりやすく説明してくれて、単純に凄いと思った。私は自分の報告の際に基本的な言葉の定義の質問にも上手く答えられなかったので、自分の論文に使う言葉にもっと責任を持たなくてはならないと思った。

　この報告会に参加して自分が今後やらなくてはならない課題が少し見えたので、夏休み中に出来るだけ進めていきたい。

◆国際流通学科5年　高木聡

　卒業研究報告会ではゼミ生が各々卒業研究の概要を報告した。私の報告については特に批判や意見などもなく議論の盛り上がりに欠けるものだったと思う。

　しかしながら、この議論から何も得るものがなかった訳ではない。特に下級生からの質問からは発見が得られた。自分としては、ある概念や用語を一般的なものだと思って発言しても実際には理解されないということが度々あり、いくつか質問を受けた。例えば、ポジショニング・アプローチや期待理論についての質問がそれである。これに対して発言者である私は説明をしなければならない訳であるが、基本的な概念でも案外説明が難しいということに気付かされた。このことから私は自分の理解の甘さを痛感したとともに、これまで自分がいかに狭い領域で議論をしてきたかということがわかった。

　内輪だけにしか理解されない議論というのは意義の薄いものだと思う。そのため広く理解される議論を展開するためにも、自己の理解を深め、言葉を吟味しなければならないということが課題として浮かび上がった。こういったことを踏まえて今後の論文執筆を進めていきたいと思う。

◆国際流通学科5年　高木梨沙

　卒業研究報告会では、自分の研究の「製薬企業におけるイノベーションの決定要因」について、論文構成、研究背景、研究目的、現在研究してわかっていることの4点について報告した。

　論文構成、研究背景、研究目的は、特に問題はなかった。3章「先行研究の調査」では、勘違いしていた部分があり、教官に指摘していただき、理解できた。また、富山化学工業株式会社を事例に取り上げる、4章「実証研究」では、「企業規模がそれほど大きくないにもかかわらず、新薬を多くだしている」「プリズムの調査で『開発・研究』部門で9位に入っている」「販売部門を分離し、研究開発を中心に取り組んでいる」という3つの選定理由を記述することを確認した。

　研究についてまとめ、報告することで、自分の研究への理解をより深めることができたと思う。また、他人から質問されたり指摘されたりすることで、自分では気づくことができなかった矛盾点や曖昧な部分を知ることができた。これを改善することでさらに良い研究ができたら良いと思う。

　今後、富山化学工業株式会社にインタビュー調査を行い、まだ研究していない部分は文献を参考にし、進めていきたい。

◆国際流通学科5年　道音由理

　私は、「ワーク・ライフバランス施策による人的資源の獲得─総合電機メーカーの事例─」というテーマで卒業研究を進めている。「戦略としてワーク・ライフバランス施策に取り組む企業は優秀な人材をひきつける」という仮説を、事例を挙げ検証する。

　憂鬱な気分のまま、論文の構成や現在の進捗状況を報告する。自分でも何を話しているのか、分からない状態だった。頭の中では分かっているつもりでも、それをうまく表現できない。それでも、教官やゼミ生の皆と議論を重ねるうちに、整理でき始める。今まで、何が分からなかったのかが、分からないくらいだった。これまで集めてきた情報に振り回され、根本的な部分を見失っていたからかもしれない。今、どの部分が不足していて、今後、何をしていかなければならないのかがまとまった。

　それだけではない。他のゼミ生の報告を聞いているうちに、ひらめいたり、自分の論文の不足している部分に気付いたりできた。他のゼミ生の論文内容については、知識が少ない分、一層の集中力を必要とし、疲れはし

たが、一人では気付けなかったことに気付けたという点で、とても有意義なものであった。

　もっと入念に準備をしておけば、より有意義な時間を過ごせただろうという後悔は残る。しかしながら、明確にまとまっていなかったからこそ、指摘を素直に受け入れ、方向を定められたようにも思う。この時期に、他のゼミ生の進捗状況や論文の内容を確認できたことで新たな発見ができ、また、とても良い刺激となった。

◆国際流通学科5年　中江夏希
・自分自身の報告について
　今回、報告会で教官と学生の前で発表したことで、いろいろな指摘や質問をしてもらい、自分だけでは気付けなかった新たな課題がいくつも見つかった。具体的には、論文の構成を組み立てなおせたこと、ジェネリック医薬品企業の経営戦略を探るために一般的な経営戦略についての知識が必要と分かったこと、先行研究の章の流れが分かったことなどが収穫であった。今後は、図書やインターネットを用い、研究について基礎知識を深め、また事例研究についても進めていくつもりである。
・各自の報告について
　5年生の発表は、各自テーマは違っても、基本的な論文の構成は同じなので、自分の研究でも参考にしたいと思うような報告がいくつもあった。図やグラフなどの数値データを用いた客観的なデータが自分には少ないと感じ、改善しようと思った。3・4年生からうけた質問には、自分が当たり前に使っている単語などの意味など、そういった基本的な知識が自分はまだまだ足りていないなと気付かせてもらった。論文を初めて読む人にも分かりやすい論文作りを心がけたいと感じた。

◆国際流通学科5年　畑野智子
　今回の報告会に参加したことで、それまではまとまっていなかった論文の構成をすっきりさせることができた。また、周囲からの指摘を受けることで、今後の研究の進め方が明らかになった。
　私の論文の題目は「倫理的な企業による人材の獲得—化粧品業界の事例—」である。報告会において、理論研究の部分では、企業倫理の位置づけ、倫理的な企業の定義、倫理的な政策と企業イメージ、実証研究の部分

では、研究対象企業であるオルビス株式会社の選定理由、オルビス株式会社における倫理的な政策の調査内容について報告した。企業倫理は、倫理＞応用倫理＞・・・と順に範囲が狭くなっていき、一番限られた位置にあるのが企業倫理である。倫理的な企業とは、コンプライアンスはもちろん、それ以外の部分でもステイクホルダーに貢献している企業のことだと考えると報告した。そして、このような企業は周囲に悪いイメージを持たせにくいのではないかと考える。実証研究の企業選択には、株式会社毎日コミュニケーションズが行っている大学生就職人気企業ランキングを参考にした。対象企業の倫理的な政策に関しては、他社と比較して検証する。

　論文の内容を言葉にして他人に報告することによって、自分でも改めて論文の流れや調査不十分な部分を確認することができ、よかったと思う。今回指摘された内容を活かし、今後の執筆をスムーズに行えるよう努力したい。

◆国際流通学科4年　澤田彩水
　私は今回初めて卒業研究報告会に参加しました。参加してまず感じたことは、専門的知識を持っていないと報告内容についていけないことがあるということです。報告会のレポートには専門用語もあり、その知識などない私にとっては少し難しかったです。しかし、質問するとわかりやすい言葉に直して教えていただけたので、報告会を終える頃にはいくつかの専門用語とそのだいたいの意味を理解できました。これは今回の報告会に参加したことによる成果だと思います。

　卒研を進めていく上で必要となってくるのが、自分の研究テーマに関する深く幅広い知識だと感じました。浅い知識しかなくてもレポートの外面を整えることはできるかもしれません。しかし、外面だけ整っていても内容のない薄いレポートになってしまいます。また、人によって疑問に感じる点は違うので、どのような質問にも答えられるようにするためには、自分の研究テーマに関する幅広い知識が必要となるでしょう。

　レポートの報告をする時には、それを聞く人のレベルに合わせた言葉選びをしなければならないということにも気付きました。どんなに良い内容の報告をしていても、聴衆に内容が伝わらなければ意味はないからです。

　今回の報告会に参加したことで、自分が卒研で研究したいことについて今までよりもはっきりと見えてきました。自分が本当に興味のあることで

ないと研究が苦痛になってしまうと思うので、残りの夏休みを使って更にはっきりとさせ、本当に興味のあることに関して研究したいと思います。

◆国際流通学科４年　本江亜衣

　今回私が卒業研究報告会に参加してまず感じたことは、自分の知識量がとても乏しいということであった。基本的な論文の構成や語句の意味など分からないことだらけだった。先輩の話を聞いていて、自分の知識が研究内容を議論するにはまだまだ足りないのだと感じた。しかし、分からないなりに一生懸命、先輩の話を聞いていると、論文の組み立てかたや語句の意味が少しずつ分かるようになってきたし、自分にないデータはどこから集めてくればよいのかも、先輩達が持っているデータから何となく分かってきた。

　この報告会に参加するまで卒業研究というものがすごく遠い存在に感じていたし、まだ漠然としすぎていて具体的に何をしたらよいのか、全く分からなかった。けれど、この報告会に参加して、実際に先輩達の論文に触れて、自分のしたい研究を前より具体的に考えられるようになった。まだ私の研究は始まっていないけれど、これから自分の研究を進めていく上でとても貴重な経験になったと思う。

　来年の今頃、自分は今の５年生のように論文を進めることが出来ているのだろうかと考えると少し不安にも感じるけれど、とりあえず後期から始まるプレ卒にむけて一生懸命頑張っていきたい。

◆国際流通学科３年　坂谷理紗子

　５年の先輩方の卒業研究テーマの報告を聞いて、全員が自分たちの研究課題についてよく調べているなと思った。研究テーマに沿って企業が行っている経営戦略、その企業が現在に至るまでの背景などをさまざまな視点から見て発表していた。

　今回の卒業研究は、製薬企業について調べた先輩方、企業による人的資源の獲得について調べた先輩方の２パターンに分かれた。

　私は「ワーク・ライフバランス施策」による人的資源の獲得をテーマにした研究に興味を持った。女性の社会進出が活発化しつつある社会で、「ワーク・ライフバランス施策」に取り組む企業は優秀な人材をひきつけるという仮説が立てられた。しかし討論で「Ａ社とＢ社で優秀な人材は異

なる」、「それぞれの企業に合った人材がいる」と意見が出たとき、非常に面白いと思った。この研究では総合電機メーカーの企業数社の女性活用の実態をそれぞれ比較している。それぞれの企業で違いはあるのかこの研究の結果が楽しみである。

今回の卒業研究報告会では先輩方の発表の最後に、先輩方に質問をしなければいけなかったが、質問に対して先輩方は的確に答えていた。企業倫理やCSRなど難しい用語があったときもわかりやすく説明してくださった。私たちが5年生になったときに、このような形で報告をすることがあれば先輩方の発表を参考にしたいと思った。

◆国際流通学科3年　原田未央

今回、5年生の卒業研究報告会に参加してみて、全く卒業研究について知識のない私が思ったのは、ただただ「難しい……」ということだった。今まで私がしたことのある「研究」は、小学校、中学校と夏休みの宿題でだされる「自由研究」や「科学研究」のような研究といえるのかというほど簡単なもので、一つのことに深く踏み込んで研究などしたことがなかったからだ。そんな中で見た5年生の報告会は、「これが研究か。」と感心させられるものだった。

私が一番印象に残っているのは、質疑応答のときの受け答えである。これは、調べるだけでなく、内容を理解し、それを相手が分かる言葉で説明しなければならない。質問は相手がどの角度からそのテーマを見ているかによっても異なるし、相手がそのテーマについてどのくらいの知識を持っているかによっても異なるだろう。

私は3年生としてこの卒業研究報告会に参加したため、報告を聞いて質問する立場だった。もちろん5年生が報告する研究内容について全くといってよいほど知識はない。そんな私が質問し、それに対して1から応答していくのだ。初歩的な用語までもが私にとっては未知の世界で、応答する側の5年生はとても大変だったと思う。しかし、返ってくる応答は的確で、知識がなくても大体は理解できた。

今回の報告会で、研究の奥深さや説明の難しさを感じることができた。私も2年後にはこうして研究し、相手にわかるように説明しなければならないのだと考えると心配になるが、今回の経験を生かして上手く卒業研究をまとめられるようになれたらいいと思う。

◆国際流通学科3年　南佳苗

　今回参加させてもらった卒業研究報告会では、5年生の方たちの議論の仕方がとても参考になった。私たちがわからないところも丁寧に教えてくださり、5年生は格が違うなと実感した。質問の内容も、5年生の方は論理性が通っており的確なものだった。

　参加させてもらって私が思ったのは、5年生の方たちは経営について調べておられたが、経営と一口に言っても同じような内容というわけではなく、それぞれが全く違った内容だということだ。たとえば、合併効果だったり経営戦略だったりと言った具合だ。経営というのは一言で括られるものではないのかもしれないと思った。

　その他に参考になったのは、文章（レポート）の書き方と、話し方である。5年生のレポートは、文章構成がしっかりしているが、そんなに文字数が多いというわけではない。細かな説明は口頭でしていくというところが、私たちとは違うところだと感じた。その話し方も、筋道が通っており的を射ているものだった。一人が話し、もう一人がそれについて切り返すときでも、切り返しがうまい。また、質問されたときでも「分からない」ということはあまりなく、質問されたことについてきちんと答えを調べてあるのが素晴らしいと思った。話し方としては、考えながら話すよりも、話をまとめてから話す人の方が質問の内容も分かりやすかったような気がする。

　5年生で特に私が素晴らしいなと感動したのは、高木（聡）さんと道音さんである。2人に共通していることは「積極的」であることと、「論理的」であることだ。どの討議にも、2人は積極的に質問していたことが印象的だった。しかも、質問の内容は3年の私でも鋭いなと思う質問ばかりであった。私はあまり論理性がないので、2人を参考にしたいと思った。

3. アステラス製薬株式会社東京本社への企業訪問から学んだこと

　宮重ゼミにおける企業訪問の目的は、次の2点である。第1に、宮重ゼミでは経営学に関する卒業研究に取り組む学生が多いため、企業訪問を通じて企業内部の状況を肌で感じることによって、文献や講義からは得ることのできない「暗黙知」を修得することである。第2に、学生は将来、企

業などの組織へと就職することになるため、研究という観点からのみではなく、働く場所という観点からも企業を理解することである。特に先輩社会人の背中を見て、「働く」ということを考えてもらうことを大きな目的としている。

　本年度は、ゼミ合宿3日目の2007年8月2日（木）12時00分～14時15分までのおよそ2時間強にわたって、アステラス製薬東京本社を企業訪問させて頂いた。企業訪問の内容は、以下のとおりである。

◆アステラス製薬東京本社訪問の内容
　① 歓迎のあいさつ（CSR室長　竹歳隆一様）
　② アステラスのCSRと企業倫理（同　竹歳隆一様）
　　　製薬業界の概要
　　　アステラス製薬の概要
　　　CSRへの取り組み
　　　企業倫理の推進
　　　CSR室の仕事内容
　③ 適時質疑応答（同　竹歳隆一様）

　アステラス製薬東京本社への企業訪問から学生の学んだことは以下のとおりである。

◆国際流通学科5年　海老絢乃
　自分の卒業研究のテーマが製薬企業に関するもののため、業界の概要は多少知ってはいたが、製薬企業がいったいどのような所なのか、アステラス製薬を企業訪問するまでは全く想像もつかなかった。むしろ、私の中の製薬企業はそれまで、研究所のイメージのほうが強かった。
　アステラス製薬は、2005年4月に旧山之内製薬と旧藤沢薬品が合併して発足し、国内第3位の企業である。今回の訪問では、そのアステラスのCSRと企業倫理について話を聞かせていただいた。
　アステラスでは、合併した当日、社員全員に経営理念や企業行動憲章等が明記された「アステラスC-file」が配布されたそうだ。C-fileのCはCSR、Compliance、Charter、Code of Conductを意味し、「C」で始まる要素が盛り込まれている。また、社員はそのC-fileの携帯版を常に持ち歩

いているそうだ。現在のアステラス製薬には旧山之内製薬出身と旧藤沢薬品出身の社員が共に働き、両社の社員が共通の経営理念の下、新たなアステラスという会社を共につくっていっている、ということが感じられた。

　今回の訪問を通して、実際に製薬企業の本社を訪問し、企業についての話を聞かせていただいて、今まで未知だった会社の雰囲気やCSRについて理解を深めることができた。また、薬をつくるという仕事は、長い年月を要し、いろいろな法律に縛られ、他の業界とは全く違うということを改めて実感した。

◆国際流通学科5年　杉森文香

　アステラス製薬に入ったときの第一印象は、清潔なイメージだった。企業訪問の前に宮重教官から「建物の中に入るだけでなんとなく分かるから。」と言われたことが、実際に入ってみて何となく分かったような気がした。

　アステラスの方からの事前のプレゼンテーションはとても分かりやすく、不祥事に関してもきちんと説明があって、良い印象を受けた。また、私たち学生に対しても質問しやすい雰囲気をつくってくれたように感じた。個人的には、CSR活動だけでなく合併に関する話も多く織り交ぜてくださったので、とても参考になった。

　私は医薬品関係の研究をしているので実際に企業の話を直接伺うということは最高のチャンスだったのだが、あまり良い質問をすることができなかった。しかし、数字だけでは分らない合併によるプラスの効果もあることが分かった。合併によって研究開発能力が上がったかどうかという質問は、答え難い質問だったと思う。それでも丁寧に答えてくださったことがとても嬉しかったし、今回の企業訪問で自分の研究に関する貴重な話をたくさん聞くことができた。この経験を論文に生かしていきたいと思う。

◆国際流通学科5年　高木聡

　アステラス製薬を訪問するにあたって、ゼミ生はそれぞれ事前に企業研究を行った。そして、訪問の前日には企業研究の報告会が設けられた。報告会ではアステラス製薬の企業倫理、社会貢献活動、経営理念、企業合併などが議論の中心となっていた。

　今回の訪問は製薬会社ということもあり、企業機密は厳しく、私たちは

会議室のみを見学させていただいた。アステラス製薬の本社ビルは新しく、ハイセンスな建物であった。会議室も綺麗なつくりで、調度品も洒落た物が揃えられていた。こういった労働環境のもとでは従業員も気持ちが良いのではないだろうか。

　会議室ではCSR室の竹歳さんからプレゼンテーションをしていただいた。営業出身の竹歳さんのプレゼンテーションは非常にわかりやすく、長時間でも飽きさせられることのないものだった。営業職に就く上ではこういったスキルも重要になるのだろうと思った。プレゼンテーションの内容は製薬業界の概要にはじまり、CSR、企業倫理などについてであった。竹歳さんはアステラス製薬の目標として、売上高1兆円の達成、そして武田薬品を超えることを度々強調されていた。目標を設定し、それを達成しようという強い意気込みが感じられた。

　発表の中心となったのはアステラス製薬のCSRや倫理についてである。竹歳さんはCSRという言葉自体は欧米から輸入されたもので、所謂流行のようなものとして捉えている。しかし、CSRのような概念はかつてから日本にも存在し、流行になる前から日本企業はそういったことを実践していたという見方をされているそうだ。こういった発言からCSRに関する理解の深さが見て取れた。

　アステラス製薬のCSR室の取り組みとしては、2005年の合併直後、C-fileと呼ばれる行動基準が書かれた冊子を全社員に配布し、すべての営業所で研修を実施したそうだ。また、社内にヘルプラインを設け、職務行動について倫理的な迷いがあったときには連絡するよう従業員に教育しているとのことだ。このように、実際に企業倫理の実践やCSR推進を社内に訴えかけているということが確認できた。この事実からアステラス製薬の掲げる理念、倫理というのはただの建前ではないということを感じられた。

　アステラス製薬の企業訪問では、普段は見ることのできない社内の雰囲気や従業員の価値観を感じることが出来た。貴重な時間を割いていただいたアステラス製薬の皆様、そして、お話を聞かせてくださった竹歳さんに感謝の気持ちを伝えたい。

◆国際流通学科5年　高木梨沙
　アステラス製薬を訪問し、まず会社の中に入り、堅い雰囲気を感じた。

情報の流出を防ぐために外部からの人間をなるべく進入させないようにしている、という印象を持った。

　CSRと企業倫理についてのお話は、製薬業界の概要から、アステラス製薬の概要、CSRと企業倫理の取り組みまで細かく説明していただいたため、予備知識があまりなかった私たちでも理解することができたと思う。特に企業倫理についてのお話が興味深かったが、企業倫理というのははっきりと決められたものではなく、曖昧なものだと感じた。「信用創造は長年月、信用喪失は一瞬」という言葉が印象的だった。

　私はCSRや企業倫理についてではないが、製薬業界について卒業研究を行っているので、製薬業界について少しでも知ることができてよかった。これからの卒業研究に活かしていきたいと思う。

◆国際流通学科5年　道音由理

　アステラス製薬を訪問し、まず、広いロビーから道路を目隠しするように見える、涼しげな竹林が目に飛び込んだ。落ち着いた雰囲気の会社だと感じた。

　CSR室の竹歳さんから、アステラス製薬のCSR活動と企業倫理に関する取り組みについてお話していただいた。節々から、アステラス製薬4つの信条の内の2つ、「高い倫理観」と「競争の視点」を感じ取ることができた。業界の特性もあるかもしれないが、企業倫理に取り組む意欲、意識の高さがひしひしと伝わってきた。

　実際に取り組んでいらっしゃる具体的なお話を伺って、「企業倫理」というものを、本を読んで仕入れた知識とは一味違った、身近なものとして捉えることができた。良い勉強となった。社員の方しか分からないようなエピソードなど、生きた情報を伺うことができ、とても有意義だった。

　企業倫理という曖昧なものに、手探りながら真剣に向き合って、取り組んでおられる竹歳さんの姿がとても印象的でかっこいいなあと感じた。その姿勢はこれから社会人になる私にとって、良いお手本として見習いたい。

　また、CSR室での活動は、営業や開発などのハード面とは違い、直接的で分かりやすい成果がでるとは限らない。そのようなソフト面から会社を支えることは大変だろうが、とてもお仕事を楽しんでいらっしゃるように感じ取れた。そのような方のお話を伺うことができ、本当に良い経験に

なった。

◆国際流通学科5年　中江夏希

　アステラス製薬では、主にCSRへの取り組みと企業倫理の推進といったテーマでお話を聞くことができた。

　CSRについては、大変熱心に考えていらっしゃる様子がうかがえた。近江商人の経営理念である「売り手よし、買い手よし、世間よしの三方よし」を、アステラス製薬のCSRについての考え方に反映させておられる点が特徴的であると感じた。アステラス製薬は、企業は社会からの要請に応えることで存在価値が評価されるという考えであり、顧客、社員、株主、環境・社会からの需要に応答していくことでCSRを考慮した経営をし、持続可能な発展を可能にしていくという考え方であることがお話から伝わった。そのため、ボランティア活動や寄付活動など社会貢献活動も盛んである。

　企業倫理の推進については、製薬業界の過去の企業不祥事などを取り上げ、さまざまな業界団体が企業倫理について定めていること、そしてアステラス製薬の企業倫理についての取り組みについてお話を聞いた。アステラス製薬では、全社員に対して少人数双方向型研修を行い、自社の企業倫理の定着徹底を行っており、企業をあげて企業倫理に力を入れていることが伝わった。

　訪問しての印象としては、清潔感があり、社会活動にも熱心で、製薬会社としては最高のイメージがあると感じた。

◆国際流通学科5年　畑野智子

　各自、事前にアステラス製薬株式会社（以下、アステラス製薬）の企業研究をし、経営戦略や環境活動の取り組み、社会貢献活動などについて知識を得た。今回の訪問では、製薬業界の概要やアステラス製薬のCSR、企業倫理などについて話していただいた。

　アステラス製薬では、自社のCSRはヨーロッパから来た概念ではなく、250年以上前の日本の近江商人の経営理念からやってきたと捉えている。なので、近年はやっている活動ではなく、前々から行われているものだという。また、事前の企業研究や訪問、CSR報告書を読んでみて、アステラス製薬の社会貢献活動は特徴的なものが多いと感じた。

企業倫理に関しては、双方向型研修という、ケースを使用したグループディスカッションを行っている。ディスカッションは少人数制で行われる。この活動を通して、企業倫理についての理解を深めることが期待されている。この研修は全従業員が対象であり、企業倫理を徹底させようとしている姿勢がうかがえた。

　また、製薬業界の概念についての話にも関心を持った。今まで製薬業界とのかかわりがほとんどなく知識も浅かったのだが、話を聞くうちに少し興味がわいた。病院では医師が薬を処方するため、製薬会社は薬を使用する患者と直に接している訳ではないが、その薬には本当に多くの製薬関係者の努力があるということが分かった。

　アステラス製薬は 2005 年に合併してできたばかりの企業なので、今後の CSR や企業倫理に関する活動に注目したいと思う。

◆国際流通学科 4 年　澤田彩水

　アステラス製薬では、製薬業界の概要、アステラス製薬の概要、CSR への取り組み、企業倫理の推進についてのお話を聞かせていただきました。その中でも特に興味深かった「企業倫理の推進」について感じたことを報告します。

　まず、アステラス製薬は社会貢献活動として、ボランティア活動、地域社会活動、寄付活動、市民の健康支援を行っています。この 4 つの活動の中でも、マッチングギフト方式のフライングスター基金は社員 1 人 1 人のボランティア精神を大切にしていると言えます。この基金では、ただ会社から寄付をするのではなく、募金を希望する社員の給料から毎月 100 円を募金しています。自らが社会貢献をしているという気持ちが、日々のボランティア精神にもつながるのではないだろうかと思いました。

　次に、アステラス製薬では「企業倫理を全社員に浸透させるためにコンプライアンスの憲法として C-file を全社員に配布した」とおっしゃっていました。この C-file には主に、経営理念との関連や企業行動憲章、社員の行動規準が書かれています。また、アステラス製薬では全社員に企業倫理を浸透させるために双方向型研修を行っています。少人数研修を行うことで意見をぶつけ合い、コンプライアンス意識向上へと繋がることを目的としているそうです。少人数研修には多数の指導者と多くの時間が必要となりますが、効果は確実に出ると言えるでしょう。アステラス製薬は「今」

よりも「未来」を大切にしている企業であると感じました。

◆国際流通学科4年　本江亜衣

　今回アステラス製薬を訪問して、一番印象に残ったのは、「企業の社会的責任とは社会からの要請に対する企業からの応答の事である」というお話だった。「企業は社会の中に存在し、社会からの要請に応えることで存在価値が評価されるのであるから、要請に応答する能力（response-ability）が大事なのである」というお話は自分の中でとてもぴったりくる表現だと感じた。本でよく「企業の社会的責任とは？」という文章を見つけることがあるが、この定義が一番分かりやすくて、まだ勉強したての私でも納得できるものだった。

　また竹歳さんの言葉を聞くだけで、アステラス製薬がどれだけ真剣にコンプライアンスに取り組んでいるのかということが伝わってきた。竹歳さんの言葉は力強くて、きちんとした信念に裏付けされているのだと感じさせるものだった。真剣に私たちの質問に答えてくださっている姿を見て、心の底から「将来、自分が仕事する時は竹歳さんのような上司の下で働きたい」と思った。

　このように、企業にお邪魔してお話を聞くという貴重な機会を与えてくださったアステラス製薬の方々に心から感謝したい。

◆国際流通学科3年　坂谷理紗子

　私たちが訪問したアステラス製薬株式会社は山之内製薬と藤沢薬品が合併して発足した、日本だけでなく世界を代表する製薬企業である。しかし私は、アステラス製薬という企業名は聞いたことはあったがどのような薬を作っているのか、どのような研究をしているのか、企業のことはよく知らなかった。

　今回、アステラス製薬の本社に訪問させていただき多くのことを学んだ。まず本社に入った瞬間、セキュリティが非常に厳しいと思った。現在の大企業では当たり前のことだが、フロアごと、厳重なセキュリティで完備されていた。

　私たちに話をしてくださった方はアステラスのCSR室の方で、製薬企業の概要から話をしてくださった。アステラスでは合併後、新薬の創薬研究開発体制をメインに取り組んでいくことを決定した。1つの新薬ができ

るまでに基礎調査、非臨床試験、臨床試験、審査、再評価と約20年という大変長い年月がかかり、200億円、300億円という莫大な費用がかかることを知り驚いた。なおかつすべての研究が成功するわけではないのでリスクの高い研究であることが言える。特許をとることで新薬として国内、世界に販売することができるため、1つの新薬の特許で企業が左右され、製薬会社では生き残りをかけて常に企業との戦いがあるといっても過言ではないのである。

　話の中で私はアステラスの企業倫理に関心を持った。アステラスでは毎年「双方向型研修」を行っている。全従業員に社内で出されているケースを使用したグループディスカッションを行い、各グループで出た「ジレンマ」を提出させている。2007年度は営業の全従業員を対象に「少人数双方向型研修」が行われた。今後も継続的に研修を続行する予定だというが、この研修は大変良いと思った。日ごろから企業に対して意見があるかもしれないが、それを伝えることはなかなかできないと思う。このような機会を設けることで積極的に意見を言ってもらえるため、今後社内でどのようなことを改善すべきか、取り入れるべきかを考えることができると思う。このような政策はこれからも積極的に行うべきだと思った。

　アステラスに訪問する前まではアステラスと私たちとはあまり密接な関係はないと思っていたが、実際アステラスで創薬されたクスリは国内のみならず、世界中で販売されている。私が病気になったときに病院でもらうクスリももしかしたらアステラスで研究開発されたクスリかもしれない。そう思うと製薬企業と私たちはクスリによって身近につながっているのだなということを、話を聞かせていただいて感じた。

◆国際流通学科3年　原田未央

　今回、アステラス製薬という世界にも名の知れる大企業を訪問する機会を得て、緊張しながら、また、わくわくしながら訪問した。前々から外観もすばらしいと聞いていたが、実際見てみて、「これが世界のアステラスか。」と感心した。それは、もちろん大きさや美しさもあるが、各階ごとに設けられたセキュリティ完備にも驚かされた。

　中にはプレゼンテーションが用意されており、CSR室の竹蔵隆一さんが図で示しながら分かりやすく説明してくださった。私には少し難しい説明もあったが、合併について、他社との競争と新薬についてなど、幅広い

知識を得ることができたと思う。

　日頃患者は「医者」が全てで医者に感謝する、と竹歳さんはおっしゃっていた。確かに、私も病院へ行って病気がよくなると、「あのお医者さんはよかったのか。」と思うし、薬をもらっても製薬会社まで意識することはほとんどなかったように思う。と、いろいろ考えているうちにこんなことを思い出した。

　私の母は看護師なのだが、勤め先の病院にもアステラス製薬の方々が薬の説明などをしにたびたび訪れる。以前私が母について病院を見学していた時にもアステラス製薬の方が薬を持ってきていて、笑顔で話しかけてくれ、また「アステラス」のロゴが入った付箋をくれたのだ。その時の印象がとても良く、今回アステラス製薬を訪問するにあたって私はアステラス製薬に対して勝手に親近感を持っていた（おそらくこれが親近感を持っていた理由だと今になって思う）。

　また、訪問して広告のようなものを見て気付いたのだが、私が服用している薬の中にもアステラス製薬のものがあった。注意してみれば意外と身近に存在する製薬会社なのだ、と気付かされた。アステラス製薬の方々はよく、薬を持って病院へ出向くと聞いたが、私に話しかけてくれたアステラス製薬のおじさんのように、患者とのコミュニケーションの場がもう少し増えれば、製薬会社の知名度も上がるし、患者ももっと安心して薬を服用できるのではないかと思う。

　今回、とてもすばらしい企業を訪問できて、社会勉強にもなったし、貴重な体験を通して得たものも多い。これから進学、就職するにあたって大いに役立てていきたいと思う。

◆国際流通学科３年　南佳苗

　アステラス製薬に訪問して思ったのは、社員の方たちは「武田薬品」に対してとても強い対抗意識を持っていることと、企業倫理に力を入れているということだ。

　まず、私はアステラス製薬が大企業の割に社会的にみて名前が他の企業よりも通っていないことが不思議だった。それは、法律上一般薬品を売らない企業はコマーシャルで商品名を出してはいけないということが取り決められているため、仕方のないことだという裏側事情があり、驚いた。

　その他には、グローバルな経営をするために日々努力しておられるとい

うことが分かった。それというのも、アステラス製薬は世界の製薬企業の中でも 18 位に食い込んでいるからだ。また、日本の製薬企業トップ 3 が全てグローバル化をしている会社であるということは、これからの製薬企業の戦いで生き残るためにも、グローバル化は外せないということだろう。しかし、アステラス製薬の目指すグローバル化を達成するためにも、1 位の武田薬品を追い抜かないことには成し得ないということで、アステラス製薬の社員の方たちの目標とする「武田薬品に勝つ」ということにも頷けた。

　しかし、社員の方も言っておられたが、アステラス製薬は武田薬品よりも MR の人数が多いが売り上げでは武田薬品の方が上である。アステラス製薬の効率が武田よりも良くないということが分かる。これからのアステラス製薬の課題は、いろいろな策はあるかもしれないが、「武田薬品よりも効率を良くする」ということにかかっているかもしれない。

　また、アステラス製薬の企業倫理として、積極的に企業全体で企業倫理を高めようとしている働きが素晴らしいと思った（例えば携帯企業倫理の本を配布したり、グループディスカッションをしたり…ということ）。

　文末となりますが、今回の企業訪問にあたり若輩者である私の依頼を快く引き受けて下さり、また当日大変有意義なご講演を頂きました総務部 CSR 室長の竹歳隆一様、当日ご丁寧な対応を頂きました同室課長の高田暢久様に厚く御礼申し上げます。

4. 株式会社日立製作所東京本社への企業訪問から学んだこと

　宮重ゼミにおける企業訪問の目的は、次の 2 点である。第 1 に、宮重ゼミでは経営学に関する卒業研究に取り組む学生が多いため、企業訪問を通じて企業内部の状況を肌で感じることによって、文献や講義からは得ることのできない「暗黙知」を修得することである。第 2 に、学生は将来、企業などの組織へと就職することになるため、研究という観点からのみではなく、働く場所という観点からも企業を理解することである。特に先輩社会人の背中を見て、「働く」ということを考えてもらうことを大きな目的としている。

本年度は、ゼミ合宿3日目の2007年8月3日（木）15時00分から17時30分までの2時間30分にわたって、株式会社日立製作所東京本社を企業訪問させて頂いた。企業訪問の内容は、以下のとおりである。

◆日立製作所東京本社訪問の内容
　① 社員食堂の見学（品質保証本部 喜古俊一郎様）
　② 歓迎のあいさつ・自己紹介
　　　（品質保証本部 喜古俊一郎様、コーポレート・コミュニケーション本部 浜岡伸夫様、佐藤亜紀様）
　③ 日立製作所の概要説明と業務内容（品質保証本部 喜古俊一郎様）
　④ 日立製作所におけるCSRへの取り組み
　　　（コーポレート・コミュニケーション本部 浜岡伸夫様、佐藤亜紀様）
　⑤ 質疑応答
　　　（品質保証本部 喜古俊一郎様、コーポレート・コミュニケーション本部 浜岡伸夫様、佐藤亜紀様）

　株式会社日立製作所東京本社への企業訪問から学生の学んだことは以下のとおりである。

◆国際流通学科5年　海老絢乃
　日立といえば、やはり「木」が出てくるCMのイメージが強い。次に連想するのは「Inspire the Next」というコーポレートステートメントだ。そして今回日立製作所を企業訪問し、私自身の日立のイメージがいっそう広がった。
　実際に企業訪問する前日、日立について私たちはそれぞれの視点から調査し、発表をしていた。そこで議論になったのは、日立の環境活動やボランティア活動などの社会活動、また、理念や経営戦略についてなどである。ここで私たちが学んだ日立という会社はCSR報告書のほんの一部で、実際の会社はどんな建物なのか、どんな社員が働いているのか全く想像もつかなかった。
　そんなことを思いながら秋葉原の駅を出ると、想像以上に立派な日立が入っているビルが目の前にあって、最初から驚かされた。会社の中に入ってまず社員食堂を見学させていただいたが、その見晴らしの良い食堂や話

をしてくださった社員の方、そしてエレベーターの中まで雰囲気が良い会社だと感じた。

プレゼンテーションでは、主に日立におけるCSRの話を聞かせていただいた。環境への配慮や、病院・学校等の建設、地雷除去機の開発等いろいろな話の中でも、私は「従業員の働きやすい場をつくる」という言葉が印象に残っている。育児休職や介護休職、短時間勤務等、働きやすい職場環境の実現に力を入れているそうだ。CSR報告書にあるグラフを見るだけではよくわからないが、社員食堂や社員の方々など、会社の雰囲気を実際に体感して私自身そう感じた。

ほんの2時間ほどの時間ではあったが社員の方から生の話を聞くことができ、今までよりもCSRに対する理解、また、興味も深くなったように感じる。

◆国際流通学科5年　杉森文香

日立は秋葉原駅の目の前にある大きなビルの中にあり、一番始めに見学させていただいた食堂からの眺めが最高だった。花火大会の日は抽選で見物ができたり、夜にはバーに変わったりするという話を伺って、食堂が社員の方々にとって憩いの場だということが分かったし、会社という場の雰囲気も味わうことができた。

日立の企業訪問では、日立がCSRに関する取り組みにとても積極的で、社会に貢献することを第一に考えている企業だということがよく分かった。特に、「CSRは最近出てきたように思われているが、この考えは昔からあるものでCSRという言葉は後から付けただけ」という話が面白かった。また、喜古さんのプレゼンテーションでは企業に関するものだけではなく、働く楽しさを織り交ぜた話を伺うことができたので、来年社会人になるにあたってとても参考になる話が聞けたと思う。

CSRについての考え方を企業の方から直接伺うことが出来たことはとても貴重な経験だったが、もっとCSRに関する知識があれば更にこの話を深く理解できたし、良い質問が思いついたかもしれないと後悔した。今後は自分の研究に関することだけでなく、幅広い知識を身につけたいと思った。

◆国際流通学科5年　高木聡

　日立製作所を訪問するにあたって、ゼミ生はそれぞれ事前に企業研究を行った。そして、訪問の前日には企業研究の報告会が設けられた。報告会では日立製作所（日立グループ）の経営理念、社会貢献活動などが議論の中心となった。

　今回の訪問をさせていただいたのは秋葉原の社屋である。ビルは秋葉原駅の目の前で通勤に便利そうな立地だった。社内を歩いてみると整頓されていて、清潔な印象を受けた。まず、30階にある社員食堂を案内していただいた。ビルの最上階である食堂からの眺めは極めて良好であった。隅田川の花火大会を観覧するには最適とのことで、従業員の中で抽選が行われ当選者はその家族とともに観覧できるそうだ。また、夜になると食堂ではお酒が飲めるようになるとのことである。このような労働環境のもとでは、気持ちよく仕事ができるだろうと思った。

　次に会議室へ移り、CSR推進部の方々にプレゼンテーションをしていただいた。最も印象にのこったのは設計出身の喜古さんのプレゼンテーションである。もともと技術者である喜古さんの言葉からは「技術を通じて社会に貢献する」という日立製作所の理念が伝わって来たように思う。また、喜古さんは日立で働くことについて、仕事そのものの魅力や人間関係が良いということを挙げられていた。こういった言葉から日立の企業文化を感じとることが出来たと思う。

　社内では何名かの従業員の方々に会って、様々な雰囲気の異なる人達が混在しているという印象を受けた。しかし、それぞれの雰囲気が違っていてもインフォーマルな人間関係が良さそうで、団結している印象を受けた。また、従業員の皆さんがクールビズを実践していたことも印象に残った。多少野暮ったい印象こそ受けるが、環境保護に熱心な日立製作所の価値観がしっかり反映されているのだろう。

　日立製作所への企業訪問では、普段は見ることのできない社内の雰囲気や従業員の価値観を感じることが出来た。貴重な時間を割いていただき、お話を聞かせてくださった日立製作所CSR推進部の皆様に感謝の気持ちを伝えたい。

◆国際流通学科5年　高木梨沙

　私は2年前の愛知万博で日立製作所のパビリオンを体験し、その時から

日立製作所にはとても清潔感がある印象を持っていた。実際にビルは新しいため、その時の印象と変わらず清潔感のある雰囲気だった。また、私は訪問する前、「大企業＝真面目で堅い」というイメージを持っていたが、30階の食堂では夜、お酒を飲むことができたり、男性職員はクールビズのためにネクタイをしていなかったりと、私がイメージしていたよりももっとラフな雰囲気だった。

　CSRの取り組みについてのお話を伺い、「2010年の創業100周年に、CSRの世界先進企業を目指す」という目標からもわかるように、CSR活動にかなり積極的なことがわかった。8つもの取り組み方針があり、社員ひとりひとりがその方針を意識し、活動に取り組んでいる印象を持った。

　事前に企業研究をし報告会をしていたため、基礎知識はあったが、日立製作所はまだまだわからないことがたくさんあり、興味深い企業だと思った。

◆国際流通学科5年　道音由理
　日立製作所を訪問し、まず、30階の社員食堂を案内していただいた。その眺めの良さに驚かされた。外国人もちらほら見えるそこは、日立製作所社員専用の食堂で、夜間も営業しているという。先日も社員の家族を抽選で招待し、隅田川の花火大会を鑑賞したそうだ。家族サービスを提供する場にもなっており、福利厚生の一部として、素晴らしい機能を果たしている。大企業であることを改めて認識した。

　また、社内には、社長自らがノーネクタイで写った、クールビズを推奨するポスターが貼られている。すれ違う男性社員の誰もがネクタイをしていない。全社挙げて、積極的にクールビズに取り組む姿勢が見て取れた。

　CSR推進部の方、3名から、日立製作所のCSR活動についてお話を伺った。喜古さんの技術者倫理などのお話は、経験談を交えてだったこともあり、とても印象深く記憶に残っている。自分のしてきた仕事、自分が現在している仕事に対する誇りを感じ取ることができた。また、浜岡さんのまさに「技術を通じて社会に貢献」している活動のお話からは、「日立精神」を垣間見ることができた。ビデオを使用するなどの工夫をして理解を促そうとして下さる姿勢が伝わり、とてもありがたく感じた。そして、佐藤さんの環境への取り組みに関するお話からは、環境に対する積極的な姿勢と意識の高さを強く感じた。質問にも真摯に答えて下さり、嬉しかった。

3人のお話から「守るだけではなく攻める」姿勢を感じ取ることができ、また、「CSR」というものに関する理解が一層深まったように思う。実際に伺ったお話を、卒業論文に最大限活かしたい。

◆国際流通学科5年　中江夏希

　日立製作所では、主に日立製作所のCSRの取り組みについて、日立グループの環境活動についてお話を聞くことができた。

　日立グループは、日立グループCSR活動取り組み方針として、①企業活動としての社会的責任の自覚、②事業活動を通じた社会への貢献、③情報開示とコミュニケーション、④企業倫理と人権の尊重、⑤環境保全活動の推進、⑥社会貢献活動の推進、⑦働きやすい職場作り、⑧ビジネスパートナーとの社会的責任意識の共有化を掲げ、各項目に目標・計画をたてて取り組みを行っていることが分かった。これらは、日立の基本理念である「和」、「誠」、そして「開拓者精神」に基づいている。日立グループは社員数が膨大であり、本当にCSRの考え方が社員全体に伝わっているのかが疑問に残った。

　日立グループの環境活動では、環境マインド＆グローバル環境経営、次世代製品とサービスの提供、環境に高いレベルで配慮した工場とオフィス、ステークホルダとの環境協働の4つを盛り込んだ環境ビジョンを策定し、活動を行っていることが分かった。環境にも対応した製品を作り続けることで、社会貢献もできるし企業の発展も望めるので素晴らしいことだと感じた。

　訪問しての印象は、大きく、広く、世界を見ながら活動している会社であると感じた。

◆国際流通学科5年　畑野智子

　株式会社日立製作所（以下、日立）ではまず、社員食堂に案内していただいた。社員食堂からの外の眺めはとてもよく、あのような場所で食事ができれば、仕事に対するモチベーションが変わるのではないかと思った。また、夜には食堂からバーに変わるという。花火大会の日には、抽選で社員とその家族が招待され、食堂から花火を見ることができるそうだ。社員のことが考えられていると感じた。

　日立製作所では、日立の概要説明、業務紹介、CSRの取り組みについ

て話をしていただいた。私は事前の企業研究や今回の訪問をするまで、日立がどのような企業で、どのような業務を行っているかよく知らなかった。しかし、概要や業務を説明していただいたことで、日立で行われている様々な事業を知ることができた。特に、ユニバーサルデザインに関する取り組みでは、小学生にユニバーサルデザインについて学び、考えてもらうという授業を行っている。また、地雷除去機を開発し、カンボジアやスリランカでの地雷撤去のために使用されている。このような活動を日立が行っているなんて想像もつかなかったが、社会のため、子供のためになる活動を多く行っているということが分かった。

　また、今回話をしていただいた方々はみな、今の自分の仕事に自信を持っておられると感じた。それぞれが行われている業務内容を説明されるときの話し方や表情はとても明るく、楽しそうに見えた。今の自分の仕事が好きなのだろうと思った。日立の企業訪問を通して、私も将来自分の仕事に誇りを持てるようになりたいと思った。

◆国際流通学科4年　澤田彩水
　日立製作所は、社内温度を28℃とし、クールビズを推奨していました。CMに大きな木を使っているということもあり、なんとなく「環境に優しい企業である」というイメージが強かったのですが、実際に企業訪問させていただいたことで、そのイメージを肯定することができました。
　ハイブリッド車駆動システム、排煙処理システム、下水道高度処理システム、エネルギーソリューションサービス事業、家電リサイクル事業を通して、日立製作所は環境に配慮した製品、サービスを提供しています。また、光トポグラフィによって、てんかんの発生場所を見つける方法を確立し、ALS患者用の意思伝達装置も開発しています。この意思伝達装置によって、病気の進行により意志の伝達ができなくなっていたALS患者との間でも意思の伝達ができるようになったそうです。
　山梨日立建機では対外地雷除去機を世界6カ国に輸出しており、早ければ今後50年程度で地雷を全て除去できるかもしれないとおっしゃっていました。人間の手で1つ1つ除去していたのでは全てを除去できるまでに多くの時間を費やすだけではなく、人命を危険にさらすことにもなります。そのような問題の解決策として、地雷除去機を開発したことはすばらしいことだと思いました。利益に繋がるとは限らなくても、人々の未来の

為に開発を続けるのが日立製作所なのだと感じました。

◆国際流通学科４年　本江亜衣

　今回日立製作所を訪問して、まず、はじめにとてもアットホームな雰囲気の職場だと感じた。私たちにお話してくださった三人の方たちは皆さん、本当に普段から仲が良いのだろうという印象を受けたからだ。これは同時に皆さんの理念や信念が共通のものであって、普段からとても働きやすい職場だということなのであろうと感じた。また時折、隣の会議室から聞こえてくる笑い声からも、日立製作所は本当に社員にとって居心地の良い職場なのだろうと感じた。

　社員から自然に笑顔がこぼれるということは、それだけ個々にやりがいのある仕事をしているということだと思う。そのことからやはり、日立製作所にはずっと以前から経営理念やCSRが浸透していて、それが伝統として受け継がれているのだろうと思った。今回、日立製作所に訪問してみて、本や授業では学べないことをたくさん肌で感じることができた。

　忙しい仕事の合間に私たち学生のために時間を作ってくださった日立製作所の方々にあらためて感謝したい。

◆国際流通学科３年　坂谷理紗子

　日立グループは連結子会社では国内450社、海外484社もある大企業である。私たちが訪問した秋葉原ダイビルは7つある本社のうちの1つである。日立といったら電化製品やCMでおなじみの木が印象的だ。しかし日立が取り組んでいることはそれだけではない。

　まず、日立はCSRに大変力を入れていることが話からわかった。2002年CSR委員会が発足され、2005年には「日立グループCSR活動取り組み方針」を策定した。取り組みとしては8つの項目があげられ、CSRを「考え方」から「行動」そして「企業文化」としてとらえていき、自主的な活動としてお客様や、環境、社会に貢献できる企業であり続けたいと思う企業なのだなと思った。

　その中でも「環境保全活動の推進」の分野においては企業が一丸となって取り組んでいる。日立グループは、企業行動基準に基づいて環境経営の方針である環境保全行動指針を定めている。この方針に沿って、2015年度までの環境ビジョン2015（グリーンコンパス）を軸に環境行動計画を

立て、GREEN 21 活動でレーダーチャート式に表示し、その年度の目標を設定している。省エネ活動としてクールビズを従業員が積極的に行っていく、エアコンの温度設定を28℃にするなど、地球温暖化防止に大きく貢献している。また、環境コミュニケーションの積極的実施をしている。この環境コミュニケーションとは、主に地域の小中学生、幼稚園児に工場を見ていただく機会を作ることや、地域の清掃活動を実施するなどして、地域の方々との交流を深めていることである。

　私が一番環境分野ですごいと思ったことは、紙を再利用する際、水で細かくし繊維を残したまま再利用した紙「日立循環再生紙」が、日立のパンフレットに使われていることである。この技術は日立が独自に開発したもので通常、使用済み文書を裁断処理するとき、細かくしすぎると繊維が短くなってしまい再生紙原料として利用しにくくなる。かといって大きく裁断すれば情報流出の心配がある。そこで、紙の繊維を水でほぐし繊維を残したまま再利用できる技術である。この新しい技術は環境に配慮しているため注目を集めている。

　日立グループは2010年に創立100周年を迎える。日立のコーポレートステートメントであるHITACHI「Inspire the Next〜日立は次なる時代に息吹を与え続けます。日立は次なる時代を生き生きとした社会にします。〜」の強い意志をこれからも持ち続け、最新の製品やシステム、サービスを通して次の100年を次世代へとつなげ、更なる発展と伝統を受け継ぐためにも今後のCSRの検証が進められている。

　この訪問で感じたことは、日立のCSR活動は社内だけで行っているわけではないということである。日立が大切にしていることは地域の人々とのかかわりを通して日本のみならず世界に大きく貢献している。決して製品を作ることだけが日立ではないのである。

　今回話をしてくださった3人の従業員の方すべてが、日立という企業に誇りを持って仕事をされているのだなと感じた。

◆国際流通学科3年　原田未央

　8月2日（木）、日立製作所へ企業訪問をさせてもらいに行った。場所は秋葉原で、周りにも大きなビルが立ち並んでいたが、その中でも一段と大きく目立っていたのが日立であった。まず中に入ると、食堂を見せてもらった。食堂は最上階にあり、眺めがとても美しく、メニューも豊富なよ

うだった。食堂のあまりの大きさに、私はその時点で唖然としてしまったほどだ。

　中ではプレゼンテーションで会社についてなどの説明をしていただいた。私が印象に残ったのは、地雷撤去についてである。日本には地雷がないため、私は地雷で命を失ったり、手足を失ったりすることに対してあまり実感が持てない。しかし、日立の地雷を撤去するために機械を造り、地雷がある国の人々を助けるという活動は、わたしと同じ日本人が行っているのだ。そう考えると、自分がいかに甘い生活をしているのかが分かる気がした。また、今までは私の身の回りにある製品しか目に付いてなかったが、日立は地雷撤去の機械も含めてあらゆる分野に取り組んでいるのだと知り、今まで以上に興味がわいてきた。

　今回、日立製作所を訪問するという大変貴重な体験をし、改めて「日立ってすごい‼」と感じた。それはもちろん外見もだが、環境、海外などあらゆる取り組みを知ったからだ。この経験を以後の生活に生かしていきたい。

◆国際流通学科３年　　南佳苗

　日立製作所への訪問で印象的だったことは、日立は社会貢献を活発に行っている会社であるということだ。

　「社会に受け入れられる会社になるためには、社会に貢献することが重要である。」日立がそんな考え方を企業倫理という言葉が出来る前から持っていたことは全く知らなかった。特に、地雷撤去の機械を開発したのは、社会に貢献するというビジョンを反映した典型的な例であるといえるだろう。日立は幅広く事業展開をしているけれども、利益だけを追求するのではなしに、社会のことを思って活動しているからこそ、世界的な企業として成り立つことが出来ているのかもしれないと思った。

　そのほかに、日立は社会に貢献するだけでなく、社員に対しても貢献していると感じた。「父親が子育てしやすい会社」にも１位で選ばれたことがその証拠であるし、実際に社員の方も「管理職がこんなに休みを取りやすい会社はそんなにないのではないか」とおっしゃっていた。その他にも日立は障害者雇用や、高齢者雇用にも力を入れている。働きやすい環境を作り上げることで、活力ある企業を目指している事がうかがい知れた。日本の企業は休みを取りにくい、働きにくいといわれる。しかし、その常識

第4章　2007年度ゼミ合宿

を変えていこうとする日立は、日本でも先進的な企業といえるだろう。

　また、日立は女性が多い職場という印象も受けた。今までは、機械系の企業は女性が少ない、という印象を持っていたが、性別に関わらず意欲がある人間を採用すると聞いて、男女差を感じずに働ける職場作りを目指しているのだと感じた。「Inspire the Next ～」を次の時代に向けて、確かに実行している会社だった。

　文末となりますが、今回の企業訪問にあたり若輩者である私の依頼を快く引き受けて下さり、また当日大変有意義なご講演を頂きました品質保証本部QAセンタ主任技師の喜古俊一郎様、当日有意義なご講演を頂きましたコーポレート・コミュニケーション本部CSR推進部CSR推進グループ主任技師の浜岡伸夫様、同グループ部長代理の佐藤亜紀様に厚く御礼申し上げます。

5．ゼミ合宿を終えた感想

　3日間のゼミ合宿の全日程を終えた学生の感想は以下のとおりである。

◆国際流通学科5年　海老絢乃

　私にとってこの3日間の合宿でのいちばんは、5年間の商船生活最後の夏休みに友達との楽しい思い出ができたこと、逆にいちばん辛かったのは「青春18きっぷ」での旅だった。

　合宿ということで、目的はやはり卒研の発表と企業訪問なのだが、最初は憂鬱と思っていた卒研も企業研究も、そして企業訪問も、終わってみれば全部自分のためになったし、それなりに楽しかったと思う。そして合宿を終えた今思うことは、卒研をもっと頑張らなければ、ということだ。今後は、まずは中間発表に向けて事例調査とレビューをしていきたい。

◆国際流通学科5年　杉森文香

　今回の合宿は、移動が大変なことと長時間の報告会があることで正直とても憂鬱だった。しかし実際に終わってみるととても良い経験が出来たし、商船生活最後の思い出も作ることが出来たので、参加して良かったと思った。

まず長野では、皆の発表を聞いて改めて卒研に対するやる気が出たり、教官以外の人からの質問を受けることで自分の研究で曖昧だった点が分かったり、卒研を進めていく上でプラスになる卒研報告会になったと思う。また、二日目の自由行動の時間で5年生のメンバーで思い出作りができてとても楽しかった。

　東京では本当に貴重な体験が出来たと思う。自分ですでに調べて知っていることでも、実際に企業の方から説明を受けたり考えを伺えたりすることはなかなかないチャンスだ。この経験を生かして、良い卒論が書けたらいいなと思う。

◆国際流通学科5年　高木聡

　ゼミ合宿に参加して、最も印象に残っているのはアステラス製薬、日立製作所への訪問である。私が両社から受けた印象というのは全く異なるものであった。

　企業が外部に公表する理念、CSR活動、倫理観といった類のものは、どのような会社も基本的には似通っていて、株主や顧客を意識した内容になる。アステラス製薬、日立製作所も然りである。しかしながら、実際に企業を訪問して従業員の方からお話を伺ってみると、企業それぞれの文化、価値観の違いを明確に感じとることができた。これを記述することは困難であるが、私の主観として、目に見えない何かが明確に異なっているということが確認でき、企業というのはそれぞれ独自の文化、価値観を持っているということが実感できた。

　このようなことを学生のうちに経験出来たことは貴重なことだろう。将来の就職活動等に今回の企業訪問で得られた知見を活かしたい。

◆国際流通学科5年　高木梨沙

　移動が少し辛かったが、全体としては楽しかった。晴れていたので、景色がきれいだったし、散歩を楽しめた。気候も過ごしやすく、快適だった。

　2日目は自由時間が少し無駄に思えたので、2日目に東京へ移動し、夜東京で泊まり、3日目に余裕をもって企業訪問ができたら良かったと思う。当日は人身事故などの影響で時間がなくなり、昼食をとる余裕もなく、私には少し辛かった。

ゼミ合宿では、普段行くことができない場所に行き、企業を訪問し、貴重な話を聞くことができ、参加したみんなにとって有益なものだったと思う。

◆国際流通学科5年　道音由理

ゼミ合宿では良い経験ができたように思う。夏休みに自分の卒業研究を報告しあうという、いかにも学生らしいことができた。また、富山から「青春18切符」を利用して長野へ行き観光するという、これまた、いかにも学生らしい旅行だった。加えて、なかなか足を運ぶ機会のない大手企業にお邪魔し、人事部の方以外のお話を伺うという、就職活動中でもできないような、とても貴重な体験もできた。

学生生活最後の夏休みにこれらの経験ができたことは、意義深く、思い出深い大きな財産となった。ハプニングなどはあったものの、それらを含め楽しい合宿にして下さった、宮重教官をはじめ、お世話になった皆様に感謝したい。

◆国際流通学科5年　中江夏希

2泊3日のゼミ合宿は思っていた以上に楽しく、実り多い合宿になった。今回、大企業であるアステラス製薬と日立製作所を見学させていただいて、実際に見学できたことやなかなか聞けないお話を聞けたことがとてもよかったと思う。卒研報告会についても、和気あいあいとした雰囲気の中でも、しっかりと報告を行えてよかったと思う。

また、就職先選びにとても有効だと思うので、これからも積極的に3・4年生も参加するべきだと思った。夏休みに入り勉強する意欲がなくなっていたので、今回の合宿はやる気を起こさせてくれるとてもいい合宿だった。

◆国際流通学科5年　畑野智子

今回このゼミ合宿では、普段ではできないようなことを多く経験でき、よい勉強になった。特に企業訪問では、今までは知ることがなかった業界についての知識を深めることができた。訪問させていただいたアステラス製薬株式会社と株式会社日立製作所では、社員の方からこのような機会がなければ聞くことができない話をしていただいた。

また、企業のホームページなどからでは得られない情報や、それだけでは感じ取れないことや分からないことが実際に訪問することで明らかになり、私の中でのその企業に対するイメージが具体化した。実際に自分の目で確かめることが物事の理解にどれだけ効果的かがよく分かった。とても貴重な体験ができた。今回得られたことを、今後自分の役に立てるようにしたい。

◆国際流通学科４年　澤田彩水
　ゼミ合宿に参加したことによって、今までぼんやりとしか見えていなかった、自分の卒研テーマが少しはっきりと見えてきました。それは、卒業研究報告会に参加したことで「自分だったら焦点はここに当てて研究してみたい」や「このテーマは面白そうだ」等と考えることが出来たからだと思います。
　実際に企業の内部を見せていただける機会など滅多にないものだし、企業の人のお話を聞かせていただけることも本当に貴重な体験だったと思います。これから就職活動を行っていく上で、実際に働いている人々の姿を見られたことは自分に対して良い励ましになったと共に、「頑張ろう」と言う気持ちに繋がりました。後悔のない就職先選択をするために、今回の企業訪問を通して感じた気持ちや考えを大切にしたいと思います。

◆国際流通学科４年　本江亜衣
　今回のゼミ合宿では本当に多くのことを吸収できた。先輩達の論文やアステラス製薬・日立製作所への企業訪問からは、自分一人で勉強していたら絶対気付かなかったようなことに気付き、これからの自分の卒業研究や就職活動にも役立つ経験が出来た。本当に今回のゼミ合宿に参加してよかったと思う。
　しかし、肉体的にはとてもつらい３日間だった。お金がかかってもいいからもう少し時間に余裕を持って、勉強に集中できたらよかったと思った。

◆国際流通学科３年　坂谷理紗子
　今回お邪魔したアステラス製薬、日立製作所の従業員の方には大変お世話になった。普段このような形で本社を訪問することなどできないため、

本当に貴重な体験ができた。3年生ということで本来なら5年生のみが参加する合宿にわざわざ同行させていただき、先輩方や教官には多大な迷惑をかけてしまった。4年、5年の先輩方に比べ企業に対する考えもまだまだ未熟だったなと反省すべき点も多く見られた。

今回のゼミ合宿で企業の経営倫理、企業のCSR、社会貢献などを自分たちで調べ、ディスカッションし合い、実際本社へ訪問し自分の肌で体感することでよりその企業を身近に感じるようになった。5年生になってから自分たちも卒業研究に取り組み始めるが、この体験で得た知識を活用できたらと改めて思った。

また2泊3日の合宿で過ごした時間は本当に楽しく充実したものだった。またこのような機会があればぜひ参加したいと思う。アステラス製薬、日立製作所の従業員の皆様、宮重教官、4、5年の先輩方本当にありがとうございました。

◆国際流通学科3年　原田未央

2泊3日の5年生のゼミ合宿に参加してみて、卒業研究の発表を聞いたり、自分なりにまとめた企業についての発表をしたりと、今までしたことのない経験をすることができた。鈍行列車で長野まで行ったり、朝早く支度をして東京へ向かったりと、私にとっては正直ハードなスケジュールでもあったが、とても充実した時間を過ごすことができたと思う。

全体を通して、4、5年生は私よりどの行動も素早く、また言うこと一つ一つもしっかりしていた。1年、2年違うだけでこんなにも違うものか、来年、再来年にあれだけしっかりした物事をいい、行動できるのか、と心配でもある。特に、私の苦手分野である人前で話すという機会も今回多かったが、これもよい経験となった。これから人前で意見を言うこと、来年には卒業研究のようなものも始まるにあたり、今回の経験は大いに生かしていきたいと思う。

◆国際流通学科3年　南佳苗

私は今回のゼミで、能力があるとされるのも、どの企業が欲するのも、「考える力がある人」、「意欲がある人」、「ひらめきがある人」だということを学んだ。そして「人間的に出来ている人」だ。

「考えがある、意欲がある、ひらめきがある人」というのは、企業に

行ったときに企業の方たちから言われたことだ。「人間的に出来ている」というのは、今回行った企業では、私たちに企業について説明してくれた方たちはきっと重役であっただろうと思われるが、その方たちは、決して奢らず、威張らず、私たちと対等に話しをしてくれたことで私が実感したことだ。

　今までは、目上の人と話すときは躊躇(ちゅうちょ)してしまったりして、自ら拒んでしまう一面があったけれど、今回の合宿で、5年生や4年生、企業の方や先生と話す機会が出来た。たくさんの人と会話することによって、自分には無い考え方を知った。自分の世界を広げていける良いきっかけになったと思う。

第5章　2008年度ゼミ合宿

1. 2008年度ゼミ合宿の概要

　2008年度ゼミ合宿は8月26日（火）から27日（水）までの1泊2日で、5年生のゼミ生6名、4年生のゼミ生1名の合計7名の参加のもとに実施した。
　夏休み期間中ということもあり、1日目は避暑地である妙高高原へと移動して、その妙高高原において、卒業研究報告会・企業調査報告会を実施した。2日目は朝に東京へと移動し、サントリー株式会社ワールドヘッドクォーターズを企業訪問させて頂いた。

◆2008年度ゼミ合宿の日程表
○8月26日（火）
富山――JR北陸本線――直江津／直江津――JR信越本線――妙高高原
　8:57　　特急はくたか5号　　　10:05／10:12　　　普通妙高4号　　　11:01
　　　　　　　　　　　　　　　卒業研究報告会・企業調査報告会（11:40～22:45）
○8月27日（水）
妙高高原――JR信越本線――長野／長野――JR長野新幹線――東京――
　9:12　　　普通　　　　　　9:52／10:08　　あさま518号　　　11:31
――JR山手線――新橋――ゆりかもめ――お台場海浜公園
14:00～16:00　　サントリー株式会社ワールドヘッドクォーターズ　訪問
　　　　　　　　　　　　　　　　　　　　　　　　お台場海浜公園駅で解散

2. 卒業研究報告会から学んだこと

　宮重ゼミにおける卒業研究の目的は、卒業研究を通じて論理的思考力を身に付けることにある（本科4年後期～5年にかけて行う研究を卒業研究と言う）。換言すれば、卒業研究を通じて、自分自身で考える能力を身に付けることを目的としている。
　そのため、ゼミ合宿における卒業研究報告会の目的は、論理の明快な卒業研究論文を作成するために、提出期限までの時間に余裕のあるこの時期に、卒業研究の論理の明快でない箇所を見直すことにある。そのため、この報告会では報告学生は自分の卒業研究を論理的に説明し、報告を受ける学生は論理の明快でない箇所や不完全な箇所を指摘することが求められ

る。これらの作業を通して、各学生の卒業研究の論理が明快となるように見直していくとともに、論理的思考力を磨いていくことになる。

　本年度は、ゼミ合宿1日目の2008年8月26日（火）11時40分～22時45分まで卒業研究報告会・企業調査報告会を実施した。卒業研究報告会の内容は、以下のとおりである。

◆卒業研究報告会の報告内容

報告時間	報告者氏名	報告タイトル
11:40～12:30	本江亜衣	日本の後発医薬品企業における競争優位の源泉
13:10～14:05	澤田彩水	ワークモチベーションの発生要因
14:10～15:00	小松昇平	企業における競争優位の獲得―経営理念と企業倫理による獲得の実証研究―
15:00～15:50	釣海郷	労働意欲の決定要因
15:50～16:30	晒谷伊紀子	経営理念と人的資源の獲得
16:35～17:30	伏見拓	新卒における就職観と転職における就職観の差異
21:15～22:45	全学生	サントリー株式会社の企業調査内容

　この卒業研究報告会に参加した学生の感想は以下のとおりである。

◆国際流通学科5年　小松昇平

　今回のゼミ合宿は新潟県の妙高高原にある赤倉温泉で行われた。ペンションを一つ貸し切り、心地よい風と木の葉が擦れる音の中、卒業研究ならびに二日目に訪問したサントリーについて議論を深めてきた。

　卒業研究に関しては、はっきり言うと準備不足であった。論理構成を考えたが、色々不備があった。まず、研究の目的と背景をレジュメに記載し忘れたのは大きな失敗だった（教官の助け舟にも救われました）。さらに、南さんが指摘した、サントリーの競争優位とは何かがわからなかったこと、関連して、サントリーを実証対象とした理由も答えられなかったこともだめだった。そして、動機付けに関して、伏見君の指摘からは実体理論のみで、プロセス理論がないことが分かった。現時点では、実体理論とプロセス理論の違いがいまいち分からないし、プロセス理論の必要性も判断

できないので、今後プラスするかどうかを検討していこうと思う。今のところ、体裁はよいかもしれないが大部分が理解不足で、細かいところで致命的なミスが出そうである。今後は夏休みの遅れを取り戻すべく集中していきたい。

　サントリーについての調査報告では、就職人気企業ランキングでのサントリーの特徴、サントリーのCSRビジョンなどが目立った。特に、サントリーの選社理由で「商品企画力がある」の項目が高いのは、サントリーのビジョンである「やってみなはれ」という言葉が影響しているのではないかという伏見君の提言は興味深かった。そのほかにもサントリーの独自性や市場の状況などを学ぶことができた。

◆国際流通学科5年　晒谷伊紀子
　ゼミ合宿に行く前は不安でいっぱいだったが、思ったよりも楽しいものであった。一人約一時間ずつ卒研について聞かれるということで、口頭試問のようなものなのかと非常に憂鬱な気持ちでいたが、実際は自分にとってプラスになる経験になったと思う。指摘というよりは良いアドバイスをもらえたという感じだった。

　まず自分がしなければいけないことは、富山県内の地元企業について調べ、対象企業となりうる企業を絞ること、またもっとたくさんの先行研究について調べていくことである。自分は他のゼミ生に良い指摘ができたかはわからないが、実際自分にとっても他の学生の卒研内容について詳しく知り、それについて考えることができる良い機会となった。

　夕方はみんなで温泉に行ったり、夜は食事をしながら話したりして、ゼミの間で宮重教官や他のゼミ生との仲を深められたと思う。また、ペンションという場所の雰囲気がとても良く落ち着いた感じだったので、その雰囲気のなか卒研について討論できたのは良かったと思う。今回のゼミ合宿での経験を活かし、まずこれからの中間発表に向けて頑張りたい。

◆国際流通学科5年　澤田彩水
　ディスカッションを行ったことで、自分では気づけなかった論文構成のミスが明らかになった。教官や他のゼミ生からいただいたアドバイスは、自分の卒研に深みを出す為に絶対必要であり、そのアドバイスを実践することで自分の卒研がより良いものとなるのだと思った。また、他のゼミ生

の発表を聞いて、「私も頑張らねば」という気持ちが生まれ、モチベーションが高まったことも、今回のゼミ合宿での収穫だと思う。

　去年のゼミ合宿では先輩方の発表を聞いてもほとんど内容を理解できず、ただ聞いているといった感じであったが、今回のゼミ合宿の発表では他のゼミ生の発表の内容が理解でき、ディスカッションを楽しむことができた。ゼミ合宿で得たアドバイスを実践し、残りの約半年間で自分の卒研を満足のゆく形に仕上げたい。

◆国際流通学科5年　釣海郷

　夏休みは1ヶ月ちょっとと時間は有ったが、なかなか卒研自体に向き合うことが出来ず、現状調査ばかりしていた。卒研テーマは「労働意欲の決定要因」と初期から変わらず進めていくとする。この合宿に参加して、正直最初は乗り気ではなかったのだが、1人1時間という普段そこまで時間をとって見てもらう事が出来ないので、深く、広く自分の卒研に目を向けることが出来た。

　また、自分以外の卒研に触れることにより、違う角度で卒研を見ることが出来たし、色々な考えに触れることが出来たので、良い経験になったし、今後に上手く活かしていきたい。長い夏休みを締めくくり、尚且つ普段ない、長時間にわたる卒研報告に身がしまった。9月からまた頑張ろうという気持ちになれた。本当にお疲れ様でした。

◆国際流通学科5年　伏見拓

　卒研報告会については、自分の気にかかっていた問題が解決したので良かったと思う。今回は3章の構成についての指摘があった。自分ではうまくまとめられなかったのでとても助かった。自分の質問が他のメンバーの卒研の役に立った事もあったので、やはりディスカッションは大きな効果がある。

◆国際流通学科5年　本江亜衣

　私はこのゼミ合宿に参加するのが今年で2度目になった。去年は先輩の卒業研究発表を聞き、それに対して質問をするだけだった。それもその質問の内容は用語の意味についてのものがほとんどであった。しかし、今年は自分が発表する側となり、後輩の質問に答える側になった。そこで、後

輩の質問に答えられるようになった自分の姿を再認識し、この1年間で自分も少し成長したのかなと感じた。また後輩からの質問に答えていくことで、自分の卒業研究についてより理解を深めることができた。

　自分一人では気付かなかった論理構成のずれや用語の定義など、ほかのゼミ生とのディスカッションの中で発見した点が多くあり、今後卒業研究を進めていくにあたって調査していかなければいけない部分をきちんと整理することができた。

◆国際流通学科4年　南佳苗

　私は昨年もゼミ合宿に参加させてもらったが、昨年に比べ今年は議論の内容を理解することが出来たように思う。先輩方の卒業研究のテーマを実際に知ることは、来年の自分の卒業研究のテーマを考えるいい機会になった。また、各卒業研究の内容や調べ方を知ることで論理構成のたてかたをなんとなく感じ取ることが出来た。皆で話し合うことによって疑問点を明確にし、新たな解決の糸口を見つけることになるのだと感じた。更に、話し合うことは今まで自分になかった新たな発想やいい刺激を受ける機会になった。

　訪問する企業の報告会では自分が調べたこと以外についても皆で話し合うため、その企業について深く知ることが出来た。この報告会をしたことでサントリーへの理解度が深まったり、質問したいことが出来たりしたため、サントリーを訪問した時にとても有意義な時間を過ごすことが出来たと思う。

3．サントリー株式会社ワールドヘッドクォーターズへの企業訪問から学んだこと

　宮重ゼミにおける企業訪問の目的は、次の2点である。第1に、宮重ゼミでは経営学に関する卒業研究に取り組む学生が多いため、企業訪問を通じて企業内部の状況を肌で感じることによって、文献や講義からは得ることのできない「暗黙知」を修得することである。第2に、学生は将来、企業などの組織へと就職することになるため、研究という観点からのみではなく、働く場所という観点からも企業を理解することである。特に先輩社会人の背中を見て、「働く」ということを考えてもらうことを大きな目的

としている。

　本年度は、ゼミ合宿2日目の2008年8月27日（水）14時00分〜16時00分までの2時間にわたって、サントリー株式会社ワールドヘッドクォーターズを企業訪問させて頂いた。企業訪問の内容は、以下のとおりである。

◆サントリー株式会社ワールドヘッドクォーターズ訪問の内容
　①　はじめに―ご挨拶・自己紹介―
　　　　　　（コンプライアンス推進部長富田眞人様、同課長近藤恵美様、
　　　　　　　　　　　　　　　　　　　　　　　　　　同南部有香様）
　②　サントリーのCSR活動について（同　近藤恵美様）
　③　DVD上映―水と生きる―
　④　質疑応答（同　富田眞人様、近藤恵美様、南部有香様）

　サントリー株式会社ワールドヘッドクォーターズへの企業訪問から学生の学んだことは以下のとおりである。

◆国際流通学科5年　小松昇平
　サントリー株式会社ワールドヘッドクォーターズに足を踏み入れてまず思ったことは、とてもきれい！ということだ。そこはオフィスというよりも、こぎれいなレストランのようで、ロビーには水が流れる大きなオブジェがあった。きちっとスーツを着ている人は少なく、ラフな格好の方が結構見られたのが印象的であった。また、ロビーにはホテルのようにたくさんのテーブルがあり、多くの方々がせわしなくお話をされていた。

　さて、今回の訪問では、コンプライアンス部の富田さん、近藤さん、南部さんにご対応いただき、サントリーグループのCSR活動についてお話を伺ってきた。

　はじめに、サントリーの概要を説明されたあと、CSR自体に取り組む意義等を、最近起こった企業不祥事の例などを挙げて説明された。その後、サントリーのCSR活動に関して説明を受けた。特に印象に残ったのは、サントリーは他の企業も従うべき正しい企業行動（義務的CSR）のほかに、サントリーらしい企業行動を重視（自発的CSR）していることだった。自発的CSRでは、創業者である鳥井信治郎の「やってみなはれ」

「利益三分主義」や、佐治敬三が掲げた「社是」を源流に、「水と生きるSUNTORY」というCSRビジョンを掲げて活動を進めている。また、それらの思いやビジョンが社員に浸透しているかどうかを確認するために、2年に一度社員にアンケート調査していることも印象的であった。

　お話を伺って一番思ったのが、創業者の思いや経営理念が社員の方々にかなり浸透している、ということであった。社員の方々はラフな格好で仕事に望めるということや社業以外の別の活動（文化活動などの外に出る活動）を推進していること、女性の会社内における心構えを質問されたとき、女性ということをあまり意識しすぎず、社会に出たら仕事やそれ以外の面でも積極的に取り組んでもらいたいとアドバイスされたことなどから、かなりの行動に一貫して「やってみなはれ」という精神が反映されていると感じた。

　チャレンジ精神が豊富で、よい意味でアグレッシブな方々とお話することができてとてもよい体験となった。

◆国際流通学科５年　晒谷伊紀子

　サントリー株式会社を訪れお話を聞かせていただいたことは、私にとって非常に良い体験となった。いろいろお話を聞かせていただいたが、特にサントリーで行われている自発的CSR活動についてや、CSR推進部が行う仕事について詳しく知ることができた。

　サントリーにとって正しい企業行動は義務的CSRであり、「人と自然と響きあう」をテーマにしたサントリーらしい企業行動こそが自発的CSRである。事前にサントリーのHPを調べ、「水と生きるSUNTORY」というコーポレートメッセージを掲げ、その自発的CSRのビジョンには「社会との共生」、「自然との共生」「社員とともに」の３つがあるということは知っていたので、それらについて詳しくお話を聞けたのはとても良かった。印象的だったのは、「やってみなはれ」というチャレンジ精神のもと、新入社員のころから仕事を任せるということである。これは社員のモチベーションをあげることにもつながるし、とても良いと思った。

　また、私達がした質問にも丁寧に答えていただいた。私は公正で快適な職場づくりとはどういうものか質問したが、それは「いいことはいい、悪いことは悪いといえる風土のことであり、また社員同士の関係を築ける自由で健全な職場のことである」と述べてくださった。このような風土があ

るということは、社員に経営理念が浸透しているとても素晴らしい企業であると思う。

　今回の企業訪問を通して、サントリーという企業に非常に興味を持ち、またCSR活動というものにとても魅力を感じた。私はまだ就職活動をしたことがないけれど、今後就職活動をする上では、経営理念はもちろんその企業内で行われているCSR活動にも目を向けていきたいと思う。企業訪問をさせていただき、本当にありがとうございました。

◆国際流通学科5年　澤田彩水
　サントリーでは、安全、安心、環境に対する正しい行動という、企業の義務としての義務的CSRの上に、サントリーらしい行動として自発的CSRがあり、その上に企業理念があるということがわかった。また、義務的CSRから企業理念まで、共通して柱になっているものが「水と生きる」という考えなのだとわかった。

　今回、サントリーを訪問させていただいて、強く感じられたのが「やってみなはれ」の精神である。サントリーには自分の枠にとらわれず、様々な仕事を任せてもらえたり、新入社員であっても、「やってみよう」の気持ちがあれば機会をもらえるなど、「やってみなはれ」の精神が浸透していた。望めば必ず叶い、頑張れば頑張っただけ成果が出る環境は従業員のモチベーションを維持させる為にとても向いているのだと感じられた。

◆国際流通学科5年　釣海郷
　社内に入った瞬間、素敵な水のオブジェに迎えられ、サントリーの掲げる「水と生きる」の意味がわかった気がした。そして、事前に調査した時にキーワードになっていた「CSR活動」について色々と伺えた。サントリーはステークホルダーを大切に、トリプルボトムラインを軸に経営されている事が理解できた。

　これまで、サントリーは社会の流れ、傾向にいち早く敏感に反応し、対処して来たことで、いつの時代にも受け入れられる企業であったのだと思う。たとえば、1921年に老人ホーム建設に携わり社会貢献を果たしたり、1976年にいち早くお客様室を設置したりとその時代において常に最先端の位置にいたことが見受けられる。また、義務的CSRだけでなく、「サントリーらしい」自発的CSRをプラスしていることが素晴らしいと感じた。

会社だけでなく、社会活動にも大いに参加されている会社。それが、今求められている企業のあり方なのだろう。

　ほかにも「やってみなはれ」の精神の下、社員一人ひとりが自発的に、何より意欲的に仕事に取り組める体制が学生の間で高評価なため、良い人材の獲得に繋がっているのではないだろうか。近年、女性労働問題が社会的に注目され、法的にも様々な対処がなされているが、「特に女だと意識せずに、個性だと考え働いている」とおっしゃった言葉に深く感銘をうけた。私は来年から社会に出るので不安も多々あったが、その言葉を聴き、自分らしさを持って、自信をもって挑もうと思えた。このように社員の意識が高いことは自分にとっても、会社にとっても、社会にとっても本当に良いことだと感じた。お忙しい中、訪問させていただき誠にありがとうございました。

◆国際流通学科５年　伏見拓
　今回の企業訪問では「自発的」という言葉がキーワードであった。サントリーのCSR活動についての説明を受けたのだが、サントリーでは、正しい企業活動は義務的なCSR活動であると考え、その先にある自発的なCSR活動をとても大切にしている。そのために、顧客の相談センターの設立や、持ちやすく、分別のしやすいユニバーサルデザインの設計、適正飲酒の奨励などの活動を行っている。普段意識してお酒のCMを見ることはなかったのだが、話によれば、飲酒のイメージにふさわしくない番組の中では放送しないなどの規制があるそうだった。また実際にサントリーのお茶のペットボトルを見てユニバーサルデザインの一つである指すっぽりポイントも体験した。調べてみれば分かることなのかもしれないが、顧客のため、社会のために小さなことまで率先してCSR活動を行っていることが理解できた。これらはサントリーらしい企業行動であり、その企業行動を形作るのは「人と自然と響きあう」という企業理念である。

　また、今回の訪問ではコンプライアンス推進部の３人の方にお話を伺ったのだが、このお話の中でも「自発的」というキーワードが浮き出てきたといえる。サントリーは上場企業ではなく、株主の意思が反映されず、社長の言葉が最高意思決定である。そして社員は社長の「なんでもやってみること」という言葉の下で、本当に自発的になんでもやらせてくれるとおっしゃっていた。それは社員のモチベーションを高くするし、さらに責

任ある行動も心がけるという効果ももたらすようである。3人の方のお話から「やってみなはれ」の精神が本当に社員に浸透していることを感じることが出来た。

　サントリーはCSR活動も、それを行っている社員も「自発的」であるということが感じられた。そしてそれらは、企業理念に基づくものであり、経営者の意思に基づくものであった。

　今回の企業訪問では、良い質問の仕方ができず、自分の頭の悪さが浮き彫りになった。質問の仕方で、聞きだせる回答が変わってくるので、もっと頭を良くしたいと思った。

◆国際流通学科5年　本江亜衣

　サントリーを訪問して、一番初めに目に入ったのはとても印象的な水のモニュメントだった。これを見て私はサントリーという企業が本当に「水と生きる」企業なのだと実感した。また、地球上の水のうち人間が使用していい水の量が全体の0.02％しかなく、サントリーはその水を途中で預かって、水の恵みである製品をお客様に提供しているのだというお話も印象的であった。テレビCMでもよく「水と生きる」というメッセージを目にしているが、水と生きるサントリーとは具体的にどのような企業なのか、理解を深めることができた。

　もうひとつ印象的だったのが、働いていく上で女性であるということは個性の一つだというお話だった。また、サントリーでは女性であっても、新入社員であってもいろいろな仕事に携わることができるとおっしゃっていた。これらの言葉から、サントリーの「やってみなはれ」の精神は男女や年齢の区別なく、全社員に共通して浸透している考えなのだと感じた。また、サントリーのメセナ活動についての考えをお聞きした際に「この企業で働けて誇りに思う」とおっしゃっていたことも、サントリーという企業で働くということの充実感をあらわしているのだと感じた。このような社員の方の生の声はなかなか聞く機会がないし、とても貴重な体験だったと思う。

◆国際流通学科4年　南佳苗

　サントリーを訪問して感じたことは、「男性・女性」の差にとらわれることなく個人としての能力を重視しており、行動は個人の自主性や自立性

に委ねられているということだ。このサントリーの自由闊達な社風が、社員のモチベーションを揚げているのだろうと感じた。

　また、サントリーはCSRがしっかりした企業であり、義務的CSR（法令順守）だけでなく企業自らがCSRに取り組んでいるという印象を受けた。地球上の水は0.02%のみしか自由に使えないという話を聞いてサントリーの行動の重要性を感じたが、サントリーは水に関わる活動を「サントリーらしさ」と考え、経済活動は自由だからといって利益追求ばかりをするだけでなく、水を通して社会に貢献する活動を行っていると知りとても素晴らしいと感じた。

　サントリーのコンプライアンス推進部は5人で、大企業の部署としては小さいと感じたが、実際はコンプライアンス推進部はCSRに関わる一部の部署であり、その他にもCSR部、環境部などさまざまな部署があり社内ネットワークの一部であることを知った。

　最後にサントリーの社員の方々の「人間的に成長出来る」という一言がとても印象に残っている。サントリーは大企業ということもあり、たくさんの人とも関わる仕事をたくさんされていると思う。その出会いのなかで人間的に成長するのだと思う。しかし、私は企業自体がよい活動をしていなければ良い出会いは生まれないのだと思う。社員が成長出来るということは、よい風土や活動を生み出しているサントリーにこそ良さがあるのだと思った。

　文末となりますが、今回の企業訪問にあたり格別のお取り計らいを頂きました経営倫理実践研究センターの山口謙吉先生、サントリー株式会社CSR・コミュニケーション本部コンプライアンス推進部長富田眞人様、同課長近藤恵美様、同　南部有香様に厚く御礼申し上げます。

第6章　2009年度ゼミ合宿

1．2009年度ゼミ合宿の概要

2009年度ゼミ合宿は7月26日（日）から28日（火）までの2泊3日で、5年生のゼミ生6名の参加のもとに実施した。

夏休み期間中ということもあり、1日目は避暑地である妙高高原へと移動して、その妙高高原において、企業調査報告会を実施した。2日目は朝に東京へと移動し、株式会社リンクアンドモチベーション本社を企業訪問させて頂いた。その後、東京にて卒業研究報告会を実施して、3日目の朝に解散した。

◆ 2009年度ゼミ合宿の日程表
○ 7月26日（日）
富山——JR北陸本線——直江津／直江津——JR信越本線——妙高高原
11:16　　特急北越3号　　　12:30／13:11　　普通妙高6号　　14:03

　　　　　　　　　　　　　　　企業調査報告会（14:30〜19:00、21:00〜23:00）
○ 7月27日（月）
妙高高原——JR信越本線——長野／長野——JR長野新幹線——東京——
9:12　　　普通　　　　9:52／10:08　　あさま518号　　　11:31

——JR山手線——有楽町

13:00〜15:30　株式会社リンクアンドモチベーション本社　訪問
　　　　　　　　　　　　　　卒業研究報告会（16:45〜20:00）
○ 7月28日（火）
　　　　　　　　　　　　　　　　　　　　　　　　　　新橋駅解散

2．卒業研究報告会から学んだこと

宮重ゼミにおける卒業研究の目的は、卒業研究を通じて論理的思考力を身に付けることにある（本科4年後期〜5年にかけて行う研究を卒業研究と言う）。換言すれば、卒業研究を通じて、自分自身で考える能力を身に付けることを目的としている。

そのため、ゼミ合宿における卒業研究報告会の目的は、論理の明快な卒業研究論文を作成するために、提出期限までの時間に余裕のあるこの時期に、卒業研究の論理の明快でない箇所を見直すことにある。そのため、こ

の報告会では報告学生は自分の卒業研究を論理的に説明し、報告を受ける学生は論理の明快でない箇所や不完全な箇所を指摘することが求められる。これらの作業を通して、各学生の卒業研究の論理が明快となるように見直していくとともに、論理的思考力を磨いていくことになる。

　本年度は、ゼミ合宿1日目の2009年7月26日（日）14時30分〜23時00分まで企業調査報告会を実施した。また、2日目の7月27日（月）16時45分〜20時00分まで卒業研究報告会を実施した。卒業研究報告会の内容は、以下のとおりである

◆卒業研究報告会の報告内容

報告時間	報告者氏名	報告タイトル
16:45〜17:25	棚田祥太	不祥事を起こす企業体質―CSR活動に着目して―
17:25〜18:00	竹内敦美	寡占市場における新規参入成功の条件
18:00〜18:30	西尾七恵	企業の雇用活動―不況期に採用を増やす企業は成長するのか―
18:30〜19:00	長澤優花	非上場企業がCSRで築く優位性―上場企業との比較において―
19:05〜19:40	南佳苗	企業不祥事により損失を招いた企業と経営を維持した企業の差異―企業倫理の観点から―
19:40〜20:00	坂谷理紗子	男性の育児休暇における業績の変化

　この卒業研究報告会に参加した学生の感想は以下のとおりである。

◆国際流通学科5年　坂谷理紗子

　今回の卒業研究報告会は、いつもと違った環境下で1人1人発表を行った。論文構成に関しては教官に指導していただきすっきりまとめることができたが、相手に説明するという点においてはまだまだ甘いように思えた。自分では当然分かっていると思っていた用語も相手に説明するとなるとうまく説明することができず、結局自分の中でその用語が曖昧に処理されていることを改めて痛感した。他の人に質問や指摘をしてもらうことで自分の論文内容を再度確認することができた。

私は「男性の育児休暇における業績の変化」というテーマで研究を進めているが、今後の課題としてワークライフバランスの定義と概要をより深く調査すること、事例検証により業績の比較を明らかにすることである。
　自分だけで論文を進めていこうとすると、どうしても自分の主観が入ってしまう可能性がある。そうならないためにもその都度、教官や他のゼミ生に自分の論文を読んでもらい、違った視点からの意見も大いに参考にしたいと思った。今後の執筆がスムーズに行えるように努力したい。

◆国際流通学科5年　竹内敦美
　私は卒業研究報告会に参加するにあたって、十分な準備ができていたわけではなかった。というのも、レジュメをもとに自問自答しても的確に答えられないこと、今までに調査したことは表面上だけで、中身が伴わないものであったことに気づいたからである。さらに、私の前の報告者であった棚田君は、まるですべてを知り尽くしているかのように語るので、自分の報告の不十分さに不安が募った。
　報告では現段階で分かっていることはすべて話した。不安で仕方がなかったが、周りのみんながうなずいてくれることで、少しの安心感が生まれてきた。ディスカッションでは、ゼミ生がたくさんの質問を投げかけてくれた。私の研究の内容について詳しく知っているわけではないが、懸命に考え、質問してくれたことがうれしかった。
　今回の報告会では、研究するのは一人だが、深めるには仲間の存在がとても大切であることに気づいた。どんなに不安でも、相づちしながら聞いてくれる仲間がいる。路頭に迷いそうになっても道を正してくれる仲間がいるので、私の研究はより高いゴールへと進むことができるのである。
　教官はストーリーが通っていればよいとおっしゃったが、1年半かけて作り上げるものなのだから、聴衆を楽しませるものに仕上げたい。

◆国際流通学科5年　棚田祥太
　今回の卒業研究報告会における目標は、論文としてのストーリーを完成し全員をうなずかせることであった。
　これまで、結論として「企業は真のCSRを追求すべきである」と主張したいことは明確であるものの、なぜそう言えるのかがクリアにならず、情報だけが蓄積されていた状態だった。しかし、合宿前最後のゼミで助言

頂いたように、いくつかある事例を並べて共通点はないか、これらの事象を説明付けられるストーリーはないかを再度考え直してみた。今回の発表は先生をはじめゼミ生全体の反応が良かったような気がした（表情から察するに）。

今回の報告会ではそれまでの背景をふまえて、論文構成を組み立ててきたことで、ストーリーが首尾一貫しているか、目的から結論までが明確に繋がっているか、第三者の目を通す意義のあるディスカッションであった。週1のゼミでは互いに進捗状況を報告するにしかすぎず、調べてきた情報を共有する程度であった。従って、研究そのものを深くつく議論は少なかったように思う。もちろん、まだ論文の枠組みができていない段階であるからそれは妥当であったが、今回は初めて客観的な意見が必要とされた場面であった。

他のゼミ生の発表を聞きながら、納得することもあれば、矛盾点ばかり気になることもしばしばあった。質問をすれば一時的に解決するのだが、再び論文全体の中でみると話が合わないのである。リサーチクエスチョンに共感でき、主張したいことも納得できるのだが、今一つ理解した感覚が得られないのは、目的から結論までのプロセスが繋がっていないからなのだろう。なぜそう言えるのかが分からなければ、結局は何を言っているのか分からなくなってしまうのである。振り返ると、これまでの定例ゼミでは、おそらく全員がこのような思いで私の報告を聞いていたに違いない。ようやくそのことを実感できた。

ある目的を達成するために必要な情報を集めて概念化し結論を導き出すことが、論文を書く上でいかに重要であるかを学んだ。その基本は仕上がったが、今後執筆作業に取り掛かるうえで、その工程から外れぬように十分留意したい。

◆国際流通学科5年　長澤優花

全員の発表を聞いて、春から具体的に焦点をあてていった研究がさらに具体的になっていて素直にうれしかった。また、全員枠組みができたことも安心した。

しかし私は、自分で考えているとわかったつもりでも、何気ない質問にどう答えればよいかわからなかったことや、論点がずれることがあったので、今回できた枠組みを忘れず、今後は随時時間を見つけて、論文に取り

組んでいきたい。特にどういった先行研究をみなければならないのか分かったので、論文を書く作業だけでなく、こういったことも平行して行っていく予定である。

　毎回のゼミでも全員が発表して質問していたので、各ゼミ生のレジュメと自分のレジュメを比べて足りないところを見つけたり、派生して考えを見つけたりすることがあったが、今回の報告会では、全員の構成を見ながら議論できたので、自分の論文と照らし合わせたときに、いつもより考えを深めながら、議論できたように思う。

　まだまだ長期戦であるが、おそらくあっという間に終わってしまうだろうから、自分のスケジュールを管理し、ペースを考えて、納得のできる論文ができるように全力を尽くしたい。

◆国際流通学科５年　西尾七恵

　このゼミ合宿での卒研のディスカッションで、自分の卒研内容について考え直すことができた。ほかのゼミメンバーと比べると進行具合が遅いことや、内容もこのままでは進めないかもしれないな、という思いを自分の中でも抱えていた。しかし、今回の合宿中のディスカッションで、みんなからも意見をもらい、枠組も決めることができた。おそらく私一人では行き詰ったままであっただろうから、こうしてみんなから意見をもらい、しっかりとした枠組みを決めることができる機会があることはとても助かった。今後はみんなから言ってもらった意見やアドバイスを参考に、卒研を書いていきたいと思う。

　また、このゼミ合宿中には、それぞれのモチベーションが何によって変化されているかということなど、企業訪問によって感じたこと、得られたことを話し合い、共有することができた。この活動で普段は気にしていないような自分のなかにある価値観に気づき、自分が持っていない考え方を知ることができた。こういったことは、学校で会うだけでは話せないし、知ることができないものだったから、狭くなりがちな自分の視野を広げる良い機会にもなったように感じる。この合宿で得られたものは言葉で表せないほど多く、とても参考になった。もうなかなかこういった機会は無いと思うので、今回の経験を大切にしていきたい。

◆国際流通学科5年　南佳苗

　今回の合宿で一番ためになったのは、「誰かと本気で語り合う」ということが出来た点だ。以前の定量的でしか人を計ることの出来なかった私なら、相手がどのようなことを考えているのか全くどうでもいいことであったに違いない。

　しかし、挫折し、人の痛みが分かるようになって、初めて人の意見に耳を貸すということの意味が分かった。語ることはもちろんビジョンがないと出来ないことだけれど、話を聞くということは自分のビジョンをもっと高めようという意識がないと出来ないことだと思った。

　それと同時に感じたことは、仲間の大切さだ。卒業研究の枠組みを決めるときも、皆が親身になってくれた。自分の卒業研究の切り口は不自然であったが、それを皆が真剣に一緒に考えてくれたことが嬉しかった。他人事ではなく、皆で作り上げていくのだという意識を自分も持ちたいと思う。しかし、論理構成を自分自身の力で全て考えたかったということも確かだ。皆と共に考えることで、自分の未熟さを痛感したからだ。しかし、どんなときだって「完璧な自分」というのはあり得ないから、完璧な自分に一歩でも近づくためにも人と協力し、努力していきたいと思った。

3. 株式会社リンクアンドモチベーション本社への企業訪問から学んだこと

　宮重ゼミにおける企業訪問の目的は、次の2点である。第1に、宮重ゼミでは経営学に関する卒業研究に取り組む学生が多いため、企業訪問を通じて企業内部の状況を肌で感じることによって、文献や講義からは得ることのできない「暗黙知」を修得することである。第2に、学生は将来、企業などの組織へと就職することになるため、研究という観点からのみではなく、働く場所という観点からも企業を理解することである。特に先輩社会人の背中を見て、「働く」ということを考えてもらうことを大きな目的としている。

　本年度は、ゼミ合宿2日目の2009年7月27日（月）13:00～15:30の2時間30分にわたって、株式会社リンクアンドモチベーション本社を企業訪問させて頂いた。企業訪問の内容は、以下のとおりである。

◆株式会社リンクアンドモチベーション本社訪問の内容
　① 自己紹介
　　　（エントリーマネジメントカンパニー　マネジャー　染谷剛史様）
　② 学生によるワークシートの作成と発表
　　　　　　　　　　　　（アドバイザー：染谷剛史様、星野大地様）
　③ ワークシートに基づく講演
　　　　　　　　　（エントリーマネジメントカンパニー　星野大地様）
　④ 質疑応答（染谷剛史様、星野大地様）

　リンクアンドモチベーション本社への企業訪問から学生の学んだことは以下のとおりである。

◆国際流通学科5年　坂谷理紗子
　株式会社リンクアンドモチベーション（以下、リンクアンドモチベーション）の総合ロビーに入った第一印象は、おしゃれだなと思った。ロビーには代表取締役の小笹氏の著書や心理学や組織論の本が飾ってある。また、応接室や会議室にはそれぞれ「Darwin（ダーウィン）」、「Kennedy（ケネディー）」など名前が付いており、それぞれに意味を持っている。この企業のメッセージがオフィスから伝わってきた。
　会議室に入りまず、自分の過去をモチベーションの観点から振り返るためにグラフを作成し発表した。その後、今回お話を伺ったエントリーマネジメント事業部の染谷さんと星野さんから、個人と組織間のビジョンを高めていくにはモチベーションを維持し高めていくことが大切であるとご説明いただいた。「できる、できない」ではなく「やるか、やらないか」であり、やらない後悔よりも、やった方のリスクの負う方が断然面白くやりがいも感じるとおっしゃっていた。確かにどんな物事も、やって失敗した後悔と、やらないで後悔するのとでは自分の経験にも大きな差が生まれるだけでなく、今後のモチベーションにも大きく影響するのだと感じた。失敗こそが最高のチャンスなのだとチーム全員が思うことができれば、どんな困難にも立ち向かうことができるのだということを考えさせられた。また、大切なことは組織間でゴールを共有し、どんな小さな約束も守ることであると染谷さんは私たちにメッセージとして伝えていただいたが、これは私たちの普段の生活にも言えると思う。

リンクアンドモチベーションで働く人々のビジョンは、決してお金でも名誉でもなく自分たちが「日本を元気にしたい」という高い理想が源泉となっている。自分達の事業を通して組織が、社会は変わることができると社員全員が本気で思っているのだなと染谷さん、星野さんのお話を通して感じ取ることができた。社員全員が未来のビジョンを共有しているからこそ仕事に対して熱く本気になれるのであり、だからこそ仕事が楽しいと思えるのかもしれない。

　今回の話を伺って自分が働くという立場に立った時、将来ビジョンを組織間で共有しあうことができたら仕事も人生も面白くなるのだろうなと思えた。この訪問で今後の自分の人生について真剣に向き合う良い機会を得た。

◆国際流通学科５年　竹内敦美

　リンクアンドモチベーションを訪問して、まず初めに思い浮かんだのは「素敵」という言葉だった。赤をメインカラーとした温かみのある雰囲気の中に、アクセントとして青のクッションがおかれていたり、会議室はそれぞれの部屋に名前とコンセプトがあったりと、細部までお洒落に気を配っていた。

　次に、染谷さん、星野さんの話を伺って印象に残っているのは、「自分を伸ばすための練習だから、どんなに帰りが遅くなっても構わない。」という言葉である。なぜ体を酷使してまで仕事をするのか。なぜ休みを取らずに仕事をし続けるのか。これらの私の疑問は一瞬で答えが見つかった。仕事とは、私で言うところの部活動と同じなのだ。上手になりたいから一人残って自主練習をする。成果をあげたいから、そのためなら時間も努力も惜しまないのである。これをしたからといって誰かから評価されるわけではないが、自分のやりたいことをとことん追求しているのだから満足なのである。きっと、染谷さんも星野さんも同じ思いなのではないだろうか。

　そしてもう１つ印象に残っている言葉は「逃げるな」という言葉である。この言葉は今の私にとってとても重かった。明確な夢はあるが、それに向かうための道は険しく、思うように成果が上がらなかったからである。しかし、「１勝９敗でいいからあきらめずにがんばり続けることが大切」と言われ、白星をあげていない自分はあきらめてはいけないと強く

思った。

　リンクアンドモチベーションで貴重なお話を伺えたことは、私の人生のターニングポイントになったと思う。今後控えている受験は１勝９敗というわけにはいかないが、それまでの過程で自分に負けてしまわぬよう今後の生活を引き締めていきたい。

◆国際流通学科５年　棚田祥太

　染谷さんと星野さんのお二人に共通して言えることは、過去の経験が今日の職に強く結び付いている点である。それは、大学で経営や経済学を学んだとかいった経歴ではなく、求人情報誌の企画や大学でのサークル活動などの経験である。そこから、○○になりたいという理想ではなく、日本で働くサラリーマンを更には日本全体を元気にしたい、という使命感を抱かれている。これこそが正にモチベーションの姿であり、リンクアンドモチベーションのビジネスパーソンなのだと感じた。私たちにモチベーション曲線を描き過去を振り返らせ、将来どうしたいかを問うたのはそういった意味合いがあったのだろう。

　前日の企業調査報告会では、モチベーション向上のための様々な社内制度やオフィス環境を学んだが、これらはあくまでも従業員のモチベーションを維持し、高めていくための手段であり、モチベーションをつくるためのものではないのだろう。それぞれ明確な理念をもち、それに向かったモチベーションを高くもつ者が、リンクアンドモチベーションの仲間として迎えられるのだと思った。企業が人を育てるというよりは、人が企業をつくっていき、その自分株式会社を束ねているのがリンクアンドモチベーションという組織なのだろう。

　今回は伺うことはできなかったが、リンクアンドモチベーションのクライアントがコンサルティングを受けた後、どのような変化をもたらしたのか、従業員らが実感できるようなモチベーションの高まりはあったか、それによって職場の環境、組織全体の雰囲気に変化は感じられたか、その結果、解決された問題は何か、もたらされた成果は何か気になった。リンクアンドモチベーションのように、志高く共にビジョンを共有できる集団であればモチベーションの維持向上や、組織としての志気を保ちやすいだろうが、そうでない組織を抜本的に変えるのは容易ではないはずだ。どのような変革があるのか具体的な事例が気になった。

◆国際流通学科5年　長澤優花

　自分で調査したとき、「本気」や「One for all, All for one」といったような、部活動でよく言われる言葉がキーワードになっている会社だと思った。企業調査会の他のゼミ生の報告では、事業内容だけでなくインターンシップでも「モチベーションに関わるプロジェクトをチームで成し遂げる」ということがわかり、前述したキーワードの必要性を感じた。また、「チーム」でこういったことを成し遂げるには、当然本人たちが、やる気や情熱を持っていなければならない。しかしそれを相手に伝える力も必要で、さらには相手の心を考える力も必要である。「心のシワ」と「脳のシワ」という表現はまさにそのものである。

　実際に訪問して思ったことは、調査会で議論になったキーワードがそのままの会社であるということだ。「リンクアンドモチベーション」という会社を、別の言葉で表現しているようなお話だった。なかでも印象的だったのは「ビジネスパーソンとしてのプロフェッショナル」という言葉である。日本でサラリーマンが一番多いのに、小学生の夢の一位はサラリーマンではなく、プロのスポーツ選手が多い。これに対し染谷さんは、自分はイチローと同じレベルであり、ビジネスにおけるプロなのは同じだとおっしゃられた。だから人よりも練習（仕事）するし、成果も残したいともおっしゃられていた。星野さんも、そういったサラリーマンを元気にして、日本を元気にしたいとおっしゃられた。お二方の言葉から、自分の職業への情熱だけでなく、モチベーションを扱うプロとしての誇りも感じられた。しかし、自分がこのように感じることができたのは、お二方の話が論理的でわかりやすかったことが大きかった。

　訪問後のディスカッションでは、過去の意思決定が今の自分に繋がっていることを改めて考えた。過去の意思決定で選んだことから逃げないこと、あきらめないことが大切なのは、未来への繋がりがあるからなのだ。逃げて、あきらめることも1つの選択肢であるが、私はそれを選びたくない。染谷さんがおっしゃっていたように、「1＋1＝2」ではない谷のような経験が大切だと思うし、そういった経験から、自分なりの正解を導くことで、身につくことは大きい。組織に属しているときでは、そういった人には必ずフォロアーがついてくるはずである。過去が積み重なってできた今、未来に向かってすべきことや、自分の使命について、深く考えさせられる一日であった。

◆国際流通学科5年　西尾七恵

　リンクアンドモチベーション（以下LM）に入ってからすぐに目についたのは、会議室の入口にディスプレイされていた社長さんの書かれた本だった。それらはLMがモチベーションマネジメント会社らしく、すべてモチベーションに関する内容の本だった。それが人に見えて、手にとって読める形でおいてあることにLMが企業として顧客に訴えたいメッセージがあるのだと感じた。また、染谷さんからのお話のときでも、LMの企業概要などを話すわけではなく、モチベーション曲線を描き、自分の今までの人生を振り返るという活動をするという形でLMが行っていることや、顧客に伝えたいことを伝えられたと感じた。

　また、質問時間に染谷さんと星野さんが話されたことは、私にとってとても印象深いものだった。特に心がけていることを質問されて「逃げないこと、小さな約束でも守ること」と言われたことと、今後の人生のプランを聞かれたときに「今の延長線だ」と言われたときには、自分の中でもどうしていきたいか、何を目標にするかが明確にあるのだと感じた。モチベーション曲線を書く活動と、この話を聞いたおかげで、私自身も、自分も常に選択していて、その延長線である今に自分がいることや、主体性を持ち、自分の目標を持つこと、そして逃げないで努力することが何より大切だという当たり前だけど大切なことを再認識できた。とても有意義で、いろいろなことを多く学べる訪問だった。この訪問で得たことは、これからの人生でもためになると思う。

◆国際流通学科5年　南佳苗

　まず、企業の雰囲気がいいことに驚いた。入った瞬間の空気が、自由で明るい印象を受けた。実際、働いている人々の発言が自由であることからも、制約をあまり受けずに仕事をしていることを知った。この自由さがリンクアンドモチベーションの強みで、日本を変えていこうという思想を物語っていると感じた。また、リンクアンドモチベーションの社内には本が飾ってあったり、個室ごとに名前が付いていたりする。そこからリンクアンドモチベーションが大事にしていることを伺うことができた。それは、社員であったり、社員がもつ夢であったりする。メッセージを社員に発することで、社員が信じる指針を常に示しているのだと感じた。

　リンクアンドモチベーションは学生の人気就職企業ランキングで上位を

獲得している。しかし、染谷さんが語った「答えのないもののなかに答えを創っていく」というフレーズから、相対的な評価より理念を大事にする企業であると実感した。答えのないもののなかで答えを見つけていくには、自分のなかで物差しとなる基準が必要である。相対的な評価を気にしていたら、外部の環境が変わった場合、基準も変わってしまう。しかし、自分が信じる理念を持っていたら、外部環境が変わっても指針はぶれない。だから、自分のなかで信じることを見つけることは必要だと思った。リンクアンドモチベーションで質問した問いには、全て「夢、諦めない、熱意」に関連する答えが返ってきた。この一貫性こそが自分で指針を持っていることの表れだと思う。

しかし、この「夢、諦めない、熱意」に賛同できない場合はとても窮屈な環境でしかないだろう。カルトのようだと言われる所以はここにあって、リンクアンドモチベーションの掲げる夢は本気だから、常に夢を持ちつづけている人や、自分が一人になってもやり抜こうという熱意のある人でしかないと続かないと思った。物質的な豊かさや毎日決められた作業を

リンクアンドモチベーションへの訪問風景

している人には向かないから、自分が本当に大事にしていることと同じ企業を見極める能力が、これから重要になってくると感じた。

　リンクアンドモチベーションへの訪問は、自分の夢を見つけるという点で非常に良い経験になった。しかし、染谷さんがおっしゃった言葉と、宮重教官が常日頃言っておられる言葉がほとんどリンクしていたので、あまり新しいことを聞いた気がしなかった。しかし、学校という場を離れ、実際の企業を見ることで、企業の印象を肌で感じることが出来たので良かった。

　文末となりますが、今回の企業訪問にあたり格別のお取り計らいを頂きました株式会社リンクアンドモチベーション　エントリーマネジメントカンパニーマネジャーの染谷剛史様、同エントリーマネジメントカンパニーの星野大地様に厚く御礼申し上げます。

第7章 2010年度ゼミ合宿

1．2010 年度ゼミ合宿の概要

　2010 年度ゼミ合宿は 7 月 22 日（木）から 24 日（土）までの 2 泊 3 日で、本科 5 年生のゼミ生 6 名、専攻科 1 年生のゼミ生 2 名の合計 8 名の参加のもとに実施した。
　夏休み期間中ということもあり、1 日目は避暑地である妙高高原へと移動して、その妙高高原において、特別研究報告会・企業調査報告会を実施した。2 日目は朝に東京へと移動し、株式会社ローランド・ベルガー東京オフィスを企業訪問させて頂いた。企業訪問後は卒業研究報告会を実施した。

◆ 2010 年度ゼミ合宿の日程表
○ 7 月 22 日（木）
富山――JR 北陸本線――直江津／直江津――JR 信越本線――妙高高原
14:16　　特急北越 5 号　　　　15:31／15:36　　　普通　　　　16:39

　　　　　　　　　　　　　　　　　　特別研究報告会（17:10 〜 18:35）
　　　　　　　　　　　　　企業調査報告会（18:35 〜 19:00、21:50 〜 23:00）
○ 7 月 23 日（金）
妙高高原――JR 信越本線――長野／長野――JR 長野新幹線――東京
9:12　　普通　　　　9:53／10:08　　あさま 518 号　　11:31

　14:00 〜 15:30　株式会社ローランド・ベルガー東京オフィス　訪問
　　　　　　　　　　　　　　　　　　　　卒業研究報告会（16:30 〜 20:20）
○ 7 月 24 日（土）
　　　　　　　　　　　　　　　　　　　　　　　　　　　　新橋駅解散

2．卒業研究報告会・特別研究報告会から学んだこと

　宮重ゼミにおける卒業研究・特別研究の目的は、卒業研究・特別研究を通じて論理的思考力を身に付けることにある（本科 4 年後期〜 5 年にかけて行う研究を卒業研究と言い、専攻科 1 〜 2 年にかけて行う研究を特別研究と言う。2010 年度に専攻科国際ビジネス学専攻が設置されたため、特別研究報告会も同時開催することにした）。換言すれば、卒業研究・特別研究を通じて、自分自身で考える能力を身に付けることを目的としてい

る。

　そのため、ゼミ合宿における卒業研究報告会・特別研究報告会の目的は、論理の明快な卒業研究論文・特別研究論文を作成するために、提出期限までの時間に余裕のあるこの時期に、卒業研究・特別研究の論理の明快でない箇所を見直すことにある。そのため、この報告会では報告学生は自分の卒業研究・特別研究を論理的に説明し、報告を受ける学生は論理の明快でない箇所や不完全な箇所を指摘することが求められる。これらの作業を通して、各学生の卒業研究・特別研究の論理が明快となるように見直していくとともに、論理的思考力を磨いていくことになる。

　本年度は、ゼミ合宿1日目の2010年7月22日（木）17時10分～23時00分まで特別研究報告会・企業調査報告会を実施した。また、2日目の7月23日（金）16時30分～20時20分まで卒業研究報告会を実施した。卒業研究報告会・特別研究報告会の内容は、以下のとおりである

◆特別研究報告会の報告内容

報告時間	報告者氏名	報告タイトル
17:10～18:00	灰谷美寿紀	環境関連型企業におけるCSRモデル
18:00～18:35	南佳苗	企業不祥事後に損失を発生した企業と経営を維持した企業

◆卒業研究報告会の報告内容

報告時間	報告者氏名	報告タイトル
16:30～17:10	藤田匠	温泉地活性化に向けたリーダーの必要性
17:10～17:45	山﨑佳乃	デフレ下の成功企業
17:55～18:20	中谷美咲	学生の学習意欲向上システムについての一考察―金沢工業大学を例に―
18:20～18:55	能町理美	薬事法改正とドラッグストアの経営戦略の変化
19:10～19:50	山崎美紀子	サービス業界のイノベーション
19:50～20:20	杉谷智恵	SPA型企業の日本市場における経営戦略と発展要因

　この卒業研究報告会・特別研究報告会に参加した学生の感想は以下のと

おりである。

◆国際ビジネス学専攻 1 年　灰谷美寿紀

　私の研究のテーマは、「環境関連型企業における CSR モデル」である。まず、今回のゼミ合宿に参加するにあたり報告内容を考え、自身の研究の進捗具合の遅さを思い知った。

　今回は普段のゼミとは異なり、5 年生からも質問や指摘を受けたことで、いくつもの課題が見つかった。たとえば、用語の定義についてである。質問されてもはっきりと答えられず、自分が曖昧にしていたことに気づいた。用語の定義とは、研究の基礎的部分であるにもかかわらず、それすらもできていないということに、自分の理解や考えの甘さを痛感した。また、他のゼミ生の報告に関して交わされた議論でも、自身の研究にも共通するのではないか、と思えるものがあり参考になった。

　なによりも、自分が何をわかっていなかったのか、ということに気づき、今後何をすべきか知ることができた、ということが今回の報告会の大きな収穫であった。

◆国際ビジネス学専攻 1 年　南佳苗

　特別研究報告会で感じたことは、自分の考えを表現することの難しさである。よい論文を書くには、自分で疑問を創造しなくてはならない。そして筋道が通るように考えなくてはならない。誰かに借りた考えでは、自分で問題を解決することはできないと思った。だから、出口が見つからなくてもあきらめないで考えることが必要だと感じた。

　しかし、考えることだけでなく、コミュニケーション力、人間力の素晴らしさを感じた。卒業研究報告会では、一時的に場の雰囲気が明らかに悪くなったと感じることがあった。そのときに、能町さんが場の雰囲気を和らげようと働きかけていると感じた。いくら論理的に考えることができても、人間的な摩擦を起こすようでは機械人間でしかない。社会に出たとき、自分を完璧だと信じ込み、人とトラブルを起こしては社会に適応していくことはできないので、コミュニケーション力は大事である。

　個人的に、このゼミ合宿は、人の気持ちをくみ取りつつ、夢を持ち、論理的に考えることのできる人間を育成するための場だと思っている。そして、特別研究報告会・卒業研究報告会は、学生の集団で話し合う場であ

る。つまり、企業の採用で言うグループディスカッションと似ている。私たちも、宮重教官に「採用面接」をされているのかなと感じた。

◆国際流通学科5年　杉谷智恵

　卒業研究報告会では、ゼミ生が一人ずつ自分の卒業研究の目的や論文構成（枠組み）を報告して、教官からの指導を受けたり、ほかのゼミ生からの質問に答えたりしました。

　私は就職活動で最初のほうの発表者の報告を聞き逃してしまいましたが、ほかのゼミ生の卒業研究の報告を聞いて、皆大体の論文構成や流れが出来上がっていて分りやすかったです。また、皆の報告後の質疑応答ではよく定義づけはどうするのかという質問が投げかけられるところを見て、定義の範囲をどこにおくのか明確にしなければならないと感じました。

　私の卒業研究は皆に比べるとかなり遅れをとっていて、まともな発表になりませんでした。私の論文のタイトルは「SPA型企業の日本市場における経営戦略と発展要因」でしたが、研究目的もあやふやな部分があったり、範囲をどこに置くかも明確でなかったりしました。この研究目的の問題点は、①一つの論文で二つの研究目的は同時に研究できないこと、②SPA型企業の対象企業をどこまでにするかということ、③経営戦略の定義づけをどうするかということにあると考え、もう一度研究目的を見直し明確にしたいと考えます。

　一人で卒業研究を考えていると、参考文献や資料が少ないことで行き詰まり、私の論文はちゃんと出来上がるのだろうかとよく思い悩むことがありました。しかし、今回卒業研究報告会で指摘を受けたところは自分だけでは見つけられなかっただろうと思うし、順調に卒業研究を進められなかったことを反省して、これからはもっと自分の卒業研究に力を入れて頑張ろうと思いました。そして、教官やゼミ生とともに議論を重ね、良い論文が書けるように人一倍努力したいと感じました。

◆国際流通学科5年　中谷美咲

　今回の卒業研究報告会では、お互いに卒業研究について発表しあい、意見を言い合うことができた。今回は、専攻科生も参加しており、専攻科生の南さんからは本科生よりも鋭い指摘があったように思う。非常に刺激になった。

自らの卒業研究に関しては、根本的な部分であるリサーチ・クエスチョンから見直さなくてはならない。体裁を整えようとはしていたものの、「この研究で何がしたいのか、何を言いたいのか」といった目的や、「なぜこの研究をするのか」という背景の部分が定まっていないと指摘された。まったく基本的な部分である。このことから、リサーチ・クエスチョンも見直さなくてはならない。これまでを顧みると、卒研に対して消極的に取り組んでいる部分があったのかもしれない。自らの責任であり、反省した。現状を確認できたことは非常によかった。完成に向け、広い視野をもち積極的に取り組みたい。

◆国際流通学科5年　能町理美
　私は、論文を今まで書いたことがないため、他のメンバーに対して自分にどういった指摘や質問ができるか不安だった。しかし、実際に報告を聞いていると、瞬発的ではないけれど、疑問に思うことが浮かんできた。そして、自分が頭を一生懸命働かせていることにも気付いた。他のメンバーの論文は、研究背景や対象、目的も私とは異なる。そうは言っても、指摘や質問は私の論文に通じるものもあるのである。そのため、報告会を行っている最中は、他人の論文について真剣に頭を働かせつつも、自分の論文構成を見直していた。
　普段は、自分の論文に必要な資料を調べる一心である。そのたびに、何をどうやって調べればいいか分からなくなったり、また、研究目的の達成には無関係のものを調査してしまったりする。しかし、一度、他人の論文に目を通すことで、自分の論文構成も見直すことができ、調査すべきものが明確になった。そして、他人の論文にも質問できる「質問力」が少しは身に付いたのではないかと思う。「的確性」「妥当性」はまだまだだが、これからも報告会をして、磨いていきたい力である。

◆国際流通学科5年　藤田匠
　今回の卒業研究報告会で、私自身の卒業研究の骨組みはほとんど固まり、後は実際に多くの論文や書籍を読み漁ったり、実際に温泉地に出向き調査を行うなどをしていくのみですが、それが恐ろしく時間がかかる大変な作業だということを改めて考えると心が折れそうになります。しかし後は卒業するのみなのでここらでもう一回踏ん張りなおして、頑張って論文

を作り上げたいと思います。

　とりあえず、夏休みを使ってリーダーシップについての先行研究を出来るだけ多く調べたいと思います。ちなみに私個人の卒論（卒業論文）に関しては、温泉地の活性化においてある特定のリーダーシップを発揮するパーソンがいることが、数多くある活性化のファクターの中の一つであるということを証明するといったものです。具体的なリーダーの事例に関しては、熊本県・黒川温泉、大分県・由布院温泉、岐阜県・下呂温泉などと特に変更無しで進めていこうと思います。これに関しても、詳細な資料が必要なため、各地の温泉協会に早めのアポイントメントを取りたいと考えます。

　報告会自体の内容としては、各々の卒論について指摘し合うというもので、やはり自分では気付かない点を他の人に指摘してもらうというのは本当に大事なことだと実感しました。皆それぞれ痛烈な指摘を受けていたようですが、それが最終的に自分の卒業研究の完成につながって行くわけだから儲け物です。今後も、こういった皆で指摘し合うといった時間を有意義に使っていければよいと考えます。

◆国際流通学科5年　山崎美紀子

　研究報告会では、本科5年生のゼミ生の他にも、専攻科生の特別研究に関する発表も聞くことができ、とても勉強になった。私はそれぞれの卒業研究についての報告を聞き質問する上で、発表者の研究にプラスになるような的確な質問をするように心がけた。しかし、発表を聞きすぐさまそのような質問を考えることや、問題点を発見することは難しく、その反面、専攻科生の南さんや教官の質問はとても的確で、いろいろな考え方を学ぶ良い機会となった。

　また、自身の発表の際には、卒業研究に対して私自身の理解が甘く、周りから良い質問を受けても、相手が望むような返答をすることができなかった。私の研究不足と考えの浅さを痛感した。新たな問題点や課題を見つけることができたり、教えられることがたくさんあったりしたので、これからの研究に生かしたいと思う。

　報告会では、今までひとりで考えていたことに、ゼミ生全員が様々な視点で、切り口を変えて見てくれたので、本当に多くの気づきを得ることができた。周りの意見を聞くことの大切さ、物事の視点を変えて見ることの

重要さを学んだ。

◆国際流通学科5年　山﨑佳乃

　私は卒業研究が思うように進んでいなかったため、発表するのが憂鬱だった。しかし、報告会を終え、自分が何をすべきかがはっきり見つかったため、私にとって大きなプラスとなった。

　報告会では一人につき30分以上の時間をかけて、意見や質問を出しあった。卒業研究は一人ひとりで行うものだが、一人で書くものだからこそ主観にとらわれて客観的に見ることが難しい。今回の報告会のように、人に意見してもらうことによって、自分の気づかなかった考え方や問題点がわかり、論文がさらに論理的なものに近づいた。また、発表することによって論文の枠組みを再確認することができた。

　一方、自分が他のゼミメンバーに質問することによって、論文に他に何が必要か、必要じゃないかを見つけることが以前よりも出来るようになった。自分の意見を発表することにより、ゼミメンバーの論文をより完全なものにするための力となり、また、自分の論文を客観的に見て問題点を見

卒業研究報告会の様子

つけることにもつながると感じた。

　たくさんの意見が出るということは論文がまだまだ論理的ではないからだ。報告会を終え、あらためて論文を書くことの難しさを感じた。しかし、指摘してもらうことにより論文の完成に一歩近づいたのではないかと思う。今後もこのような報告会を積極的におこないたいと思った。

3. 株式会社ローランド・ベルガー東京オフィスへの企業訪問から学んだこと

　宮重ゼミにおける企業訪問の目的は、次の2点である。第1に、宮重ゼミでは経営学に関する卒業研究や特別研究に取り組む学生が多いため、企業訪問を通じて企業内部の状況を肌で感じることによって、文献や講義からは得ることのできない「暗黙知」を修得することである。第2に、学生は将来、企業などの組織へと就職することになるため、研究という観点からのみではなく、働く場所という観点からも企業を理解することである。特に先輩社会人の背中を見て、「働く」ということを考えてもらうことを大きな目的としている。

　本年度は、ゼミ合宿2日目の2010年7月23日（金）14時00分～15時30分までの1時間半にわたって、ローランド・ベルガー東京オフィスを企業訪問させて頂いた。企業訪問の内容は、以下のとおりである。

◆株式会社ローランド・ベルガー東京オフィス訪問の内容
　① 　ローランド・ベルガーの企業説明（取締役・パートナー　平井孝志様）
　② 　企業や仕事に関する質疑応答（平井孝志様）

　ローランド・ベルガー東京オフィスへの企業訪問から学生の学んだことは以下のとおりである。

◆国際ビジネス学専攻1年　灰谷美寿紀
　訪問させていただいたローランド・ベルガーはコンサルティング・ファームである。コンサルティング・ファームは企業情報を扱うため、顧客との信頼関係が一番重要であるというイメージがある。そのためか、訪問した際に最初に感じたことは、オフィスの重々しさである。

対応してくださった平井さんは、真面目に私たちの質問に答えてくださったが、話の中にユーモアもあり、話し方や展開がうまく、さすがコンサルティングを仕事とされている方だなという印象を受けた。そのため1時間半という時間はあっという間であった。

　質問時間には、主に働くということや平井さん自身についてお話いただいた。特に印象に残っていることは、「紙に書くことで構造化する。すると、見えてなかったことが見えてくる」ということであり、平井さんが壁にぶつかったときの解決法として答えられたことである。これは、ゼミの時に宮重教官に言われたことと同じであった。こうすることで論理的な思考も身につくのであろう。

　また、いくつかの異なる質問の答えとして、同じような言葉が出てきた。「全体をみる」や「大きく考える」等である。全体を捉えることにより、それまでと違った視点に気付き、新しく得るものがあるのだろう。私はまず、物事に対して疑問を持つことから始めたい。今まではあまり「なぜ？」と思うことがなかった。それは、物事を深く考えていなかったからだと思う。疑問を持つことによって思考力を磨き、幅広い知識を身につけていきたいと思う。

　今回の訪問では、今後就職活動をし、社会人となっていく私たちにとって参考になるものを得られた。

◆**国際ビジネス学専攻1年　南佳苗**

　平井さんの話を聞いて、自分の生き方は一つではないと感じた。平井さんの企業選びは、現実がベースにあって、そのうえで理想を追いかけている。今までの私は、どちらかというと理想主義が第一だったので、現実とのギャップの埋め方に悩んでいた。しかし、平井さんのような生き方もあるのだと知ったので、自分の考えが広がり、気が楽になった。

　また、論理的に話すことは説得力を持つと実感した。平井さんは、1の質問に対して10の答えをくれるような気がした。しかし、実際には1の質問に10の答えを返しているのではなく、1の質問に1の答えを導くまでの9のプロセスがあるのだ。平井さんが繰り返しおっしゃられた、論理的な思考である。私は論理的に説明する力が不足しているので、修行していきたいと思う。

　私は社会に出る。そのときに少しでも社会の役に立ちたい。社会では自

分自身での問題設定力が必要となる。よって、実際に自分でいろんなことに挑戦しつつ問題を見極めていきたい。そして論理的に解決方法を考えることで、社会も自分の能力もきっと高まっていくと思う。平井さんとの出会いで、自分の進むべき道がはっきりしたと思う。

最後に、個人的な締め。

近い将来、私は就職活動をすることになるが、肩書に惑わされることなく、企業活動の「プロセス」をきちんと判断したいと感じた。

宮重ゼミの企業訪問では、大企業や有名企業の方とお会いすることが多い。昨年までの私は、雲の上の方と話しているような気がしていた。しかし、「人」や「企業」を尊敬することと、「有名人」や「大企業」を尊敬することは違うと感じた。大事なのはそこに至るまでの経緯である。だから、どんな方にお会いしても、委縮することなく人対人の付き合いでその人や企業の本質を分かっていきたいと思う。

◆国際流通学科5年　杉谷智恵

ローランド・ベルガーを訪問して、私たちはコンサルティング業界のことや仕事の進め方、仕事を通しての生き方などについて学びました。私たちの応対をしてくださった取締役でパートナーの平井さんに色々な質問に答えていただきました。

私のローランド・ベルガーの会社の印象は、戦略系コンサルティング・ファームということで、様々な業界に目を向け、広い視野を持って働くことのできる知的な人材が集まった会社だなと感じました。元々コンサルティングという仕事にあまり馴染みがなかったこともあって、コンサルティングの考え方というものを新鮮に捉えることができたと思います。

私が平井さんのお話を聞いて学んだことは、大きく分けて三つあります。

一つ目は、相手に理解し納得してもらうには、論理的思考力が必要だということです。平井さんの新卒のときのコンサルティング業界の志望動機を聞いたときに、内容が論理的で、すんなり納得がいって聞くことができ、論理的に話をすれば聞き手もちゃんと理解してくれることを学びました。

二つ目は、なりたい自分になるためには何でもするという行動力を身につけることです。平井さんは多忙なスケジュールをこなしながらも、大学

に通ったり、本を出したり、自分の成長のためになんでも行動に移される姿を見て、なりたい自分になるために自分がどれだけ行動に移せるか、一歩を踏み出せるかということは重要だと感じました。

　三つ目は無理難題な仕事が与えられたとしても、まずは冷静にその問題を解決する方法を自分なりに探すこと、また問題点を見つけるとき、物事を大きく捉えたり、視座や切り口を変えて考えたりすることが大事だということを学びました。そして仕事というものは頭のよさだけでは処理できず、仕事を遂行するプロセスをどのように組み立てていくかが大事だということも学びました。

　この訪問を通して、仕事の進め方や仕事をしながらどのように人生設計をしていくかを改めて考えることができました。私はこの訪問で学んだことをこれから実践していきたいと考えます。平井さんのような頭の切れる社会人の方からお話を聞くことはめったにあることではないので、今回のローランド・ベルガーの訪問は本当に良い経験になったと思います。

◆国際流通学科５年　中谷美咲

　今回、ローランド・ベルガーの本社ビルに訪問し、取締役の平井氏にお話を伺った。先に企業の概要を説明していただき、その後質疑応答に移った。質疑応答を通し、平井氏の考え方、ローランド・ベルガーの価値観を伺った。

　ローランド・ベルガーは「現場密着型のコンサルティング」を行うことに価値をおいている。私は、ローランド・ベルガーは「人材」を大切にし、これを実現していると感じた。たとえば、ローランド・ベルガーでは他のコンサルティングよりも次の役職にステップアップするまでの期間が長い。人がすぐ辞めていかないことで、人材の多様性（さまざまな価値観を持つ人材）を確保できる。実際に現場に溶け込み、生きるようなコンサルティングを行うには、現場に合致した人材が必要になってくるのだろう。人材の多様性の確保によっても、「現場密着型のコンサルティング」は生み出されていると感じた。

　個々の能力では３つが重視されていた。「論理的思考能力」、「多様な視点で物事をとらえること」加えて、「メンタル面での強さ」である。これは、コンサルティング業界では特に高い水準で求められるが、他企業でも同じように必要な能力である。私も、将来、就職することになるので、こ

の能力を高めたいと思った。

　訪問ではローランド・ベルガーの価値観に触れることができたように思う。また、自らの将来についても考えるよい機会となった。

◆国際流通学科5年　能町理美

　私がローランド・ベルガーを訪問し、平井さんのお話を伺ってまず感じたことは、「良い意味で自由な企業」である。平井さん自身も「やりたいと言えばやれるような自由な雰囲気」だとおっしゃっていた。また、平井さんの言葉である、「欧州はEUとして、一つのまとまりとしてやっていっているが、もちろん複数の国の集合体なので、バラバラである。しかし、それを認め合いながらうまくやっている。ローランド・ベルガーにも様々な人間がいるが、欧州系の企業なだけに、認め合いながら仕事をしている」が、まさに「良い意味で自由」を表していると思う。企業として、社員の各人に役割があり、その人その人の良さを伸ばしたいと考えているそうだ。きっと、社員の方すべてが同じ色で統一されているわけではなく、多くの色を持つ方が集合してローランド・ベルガーを形成しているのだろうと感じた。

　また、個人的には就職活動をしていた身だったので、採用の話はとても興味深かった。数分でその学生の能力が計れることや、自己PRはこうであってほしいなど、参考になった。

◆国際流通学科5年　藤田匠

　今回、私たちはローランド・ベルガーの平井孝志氏にお話を伺いました。事前に予備知識を持っていましたが、お話を伺っていくうちに私たちが知りえなかったローランド・ベルガーの強さがしだいに見えてきました。企業に密着した姿勢というのは存じていましたが、サイドバイサイド（クライアント在駐）で長期間クライアント企業に駐在するということには驚きました。大変良い意味で、今まで私が持っていたコンサルタントについての印象を大きく変えてくれた時間でした。

　平井氏が考えたジェダイ・マスター制度のお話が中でも印象的で、これは新入社員が入社後3ヶ月間は上司と一対一で研修を受けるという制度です。この制度を平井氏は、「3ヶ月は守られる」と仰っておられました。この言葉からは、研修が終わり実際に新入社員がそれぞれ一人でクライア

ントと向き合っていくことの難しさが垣間見られました。さらに営業活動は一番上の人間が行うというのもローランド・ベルガーの大きな特徴でした。上の人間の方がコンサルティングというものを理解しているし、何よりも経験があるという理由には、まさにそのとおりだと感じました。

　最後に平井氏の職に対するお考えを拝聴することが出来ました。20代後半から30代前半というのがやはり一番頭が回るようで、40代になるともう天井が見えてきてしまうそうです。その間で自分自身が成長し、価値を見出すことが重要だと考えました。私自身、サービス業に就職が決まっていますが、やはりそういった中でも働くということに価値を見出すことが一番大事なことではないかと思います。

◆国際流通学科5年　山崎美紀子
　コンサルティング業界の大手外資企業のローランド・ベルガーに訪問させて頂けるという事で、訪問前はとても緊張した。今回、さまざまな話を聞いた中でも、一番勉強になった事は、問題点を発見するためにはどうすれば良いのか、ということだ。問題点を見つけるコツとして、平井さんは4つの事を上げていた。1つは物事を大きく考えることだ。広い視野を持つことで問題点が見えてくるという。2つ目は視点を変えることである。そして、3つ目は切り口をたくさん作って物事を見ることで、最後に考えることを諦めないこと、と言っていた。何事も諦めずに考え抜く事が大切だという。このお話を聞き、日頃から考えることをやめない姿勢の大切さを学んだ。

　また、成功するために平井さんはどんなことをしているか、という質問に対して、自分の好きなこと、自分のあるべき方向に向かう事だけをして、自分が成長できる事にたくさん挑戦することが大切だというお話をしてくださった。

　その他にもたくさんのお話を伺ったのだが、どの話もストーリーがきちんと通っていて、聞く人を納得させるような説得力を持っていた。コンサルティング業界は、特にこの能力が常に必要となってくる業界であるということ、また、私にとっても、これから卒業研究に取り組んだり、社会に出て働いたりするにあたり、磨かなくてはいけない能力であるということを学んだ。今回は貴重なお話をたくさん聞くことができ、本当に勉強になった良い機会であった。

◆国際流通学科5年　山﨑佳乃

　コンサルティング業界では唯一の欧州生まれの戦略ファームである、ローランド・ベルガーに訪問させていただいた。以前、授業で富山県の企業をコンサルティングする機会があった。そのときは企業の問題点を探し、それを解決するための方法を提案するという内容だったが、今回、実際のコンサルティング会社で働く方のお話を聞くことができるということで、非常に興味をもった。

　ローランド・ベルガーを訪問する際、宮重教官が「ローランド・ベルガーの色は何色か」を感じ取るようにと言われた。私が感じ取った色は「オレンジ色」である。

　お話をしてくださった平井氏は、企業に対する質問だけでなく、ご自身の経験談もたくさん語ってくれた。中でも印象に残っていることは、「コンサルティングというのは初め、海をひたすら泳ぎ、岸にたどり着いたら次はひたすら崖を登る。崖を登り終えたら次は空を飛ぶ。それほど厳しいものである」という言葉だ。厳しい道のりにも我武者羅に先へ進む努力。そして、コンサルティングをする際には、現場視点で分析するためにクライアントを含めたチームを作って問題解決する仕事への熱さから「赤色」を感じた。また、朝から夜遅くまで働く忙しい仕事にもかかわらず、平井氏は自分のやりたいことにも時間を注いでいた。仕事もそうだが、常に楽しむことを大切にしていることから「黄色」を感じた。

　仕事と自分の時間のバランスがしっかり取れているからこそ、「赤色」と「黄色」が混ざり合って「オレンジ色」の空気が流れているのではないかと感じた。

　文末となりますが、今回の企業訪問にあたり格別のお取り計らいを頂きました株式会社ローランド・ベルガー　取締役　パートナーの平井孝志様に厚く御礼申し上げます。

第8章　2011年度ゼミ合宿

1. 2011年度ゼミ合宿の概要

2011年度ゼミ合宿は8月8日（月）から9日（火）までの1泊2日で、本科5年生のゼミ生3名、専攻科1年生のゼミ生2名、専攻科2年生のゼミ生2名の合計7名の参加のもとに実施した。

夏休み期間中ということもあり、1日目は避暑地である妙高高原へと移動して、その妙高高原において、特別研究報告会・卒業研究報告会・企業調査報告会を実施した。2日目は朝に東京へと移動し、独立行政法人理化学研究所和光本所を企業訪問させて頂いた。

◆ 2011年度ゼミ合宿の日程表
○8月8日（月）
富山――JR北陸本線――直江津／直江津――JR信越本線――妙高高原
8:56　特急はくたか5号　　10:05／10:13　　普通　　　　　11:01

　　　　　　　　　　　　卒業研究報告会・特別研究報告会（11:30～16:25）
　　　　　　　　　　　　　　　　　　　　企業調査報告会（19:10～21:00）

○8月9日（火）
妙高高原――JR信越本線――長野／長野――JR長野新幹線――大宮――
9:12　　　普通　　　　9:53／10:08　　あさま518号　　　11:09

――JR線・東武線――和光市
13:30～17:30　理化学研究所和光本所　訪問

　　　　　　　　　　　　　　　　　　　　　　　　　　　和光市駅解散

2. 卒業研究報告会・特別研究報告会から学んだこと

宮重ゼミにおける卒業研究・特別研究の目的は、卒業研究・特別研究を通じて論理的思考力を身に付けることにある（本科4年後期～5年にかけて行う研究を卒業研究と言い、専攻科1～2年にかけて行う研究を特別研究と言う）。換言すれば、卒業研究・特別研究を通じて、自分自身で考える能力を身に付けることを目的としている。

そのため、ゼミ合宿における卒業研究報告会・特別研究報告会の目的は、論理の明快な卒業研究論文・特別研究論文を作成するために、提出期限までの時間に余裕のあるこの時期に、卒業研究・特別研究の論理の明快

でない箇所を見直すことにある。そのため、この報告会では報告学生は自分の卒業研究・特別研究を論理的に説明し、報告を受ける学生は論理の明快でない箇所や不完全な箇所を指摘することが求められる。これらの作業を通して、各学生の卒業研究・特別研究の論理が明快となるように見直していくとともに、論理的思考力を磨いていくことになる。

　本年度は、ゼミ合宿1日目の2011年8月8日（月）11時30分〜21時00分まで卒業研究報告会・特別研究報告会・企業調査報告会を実施した。卒業研究報告会・特別研究報告会の内容は、以下のとおりである

◆卒業研究報告会・特別研究報告会の報告内容

報告時間	報告者氏名	報告タイトル
11:30〜11:45	沢井美咲	大きな成功を収めた町工場の特徴
11:45〜12:30	宇佐美淳子	離職率の低い企業における組織づくりと業績
13:00〜13:45	水林香澄	M&A成功の法則とは
13:50〜14:20	長谷亮輔	なぜ阪神電気鉄道と西武鉄道はプロ野球経営に参加し続けるのか
14:30〜15:00	八田宗太	地域ブランド構築における戦略と成功
15:00〜15:30	南佳苗	企業倫理浸透のプロセスとは
15:40〜16:25	灰谷美寿紀	企業ネットワーク形成によるリサイクル産業のイノベーションプロセス
19:10〜21:00	全学生	理化学研究所の企業調査報告会

　この卒業研究報告会・特別研究報告会に参加した学生の感想は以下のとおりである。

◆国際ビジネス学専攻2年　灰谷美寿紀

　今回は2回目の参加ということで、去年の自分を思い出すと少しだけ進歩がうかがえた。今までは考えることが苦手で、与えられた情報を鵜呑みにすることが多かった。そのため、去年のゼミ合宿でも他人の研究について質問のターンが回ってきても思いつかず、パスすることが多かった。今回は、報告を受けて質問をすることができたことから、考えながら話を聞けるようになったことを実感した。このように自分の成長に気付けたこと

はうれしく思う。

　しかし、自身の研究の報告に関しては、だらだら話してしまい結局何が言いたかったのか自分でもわからなくなるということが多かった。まだまだ私は論理的思考力を身につけられていないということの表れだった。なので、今後は一文を短くすることを目標にし、意識したいと思う。

◆国際ビジネス学専攻２年　南佳苗

　今回のゼミ合宿では、「共に考える」ということを自分のテーマとして臨んだ。いつの時も、自分の問題として捉え、自分なりに考えることは重要である。しかし、それでは全体をみる眼が養われず、自分の価値観だけに縛られることになる。また、全体としての成長も図れない。よって、学生生活のこと、自分の趣味のこと、将来のことなどの質問を投げかけ、今後の人生をどう歩むかを共に考えていけるように心がけた。

　昼食時に今後の進路について宇佐美さんに質問した時、目標に向けて様々な角度から考えていることを知り、宇佐美さんのなかにある軸を感じ取ることが出来た。宇佐美さんの多面的に物事を考え、分析する思考力が素晴らしいと感じた。宇佐美さんの先には大きな夢とぶれない軸があるからこそ、物事を段階的に考え、多様な考えを吸収し前進し続けられるのだと思う。今後、私はバックアップしていく側になりたいと考えているが、共に考え、周りの人の良い面や個性を見つけ伸ばしていけるようになりたいと思う。

　研究報告会においては、自分の好きなことをテーマにした長谷君や、自分の卒業研究を少しでも良いものにしようとテーマを変えた水林さんの姿勢が素晴らしいと感じた。また、灰谷さんの指摘や質問、考えなどが的確で、とても参考になった。卒業研究を自分なりに考え、様々な方法でモチベーションを高めている姿勢を見習いたいと感じた。

　今回のゼミ合宿では、皆の良いところを数多く見ることが出来た。今後は周りの個性を引き出し、自分自身も多様な考えを持ち、共に成長していきたいと考えている。

◆国際ビジネス学専攻１年　長谷亮輔

　研究報告会では、５年生３人、専攻科生４人の発表が行われた。この報告会で印象的だったのは、人によって見方が違うということである。

当たり前のことであるが、論理構成を重視する人、言葉の定義を重視する人、基準を重視する人など、様々な価値観を持つ人がいる。普段のゼミでは教官を含め3人しかおらず、なかなか議論が白熱することも少なく感じる。良い研究成果を出すためには、理化学研究所のように、平等な環境、自由な発想・議論が重要であると考える。今回の研究報告会では、今まで以上に自由な発想が得られ、長時間にわたる議論が交わされた。そのため、普段のゼミ以上の成果が挙げられたと考える。

　自分の研究に関しては、まだスタートラインに立ったに過ぎない。そのため、今回の発表でも「質問するポイントは少ない」と考えていた。論文に関しての質問はやはり少なかったが、「プロ野球」というカテゴリに対する素朴な質問に答えていくうちに、プロ野球に関する情報が整理されていくことに気づいた。

　大勢で議論するということはやはり大きな収穫につながる可能性が高い。今後研究を進めていく過程で、なるべく多くの人に意見を求めていくべきであるとあらためて実感した。

◆国際ビジネス学専攻1年　八田宗太

　今後論文を進めていく際に、今回のゼミ合宿で参考になったことが2つ、よかったことが1つあります。1つは、現段階の自分の研究に対して、みんながどのような点に疑問を持つのかが分かったということです。現在までに進んでいる研究はかなり不十分な点が多いということは以前から感じていました。しかし、特にどの点が不十分なのか、よく分からなくなっていました。今回の議論を通じて、それが少し明らかになりました。また、他の人が挙げてくれた事例研究の候補も参考になりました。2点目は、南さんの研究の論文構成です。本科生のときに、分かりやすい論文構成で書くことという指摘を受けていたので、南さんのものはとてもよい参考になると考えました。

　最後に、みんなの前で自分に対してプレッシャーをかけることができたのはとても良かったです。私の性格では、目標をたてるだけではそれは目標として機能せず、誰かの前でその目標を達成すると宣言することで、初めてそれが目標として機能するところがあります。つまり、自分にプレッシャーをかけることや責任感をもたせる必要があるのです。今回のゼミ合宿は、これから研究に本気で取り組むためのよいきっかけとなりました。

◆国際流通学科5年　宇佐美淳子

　卒業研究（特別研究）の報告会に参加したことで、私は自分自身が思っていた以上に理解力・思考力・さまざまな知識が無いことに気づくことができた。

　私自身の研究の発表においては、これまでの準備をまとめたものをその時点でもっとも熟した状態で出すことができた。これに対し、教官や先輩方や同級生は自分では決して気づくことができなかった視点でアドバイスをくださった。そのおかげで私の研究はまた一歩前進することができた。私の発表が終了した際には、皆への感謝の気持ちで胸がいっぱいになり、互いに研究を発表し合い議論し合う機会の重要さと貴重さを思い知った。

　先輩方や同級生が発表の際は、私は質問や意見を述べる役割である。これはゼミ生に自分の研究を手助けしてもらった分、恩返しをする機会なのである。しかし、私は何もお返しができなかった。ゼミ生の発表に対し、発表者と違った視点からその研究を見ることができず、発表者が述べていることがすべて最適だとしか考えることができなかったのである。

　私は自分の理解力・思考力・知識が乏しかったために、他の発表を客観視することができなかったことが原因だと考えた。そしてその力をつけるためには、自分の興味のあること以外も何にでも興味を持ち、知識を得ることに対して貪欲になることが必要だと学ぶことができた。私にはラッキーなことに、来年再びゼミ合宿に参加する機会がある。来年こそは皆に恩返しができるように、上記の力の向上に努めたいと今回のゼミ合宿における卒業研究発表に参加して私は思った。

◆国際流通学科5年　沢井美咲

　今回の卒業研究報告会では、何よりも自分の卒業研究に対する考えの浅さ、熱心さが足りないことを痛感した。レジュメの準備が不足していたり、用語の定義が自分でわかっていないままであったからだ。卒業論文を書き、発表するには自分の研究内容を深くまで考えて把握し、他人に分かりやすく説明するための努力を行う必要がある。この点について改めて強く感じ、反省した。

　今回の報告会ではいつものゼミの時間とは違い、他のゼミ生の論文の全体の構成を見比べて意見を交換することができた。まだまだ私の研究は他のゼミ生よりも進行度合いが遅い。しかし今回もらったアドバイスや、交

換し合った意見を照らし合わせて枠組みをしっかり固めて論文を書きすすめていきたい。

　必要な情報を集めて、深く考えて組み立て、結論を導きだすというプロセスは、一人で進めていくものだが、自分の研究を客観的な視点で見るのは難しいことである。また、自分で自分の考えに疑問を持つこともまた難しい。そういった際に仲間同士で質問し合い、議論することは重要であり、それによってお互いによりよいものを作り上げることができると思う。

　残された時間はまだまだあるように思えてあっという間に過ぎていってしまうだろう。自分でスケジュールをしっかり管理し、これから計画的に意欲を持って研究を進めていきたい。

◆国際流通学科５年　水林香澄

　ゼミ合宿で一番心配していたことが研究発表でした。調べ足りない上にテーマも仮説も変えていたので、教官や先輩方からどんな指摘をされるのか不安でした。しかし発表後には他の仮説やアイディア、もっと深く知らなければいけないことなどたくさんのアドバイスをいただくことができ、前のテーマよりも先が見えてきた気がしました。おかげで今回のテーマのおもしろさも増し、このテーマでやっていこうという気持ちも強くなりました。まだ自分なりの仮説を立てている段階ではありますが、これからやるべきことが見えたので、材料集めを本格的にスタートできそうです。

　しかし今回の研究発表では後悔したことも多かったです。他の方の特別研究（卒業研究）に対して全く質問ができず、あまり自分の意見を言えなかったからです。今更ながら、なんでもいいからもう少し何か発言すればよかった、考えればよかったと後悔しています。そんな私に対し、思考が鍛えられている南さんと灰谷さんの的確な質問や意見を聞いて、私はただ納得したり感心したりすることしかできませんでした。しかし今考えると、自分一人では気が付けないことを、「確かにここは不自然だなあ…」「ああ、こういう考えもあったのか！」と気付かせてもらうことこそ、今の私に必要なトレーニングなのだと感じます。

　今回の研究発表を通して、私は宮重ゼミの特徴である「ゼミ生が集まって話し合いをする」ことが本当に大事なのだと改めて実感しました。例え自分が多く発言できない立場であっても、まずは他の人の意見をしっかり

聞くことが自分を成長させる第一歩なのです。これからの話し合いの場では、もちろん質問や自分の意見を持ち積極的に発言することが目標ですが、他の人の意見を聞きながら焦らずに地道に身につけていこうと思います。

3．独立行政法人理化学研究所和光本所への企業訪問から学んだこと

　宮重ゼミにおける企業訪問の目的は、次の2点である。第1に、宮重ゼミでは経営学に関する卒業研究や特別研究に取り組む学生が多いため、企業訪問を通じて企業内部の状況を肌で感じることによって、文献や講義からは得ることのできない「暗黙知」を修得することである。第2に、学生は将来、企業などの組織へと就職することになるため、研究という観点からのみではなく、働く場所という観点からも企業を理解することである。特に先輩社会人の背中を見て、「働く」ということを考えてもらうことを大きな目的としている。

　本年度は、ゼミ合宿2日目の2011年8月9日（火）13時30分〜17時30分までの4時間にわたって、理化学研究所和光本所を企業訪問させて頂いた。企業訪問の内容は、以下のとおりである。

◆理化学研究所和光本所訪問の内容
13:30〜14:00　①常設展示施設（理化学研究所の研究成果）の見学
14:00〜15:30　②理化学研究所の説明・働く意義の講演（人事部人材開発課　石崎寿征様）
　　　　　　　　理化学研究所の概要
　　　　　　　　他の研究所との違い
　　　　　　　　理化学研究所での仕事内容（研究系・技術系・事務系）
　　　　　　　　理化学研究所で働きたかった理由
　　　　　　　　どのような仕事をしてきたのか
　　　　　　　　民間企業との違い
　　　　　　　　社会人として
15:30〜17:30　③質疑応答・フリーディスカッション（人事部人材開発課　石崎寿征様）

　理化学研究所和光本所への企業訪問から学生の学んだことは以下のとお

りである。

◆国際ビジネス学専攻２年　灰谷美寿紀

　事前学習から理研は「自由な発想」を理念に掲げる通り、「自由」だと感じた。研究体制の特徴や人材の流動性に表れている。

　実際に理研でお話をうかがうと、石崎さんをはじめ理研で働く人は好奇心旺盛な方が多いとの印象を受けた。石崎さんは自身を、「どんなこともおもしろいと感じる」「何事もポジティブに受け止められる」と語った。また、新しいことを知りたいので理系出身で財務や法務を学ぶ人が増えていること、金曜酒場やセミナーで分野を超えた交流が盛んなこと、神戸研究所の廊下の構造のお話からそう思った。自然科学の研究にはこうしたら成果がでるというマニュアルはないので、与えられることよりも自分で追求することを好む人が集まるのだろう。そのために、理研は自由なのだろうと思う。

　石崎さんの「人間は常に成長するべきであり、そのためのチャンスは誰もが持っている。そのチャンスをいかし、自分を磨くか磨かないかで違いが出てくる」というお話が印象に残った。資質だけでなくやはり努力が大切なのだと思った。私はポジティブとは正反対の性格だという自覚があるので、まずは物事をポジティブにとらえられるように意識することから始めたいと思う。

◆国際ビジネス学専攻２年　南佳苗

　自分の目標、社会に対する貢献、人生の夢、この３つを一つの軸に乗せて生きていけるとしたら、きっとそれはとても幸せなことだと思う。自分の理想が必ずしも叶うとは限らない。しかし、それに近い場所でバックアップしたり、人生を悲観せずに、いかなるときも喜びを見つけて働いたりすることが、人生を豊かに過ごすコツだと思う。妥協が幸せというわけではなく、楽しみや喜びを見つけられるようになる余裕を持てることこそが幸せなのだと思う。

　石崎さんは「もともと研究者を目指していたが、研究者になる夢は叶わなかった。しかし、研究者を支えるために働くことに喜びを見つけている」とおっしゃった。夢がかなわないと言って人生を悲観し、後悔をすることはいくらでもできる。しかし、過去をどうするかよりも、これからを

どう変えていくかを考えたほうがはるかに活力にあふれている。石崎さんの人生が全てだとは思わないが、やはり人間として喜びにあふれた人生を歩みたいと思う。私は過去を振り返ったり、人からの批判に落ち込んだりしやすい性質なので、自分の下した決断を信じて、喜びを持って生きるようになりたいと思う。石崎さんのお話しを聞いている時、仕事について語っておられる石崎さんの顔が非常に晴れやかだった。自分のしていることに誇りを持っており、本当に仕事が好きなのだということが伝わってきた。私は来年度から働くが、自分の理想像に自分を近づけられるように邁進し、逆境に負けない精神を培っていきたい。石崎さんの「どんなときも諦めない」という言葉を胸に刻み、未来を信じていきたいと思う。

　企業訪問で出会う方たちには特徴がある。自分という人間を理解しており、やりたいことが明確で、自分の私利私欲ではなく全体に奉仕する喜びを見つけており、夢に向かって諦めずに努力し続けているということである。しかし、私が最も素晴らしいと思う特徴は、人に活力を与えているということである。彼らはおそらく、周りからの評価や批判を気にしたりはせず、自分の行く道を進んでいる。しかし、人に左右されて生きているわけではないのに人が集まっているというのは、それこそ人徳のなせる業だと思う。真の意味で人にやさしくすることは、本当に難しい。誠実であり続けることも、簡単なことではない。これが、石崎さんのおっしゃった、広い意味での「リーダーシップ」だろうか。人に左右されない強さと、人に対する優しさを兼ね備えた人になりたいと強く感じる。そのためにも多くの人に会い、自分を磨いていきたいと思う。

　人生は全て成長の場であるということを学んだ。人生を豊かに過ごし、周りの人たちに活力を与えていけるような人になるように、諦めずに努力したいと感じた。

◆国際ビジネス学専攻１年　長谷亮輔

　今回私たちは理化学研究所の石崎寿征氏にお話を伺った。事前に理化学研究所についての調査報告書を作成し、報告会を通じて理研の概要について学習する時間が設けられた。

　石崎さんのお話を伺って、「理研は自由と平等を重視している」と感じた。その要因は、以下の３点である。①他の研究所は研究領域が限定されている一方で、理研は国内外の公募により「今必要とされている研究」を

行うスタイルだから、②技術職・研究職・事務職の対等な関係を重視しているから、③金曜酒場やカフェテリアなど、職種を超えて議論が交わされているから。また、理研には外国人研究者も多く働いている。そのような外国人研究者の受け入れ態勢を整え、働きやすい環境も提供している。

理研のチームリーダーや研究員は公募によって集められ、能力も非常に高い。しかし、理研が次々と革新的な研究成果を生み出してきた背景には、やはり自由と平等があるからではないかと考える。

また、石崎さん自身のお話や、働くということについても伺った。そのお話のなかで、「失敗から学ぶ」ことの必要性を改めて感じた。これまで自分は失敗することに大きな抵抗を感じていた。それ故に周りの反応を伺い、自分自身から個性を消していたように感じた。もちろん成功するに越したことはない。しかし、失敗する、指摘を受ける、学習する、というプロセスによって、自分自身を成長させることも大事なことであると感じた。

今後、おそらく就職活動をすることになる。そのために、自分の本質、相手の本質を理解する力を身に着ける必要がある。今回の企業訪問では、「企業について」ではなく、「自分について」を考える良いきっかけになった。

◆国際ビジネス学専攻１年　八田宗太

今回の理化学研究所訪問では、印象に残っていることが１つ、今後の生活で意識していきたいと思ったことが２つあります。印象に残っていることは、エレベーターの中で聞いた女性社員の方々のお話です。このことから考えたのは、どんな組織でも必ずどこかで不満は生まれるということです。それは、常に革新的な成果を出し続ける組織も例外ではないということです。当たり前のことかもしれませんが、私にはそれが新鮮に感じました。生の声を聞くことができたのはよい経験でした。

今後意識していきたいことの１つ目は、まず何でもやってみるという意識を持つことです。これは、理研で求められている３Ｃのうちの一つである「challenger」に当てはまります。そうすることで、石崎さんのように様々な仕事を楽しいと思うことができるのではないかと感じました。２つ目は、一文を短くして説明するということです。今回の感想も、なるべく一文を短くするよう意識してみました。

最後になりましたが、今回お話を聞かせてくださった石崎さんに心よりお礼申し上げます。当初の予定よりも長い時間、私たちの質問に丁寧に答えていただき、とても充実した時間を過ごすことができました。本当にありがとうございました。

◆国際流通学科５年　宇佐美淳子
　今回訪問させていただいた理化学研究所は独立行政法人であるため、その目的は営利の追求ではなく、社会への貢献が最大である。理研は日本で唯一の自然科学の総合研究所であり、過去にノーベル賞受賞者も多く存在している。産業界と連携した研究も行っており、近年はライフサイエンスによる研究が増えている。このように理研は、社会においてとても重要な役割を担っているのである。そのため、それぞれの研究や予算の必要性は強く問われ、研究環境は厳しくなっているのが現実である。
　しかしながら驚いたのは、理研について「自由な楽園」という言葉が、今回の訪問でお話を伺った人材開発課の石崎さんから発せられたときである。そのとき私が驚いた理由は、その言葉に対して、好き勝手ができるリゾート地のようなイメージを抱いたためだと思う。しかしお話を伺ううちに、すぐにこの解釈の誤りに気付いた。研究者や技術者の方たちは研究成果として社会への貢献度はもちろん、論文や特許という形とともにオリジナリティも求められるという。そのため、柔軟な考えや知識を得るためにも、研究部門・技術部門・事務部門が対等な立場にたち、新しい研究領域の開発を協力したり、それぞれ部門を超えて議論する場を設けたりと、人々が枠におさまることなく広い視野を持つことができる環境がつくられていることがわかった。また、人材開発課の業務として、部下が上司を評価する機会や従業員の能力アップのための研修の提供などがあることもわかった。このようなことから、ここでの「自由な楽園」の正しい意味は、オリジナリティを追及したよりよい研究成果を出すという目的のためならば、形にとらわれることなく挑戦することができる環境であるということだと私は考えた。理研という組織は、社会貢献になる研究のためのよい環境づくりが充実していることがうかがえる。
　理研に対して始めは、公的機関であるため安心感に満ちているイメージを抱いていた。しかし組織の存在に対する安心感はあっても、理研は社会への貢献のため、つまり未来のために厳しい環境の下、挑戦をし続けてい

る機関であることが分かった。お話をしていただいた石崎さんの表情に誇りと自信を感じたのも、担っている大きな役割を理研は果たしている機関であるからだろうと私は思った。同時に、そのような組織で働く人の表情のよさが実際にどのようなものなのか知れたことも良い経験になった。このように普段知ることのできない組織の内部を学ぶことができたり、出会いからよい刺激を受けることができたといった貴重な経験をさせていただけたことと協力してくださった方に、本当にありがたく思っている。

◆国際流通学科5年　沢井美咲

　理化学研究所を訪問し、まず展示フロアを見学させていただいた。そこでは医療分野や食品など、より身近なところから宇宙研究まで産業の幅広い部分で活用される研究開発の成果の一部を垣間見ることができた。実のところ、わたしはこれまで理研についてはほとんど知らなかったが、店頭に並んでいる食品に理研の研究の成果が活かされていることを知って驚くと同時に親近感を感じた。

　そのあとセミナー室に移動し、理研の概要、仕事内容、また、石崎さん自身がなぜ理化学研究所で働こうと思われたか、社会人として求められることなど、貴重なお話をたくさんしていただいた。お話を伺って強く感じたのは、理研はやはり国の研究機関ということもあってか「社会のため」という役割を大きく担っているということだ。それはもちろん行われる研究の内容もそうだが、民間と違って非営利であることや、コンプライアンス体制、研究者を社会に輩出するしくみなどから伺えた。

　また、「金曜酒場」など所内のいたるところで活発に研究者同士の議論が交わされる環境や、分野別に研究室が独立していながら交流が盛んであるというお話から、理研はまさに「研究者の楽園」であり、こういった環境でイノベーションが生まれることにも納得できた。

　石崎さんのお話で最も印象的だったのは、石崎さん自身の仕事のやりがいについての、「自分が成果を出すことはないが、研究成果が出ること」という言葉である。石崎さんも以前は研究者を目指されていたそうだが、自分の働いているところで日々画期的な研究成果が生まれ続けているというのはとても誇らしいことである、ということが窺えた。また、自身の仕事についてお話されている時の表情はとても輝いていて、私も将来は自分の仕事を心から楽しみ、誇りを持てるようになりたいと思った。

◆国際流通学科５年　水林香澄

　まず、理化学研究所に着き建物を見たとき、大学のような印象を受けました。中に入ると想像していたよりも古い感じで、ますます大学の雰囲気が漂っていました。しかし廊下を歩きながら左右の研究室を見てみると、ドラマや映画で見る研究所のイメージとそっくりで、初めて生で見る研究所の設備に感動しました。初めに研究成果を展示してある部屋に案内していただき中を拝見したところ、正直、私にちゃんと理解できるようなものはなく、難しいものばかりでした。映像やパネルなどで分かりやすく展示してありましたが、やはり難しかったです。しかし、中には私たちの身近なものもありました。書いてある内容は理解し難かったですが、その研究の成果によってつくられたモノを見ると、理化学研究所を少し身近に感じることができました。

　研究成果を間近でみせていただいた後、お話を聞かせていただく部屋に入ったのですが、私は今回が初めての企業訪問だったのでどのような雰囲気でお話を聞くのか、どのような形でお話しされるのかなど分からないことばかりで緊張していました。最初は設立についてから始まり、各地の研究所の説明と歴史について、そして仕事内容の話を聞いているうちにいつの間にか石崎さんが笑顔でお話しされていることに気がつきました。初めは少し硬そうな雰囲気で始まったにも関わらず、その時には表情が柔らかく、楽しそうにお話しされているのを見て、本当に仕事が楽しいのだろうと思いました。

　特に、石崎さんのこれまでしてこられた仕事について語っていただいたときは、「これは非常に苦労しました」と言われながらも顔がほころんでおられ、まるでその苦労は楽しかった思い出であるかのようにお話しされていました。また、質問時間に南さんが人生に関する質問（仕事とは？や自立とは？など）をされた時に「仕事は楽しむもの」「ワークライフバランスが大事」と、聞きたかったお答が聞けました。そしてなんといっても印象的なのは、「私はまだ未完成です」という言葉が聞けたことです。前にゼミで聞いた宮重教官のお話を思い出し、これがみなさんも言われる「名言」だ、と生でこの言葉を聴けたことに感動しました。

　石崎さんがポジティブ思考な方であったためか、それとも石崎さんの過去のお話が私に大きな影響を与えたためか、むしろそれらを含め多くの他の要因によるのか、私は今回の企業訪問で、少し自信を持てるようになっ

た気がします。しかし、私はまだまだこれから成長しなければなりません。石崎さんが強く言われていた、「要は、やるかやらないかが重要なのだ」という言葉を頭に置きながら、これからの人生の選択をしていこうと思います。

　文末となりますが、今回の企業訪問にあたり格別のお取り計らいを頂きました独立行政法人理化学研究所人事部人材開発課の石崎寿征様に厚く御礼申し上げます。

理化学研究所訪問の様子

第9章　2012年度ゼミ合宿

1．2012年度ゼミ合宿の概要

　2012年度ゼミ合宿は8月8日（水）から9日（木）までの1泊2日で、本科5年生のゼミ生7名、専攻科1年生のゼミ生2名、専攻科2年生のゼミ生2名、本科4年生のゼミ生1名の合計12名の参加のもとに実施した。
　夏休み期間中ということもあり、1日目は避暑地である妙高高原へと移動して、その妙高高原において、特別研究報告会・卒業研究報告会・企業調査報告会を実施した。2日目は朝に東京へと移動し、全日本空輸（ANA）本社を企業訪問させて頂いた。

◆2012年度ゼミ合宿の日程表
○8月8日（水）
富山——JR北陸本線——直江津／直江津——JR信越本線——妙高高原
8:56　　特急はくたか5号　　10:05／10:13　　普通　　　　11:01

卒業研究報告会・特別研究報告会（11:35 ～ 18:50）

企業調査報告会（22:10 ～ 23:20）

ゼミ合宿での夕食会の様子

○8月9日（木）

妙高高原──JR信越本線──長野／長野──JR長野新幹線──東京
9:12　　　　　普通　　　　9:53／10:08　あさま518号　　　11:31

　13:30～16:30　全日本空輸（ANA）本社　訪問

新橋駅解散

2．卒業研究報告会・特別研究報告会から学んだこと

　宮重ゼミにおける卒業研究・特別研究の目的は、卒業研究・特別研究を通じて論理的思考力を身に付けることにある（本科4年後期〜5年にかけて行う研究を卒業研究と言い、専攻科1〜2年にかけて行う研究を特別研究と言う）。換言すれば、卒業研究・特別研究を通じて、自分自身で考える能力を身に付けることを目的としている。

　そのため、ゼミ合宿における卒業研究報告会・特別研究報告会の目的は、論理の明快な卒業研究論文・特別研究論文を作成するために、提出期限までの時間に余裕のあるこの時期に、卒業研究・特別研究の論理の明快でない箇所を見直すことにある。そのため、この報告会では報告学生は自分の卒業研究・特別研究を論理的に説明し、報告を受ける学生は論理の明快でない箇所や不完全な箇所を指摘することが求められる。これらの作業を通して、各学生の卒業研究・特別研究の論理が明快となるように見直していくとともに、論理的思考力を磨いていくことになる。

　本年度は、ゼミ合宿1日目の2012年8月8日（水）11時35分〜23時20分まで卒業研究報告会・特別研究報告会・企業調査報告会を実施した。卒業研究報告会・特別研究報告会の内容は、以下のとおりである

◆卒業研究報告会・特別研究報告会の報告内容

報告時間	報告者氏名	報告タイトル
11:35〜12:20	笠井美貴子	中国進出企業における中国文化との適合性に関する研究──日本企業と米国企業の比較──
12:55〜13:40	田町悠美子	従業員満足の向上による顧客満足の向上──サービス業に焦点を当てて──
13:40〜14:15	岩城薫	中小企業における海外輸出の成功要因

14:15 〜 14:50	栗原美緒	アジア系企業とアメリカ系企業における航空サービスの比較
15:00 〜 15:40	橋本佳奈	ローコストキャリアと大手航空会社におけるビジネスモデルの差異
15:40 〜 16:20	田中達也	多国籍企業において日本人従業員の能力が評価されないのはなぜか
16:20 〜 16:55	太田恵利香	CSRと企業の持続的発展の関係
17:05 〜 17:35	水林香澄	変革型リーダーシップがM&Aを成功に導く
17:35 〜 18:00	宇佐美淳子	離職率が低下する企業における組織づくり
18:00 〜 18:25	八田宗太	地域ブランド化の失敗の要因についての一考察—夕張メロンと加積りんごを事例に—
18:25 〜 18:50	長谷亮輔	企業の多角化戦略における情報的資源の蓄積と利用に関する研究
22:10 〜 23:20	全学生	全日本空輸(ANA)の企業調査報告会

　この卒業研究報告会・特別研究報告会に参加した学生の感想は以下のとおりである。

◆国際ビジネス学専攻2年　長谷亮輔

　研究報告会では一人約1時間で研究報告・質疑応答を行う。今回の合宿は前年と比較し大人数であったから、時間の制約は昨年よりも大きなものであったと感じた。そのような報告会を通じて、論文の指摘を受けるときは、周囲の人間から「論文のテーマ・内容」と「人となり」の2点に興味や関心を持ってもらうことで、参考になる指摘や新しい発想が生まれやすくなるのではないかと考えた。どちらか片方だけに興味・関心があればとりあえず指摘もできるし、感想を述べることもできるだろう。しかし、両方に興味をもつことで、事実をより細かく分析し、そして疑問に思ったことを遠慮なく質問できると考えられる。

　今回の報告会では、全員が積極的に質問をしていたことから、お互いの論文のテーマ・内容に少なからず興味があったと考えられる(各人が質問者に対して興味を持たせるような配慮もしてあったと感じた)。また、食事の際に自己紹介の時間を設けるなど、人となりに注目することもできた。その結果、研究報告会が終わった後の移動や食事の合間に、意見交換

や質問などをしたり、されたりする機会が多くあったように感じる。

　振り返ってみると、昨年よりも時間的に制約されていたなかで、より多くの意見を得るための工夫がされたと考えられる。もしかすると、自由な発想や工夫はある程度制約されている方が生まれやすいのかもしれない。そうであるならば、自分の発想の幅を広げるために、自分自身にも制約を課していこうかなと考える。

◆国際ビジネス学専攻２年　八田宗太

　私は今回の研究報告会で、「他人の報告内容を図式化しながら聞く」ことを心掛けました。図式化を行うことで、より集中して報告を聞くことができるだけでなく、報告されている研究の論理構成についても考えることができるようになりました。まだ取り組み始めたばかりで、今回の報告会では代案を提案することはできませんでしたが、それでも去年の報告会よりも少し成長したと感じることができました。

　私の研究については、指摘されるであろう箇所がたくさんあることを実感しました。指摘点が多いことは、学位試験に通りにくくなる可能性もあります。それを実感できたことは良かったと思うと同時に、気持ちを引き締めなければいけないと思いました。特に「失敗要因を明らかにするとあるのに、これでは成功要因について研究していることにならないか」、「クレーム処理の有無だけで、消費者認識の把握を行っていると言えるのか」、「ブランド化の取組みには具体的にどのようなものがあるのか」はすぐに取組みたいと思います。今後はその不足箇所の資料を集め、特別研究を完成させていきたいと思います。

◆国際ビジネス学専攻１年　宇佐美淳子

　ゼミ合宿とは人と関わる中で「自分」と深く向き合う機会だと私は思っている。そのため私にとって２度目となるゼミ合宿は、１年間の自分の成長を自分で感じるための機会だった。

　研究報告会においては、私は専攻科１年生として、ゼミ生の論文構成のずれを指摘する役割を担っていた。自分の論文にも指摘をしてもらう代わりに恩返しをする機会でもある。昨年はゼミ生の論文構成に発表者と違う視点から意見することができなかった。そのため今年はゼミ生に昨年の分まで貢献するために、積極的に意見を出すように心掛けた。

しかしその過程で、論文に対する自分の考え方の根本的な誤りに気付いた。私は論文に真実を求めすぎていたのである。社会科学上の論文とは、事実に対するある視点からの一考察にすぎないのである。その視点は真実とは限らない。そもそも事実が真実かもわからないのである。つまり、論文では正解を追い求めるのではなく、事実を分析し、ある視点の切り口から整合的に考察し論述するのである。そのため論文を作成する上で大切なのは、真実に近いかということよりも、整合的に論じることができるかという点である。そして、整合的な論文にするためには、①一言・一言にその言葉を選んだ根拠を持つこと、②一つのぶれない視点からの切り口で論じることが大切だと今回の報告会を通して学んだ。

　私はこのような認識が甘かったために、論文構成のずれを指摘するどころか、私自身がずれた質問・指摘をしてしまったと思う。私の論理的思考力はこの1年で実際それほど成長できていなかったのである。再びゼミ生にしっかり貢献ができなかったことがとても悔しかった。

　来年のゼミ合宿は最後の参加となる。昨年・今年とは違い、的確な指摘ができるようになるため、思考を鍛えることに貪欲になりたいと思う。的確な指摘とは論理構成のずれを指摘することである。そのためには、自力で論理構成を組み立てることができる力が必要である。その力を習得するには、どんな事実に対してもその因果関係に疑問を持ち、それを解明しようと挑戦する姿勢が大切ではないかと思う。「訓練をすれば誰でも論理的思考を身につけることができる」という宮重教官の言葉は真実だと思うので、訓練に励み続けたい。そして来年こそはゼミ生に恩返しをし、ゼミ合宿における自分の中での有終の美を飾りたいと思う。

◆国際ビジネス学専攻1年　水林香澄

　今回の研究報告会は私にとって、自分の成長を感じる場であった。昨年初めて参加したゼミ合宿では、研究報告会の際に全く発言ができなかったことを覚えている。先輩が私達に多くのアドバイスをくれたことが印象的で、「私もいつか先輩のようになりたい」という思いを募らせていた。そして、今年は昨年に続く2回目のゼミ合宿ということで、変わった自分に気付きたい、気付いてもらいたいという思いで参加した。

　卒業研究報告会の際、私は考えていた。どうすれば、役に立てる発言ができるのか。しかし、発表を聞きながら質問を考えると同時に、どうアド

バイスすれば良いか考えることは容易ではなかった。ましてや私のレベルではかなり高度なことであり、発言することさえも危うい私は、改めて昨年度の南先輩のすごさを実感した。しかし、ゼミ合宿ほど貴重な機会はない。7時間にも渡って自分の頭を働かせることなど、日常では行わないし、行えない。私は「考えることを止めない」を目標に、全ての人の発表を聞いた。

　全ての発表を通して、私は考え続けていた。おかげで質問や意見が浮かび、活発に発言をすることができたが、やはり足りない部分が多かった。昨年よりも質問や意見が浮かんだことは確かだが、後輩にとって良いアドバイスができたかどうかは私には分からない。どのくらい発言したかではなく、どんな発言をしたのかが重要だと気付いたからである。発言が増えたのは考える力が成長したのではなく、発言することに抵抗がなくなったからかもしれない。もしくは、専攻科1年生という立場にあるから少し多く意見を言えただけかもしれない。

　今回の卒業研究報告会を終えて、ただ発言することに意味があるのではなく、何を発言するかが重要だと感じた。今までは何かを言うことが第一歩で、発言の回数を基準に成長としてきたが、これからは中身を重視していきたい。量より質、この考え方が生まれたことが、私が今回得ることができた成長かもしれない。

◆国際流通学科5年　岩城薫

　今回のゼミ合宿参加に当たって、不安しかなかった。不安というのは、自分の卒研内容の薄さや進捗状況などを踏まえて感じていたことである。しかし、同学年のゼミ生を始め、経験のある先輩から指摘・質問を頂ける貴重な機会でもあったので、有意義なものにしたいとも思っていた。

　実際に報告会では、文章中の単語の重複・曖昧さ・定義に関する指摘と論文構成についてのアドバイスを主に頂いた。論文初心者の私ひとりでは、客観的に自分の論文構成を評価することは難しく、またどこをどのように改善すべきかもわからなかったので、特に論文構成に関するご意見は大変ありがたかった。加えて、専攻科1年生の宇佐美さんと水林さんの質問やアドバイスの視点は聞いていてとても面白く、「こういう見方があるのか」と参考になった。

　結果的に、この合宿に参加するために卒研と向き合い、進められたこと

はいいきっかけだったと思っている。そして合宿での報告会では、物事を様々な角度や切り口から見る術も少なからず学んだので、今後の卒研に活かしていきたい。

◆国際流通学科5年　笠井美貴子

　今回初めてゼミ合宿に参加した。参加する前はどんな感じなのかあまり想像ができず少し不安だった。しかし、参加した後はとても良い経験になったと思った。

　昼前に妙高高原にあるペンションに着きすぐに卒業研究についての議論が始まった。私は1番初めに発表をした。参加する前にA4用紙1枚のレジュメを作っていったが、正直、準備不足で質問や意見などでないだろうなと思っていた。しかし、他の5年生、専攻科生から鋭い質問や、自分が全く気付かなかったところへの指摘、また違う視点からの意見や仮説などをいろいろ議論した。参加する前は自分の選んだ研究テーマではあるがぼんやりしているところが多かったが、なんとなく先が見えたのではないかなと思う。いろいろな意見や仮説をもらったが、その中から自分でよく考え研究を進めていきたい。

　私の発表が終わった後、他の人の発表が続いた。結局午後7時くらいに終わった。時間がたつにつれて自分の集中力がなくなってしまった。しかし、専攻科1年生の宇佐美さんと水林さんの発表を聞くとやはりレベルがちがうなと感じた。論理構成がしっかりしているだけでなく今後の見通しもしっかりしていた。私もすこしでも専攻科1年生に近づけるように頑張ろうと思った。

　発表の後はみんなで温泉へ行ったり、お菓子を食べたりしながら話たりした。私生活のことや将来のことなどを話し、交流を深めた。あまり交流のなかった上級生の方たちと仲良くなれたのでとても良い経験になった。

◆国際流通学科5年　太田恵利香

　このゼミ合宿において、最も心配していたことが卒業研究報告会です。普段のゼミの時間でのレジュメを持ち寄って発表し合うこととは違い、今回は専攻科生の方々からもご指摘がある、また、専攻科生の方々に質問をしなければならないということで、とても緊張していました。そして、卒業研究もまだ進んでいないため、レジュメも不十分で不安だらけでした。

私は質問することや意見を言うことが苦手であり、どの人の発表にも突っ込んだ質問をすることができず、自分の思考力の無さを再確認しました。

　一方で良かった点もありました。自分では良い質問をすることは出来ませんでしたが、同じ5年生や専攻科生の方々からたくさんのご指摘を頂いたことで、自分の卒業研究における問題や不足している点が明らかになりました。自分では気付かないところも、誰かに客観的に見てもらうことで気付けることもあり、これから何をすれば良いのかが明確になったように思います。

　普段はあまり重要視していなかったゼミでの発表ですが、お互いに意見を交換し合うことの重要さが分かりました。これから時間の少ない中で卒業研究を進めるにあたり、もっと意見を交換し合い、ゼミでの時間を有効活用していきたいです。そして、意見を交換し合うことによって不足している思考力を身につけて、卒業研究を進めていきたいと思います。

◆国際流通学科5年　栗原美緒

　今回の卒業研究報告会に参加して最初に感じたことは、私には論理構成を整理する能力がまだまだ足りないということだった。発表者に対して質問する時も自分が発表する時もそれを痛感した。専攻科1年生の宇佐美さんと水林さんの特別研究は緻密に論理構成されており、質問内容が全く思いつかないほどであった。論理構成が整理できないため、内容に踏み込んだ質問をすることができず、先輩方を尊敬すると共に、私はもっと真剣に卒業研究に取り組まなければならないと感じた。

　今回の報告会での指摘や質問は今後、論理構成を組み立てていく上で大きな力となる。また、多くの人の発表を聞くことは良い刺激になった。報告会の時間以外でも個人的に先輩に質問したり、卒業研究についてお話をさせていただいたりした。今回のように指摘やアドバイスを受けられる機会はなかなかないので本当に有意義な時間となった。

◆国際流通学科5年　田中達也

　ゼミ合宿では、半日かけてゼミ生の卒業研究・特別研究についてディスカッションを行った。全員がそれぞれの研究発表に対し、1つ以上の質問をすることが義務づけられていた。専攻科生の研究を聞くのは今回のゼミ合宿が初めてであり、その場で質問ができるか自信がなかった。しかし、

自分の読解力や問題を発見する力を試す、伸ばすにはとてもいい機会であると思い、同時に楽しみでもあった。今回のディスカッションで自分が研究で見落としていた部分や定義付けが必要な部分が分かり、章構成や調査する順番などをはっきりさせることができたと思う。研究の全体像が見えてくると調査すべき事柄も明らかになり、研究のおもしろさがわかってきた。それは自分の研究だけでなく、他のゼミ生の研究も同様である。

　また専攻科生と交流を持てたことも自分にとって大きな経験であった。専攻科1年生の宇佐美さんと水林さんの研究における調査方法、研究に対する姿勢、そして特に問題点を発見する能力に刺激を受けた。専攻科1年生のお二人の指摘・質問は研究の弱点（研究を進める上で明確にしなければならない事項や不整合な点など）を的確に突いており、その説明も論理的で無駄がない分非常に分かりやすく、とても感心させられた。企業訪問では考え方だけでなく言葉の使い方などのコミュニケーション面で勉強になることも多かった。

　今回のゼミ合宿で卒研の内容や調査方法、今後の課題などを整理することができたので、今後研究を計画的に進めていきたい。参加したゼミ生、専攻科の先輩方、教官に感謝します。

◆国際流通学科5年　田町悠美子

　今回の卒研報告会では多くの人が参加したこともあり、たくさんの方からアドバイスを受けることができた。専攻科1年生の宇佐美さんの研究は、私の研究と同じテーマなので調査方法や仮説などが参考になった。

　専攻科1年生の宇佐美さんと水林さんの質問や指摘は深く考えられたものだと感じた。自分の意見を入れつつ論理構成についての改善点も提案してくれるのですごいと思ったし、見習いたいと思った。私にはもっと「考える」ということが必要なのだと思った。また、専攻科1年生は自分の研究に対して質問や指摘が出たら的確に答えていたので、自分の中で考えがまとまっているのだろうと思う。私は指摘をうけて自分の研究についてしっかりと把握できていないことを実感した。質問されても答えることができないことが多かった。言葉、文章を正確に書いていないというところも多く、ちょっとした言葉の違いで、捉え方が変わり意味が違ってくるので、相手に伝わるように正確に書くように注意していきたい。

　多くの研究報告を聞くことで他の研究の指摘も自分の研究に当てはまる

点もあり、それを自分の研究にしっかりつなげていきたいと思った。ゼミ合宿に参加して、人から意見をもらうことは大切なことだと思ったし、真剣に考えてくれるので毎週のゼミの時間を大事にすべきだと思った。

◆国際流通学科５年　橋本佳奈

　今回のゼミ合宿での研究発表会では、自分の卒業研究について、また自分について深く考える機会となった。そして、自分にはまだまだ論理的な考えが足りず、深く洞察できていないということを実感させられた。

　発表するときには、自分では理解していたつもりでもうまく説明できず、質問する側になったときは深い内容については質問できないなど、たくさん反省する部分があった。これからは、自分の能力を伸ばすためにも、与えられた情報をそのまま鵜呑みにするのではなく、自分なりの視点から物事を考える必要があると感じた。

　また、教官や先輩方、同級生から自分だけでは考えられなかったいろいろな視点の指摘やアドバイスを得ることができ、たくさんの方と議論し合い、意見を聞くことが大切であるということを改めて実感した。今後、卒業研究を進めるにあたっては、この発表会で得たものを参考にし、卒業研究がより良いものになるよう努力していきたい。また、時間が限られているので、計画性を持ってコツコツと取り組もうと思う。

◆国際流通学科４年　門田清香

　今回４年生としてゼミ合宿の卒研報告会に参加させていただきました。卒研のことなどまったくわからない状態で参加させていただいたのですが、自分が今後卒研を始めていく中で役に立ちそうなお話がたくさん聞けました。

　特に専攻科１年生の宇佐美さんと水林さんが作っていた特研（特別研究）のレジュメは、文章がわかりやすく、初心者の私にも理解できる内容でした。順序がしっかりと立てられており、納得しながら読み進めていくことができました。つらつらと長い文章を書いていくだけではわかりにくくなってしまうことも、図などを使って解説しており初めて読む人にも優しいレジュメでした。５年生の卒研（卒業研究）への質問も格が違い、質問自体がそのまま論文の構成へとつながるものもたくさんありました。

　また、この報告会に参加したことで今まで知らなかったビジネス用語を

知ることができました。ES（従業員満足）やCS（顧客満足）、ステークホルダーなど普段なじみのない言葉もたくさん聞いたため、自然に頭が理解していきました。また、その後ANAを訪問した際も、それらの言葉がたくさん使われており、ANAの方の話がすんなりと聞けたと同時に、先輩方が研究されている内容はしっかり企業経営に関係しているんだと実感しました。

　全体を通して、先輩方のレベルが高く、自分が参加していることに恥ずかしさを感じてしまいましたが、自分も将来こうなれるように頑張ろうと思えました。先輩方がみなさん優しくしてくださったので楽しい合宿になりました。この報告会はほかの4年生はまだしていない経験で、先取りをしたような感覚です。本当に参加してよかったです。ありがとうございました。

3．全日本空輸（ANA）東京本社への企業訪問から学んだこと

　宮重ゼミにおける企業訪問の目的は、次の2点である。第1に、宮重ゼミでは経営学に関する卒業研究や特別研究に取り組む学生が多いため、企業訪問を通じて企業内部の状況を肌で感じることによって、文献や講義からは得ることのできない「暗黙知」を修得することである。第2に、学生は将来、企業などの組織へと就職することになるため、研究という観点からのみではなく、働く場所という観点からも企業を理解することである。特に先輩社会人の背中を見て、「働く」ということを考えてもらうことを大きな目的としている。

　本年度は、ゼミ合宿2日目の2012年8月9日（木）13時30分～16時30分までの3時間にわたって全日本空輸（ANA）本社を企業訪問させて頂いた。企業訪問の内容は、以下のとおりである。

◆全日本空輸（ANA）本社訪問の内容
第1部　13:30～15:30　　全日本空輸（ANA）への企業訪問
　①　ANAグループの企業概要（人事部副部長　前田明生様）
　②　ANAにおける女性の活躍推進とWLBの取り組みについて
　　　　　　　　　　　　　　（人事部いきいき推進室長　槙田あずみ様）

③　ANAのCSRについて（総務部CSR推進チーム リーダー 石島好子様）
　④　質疑応答
第2部　15:30～16:30　フォーラム21との意見交換会
田中善之様（みずほ銀行）、貫田統士様（三菱商事）、前田明生様（全日本空輸）、宮内健二様（文部科学省）、宮崎修一様（NTTビジネスアソシエ）

　全日本空輸（ANA）東京本社への企業訪問から学生の学んだことは以下のとおりである。

◆国際ビジネス学専攻2年　長谷亮輔
　今回のANA訪問で最も印象に残ったことは、「失敗しながら成長する」という言葉である。昨年の理化学研究所訪問でも、「失敗から学ぶ」という言葉が印象に残った。やはり社会人と失敗とは切っても切れない関係にあるのだと思う。
　今回のお話の中でも困難に直面したお話を多く伺った。例えば前田さんのお話の中で、「サービスを変えていくことで、顧客から悪い印象をもたれることも多くある」というようなお話があった。また、石島さんや槙田さんは新しい部署に配属されたときには、その部署の存在すら知らなかったそうだ。個人的なお話を聞いたわけではないが、新しいことへの挑戦はきっと多くの困難に直面したはずである。
　しかし同時に、その失敗を通じて成長しているお話も伺った。事実、ANAは国内線での顧客満足度でトップの地位を誇る企業である。また、前田さんや石島さん、槙田さんのお話には、自分の仕事に対する自信や誇りが込められていたように感じる。何より楽しそうに話しておられたのが印象的だった。常に新しいことに挑戦し、多くのことを学んでおられる方は、そういう人が多いのではないか。
　大体のことにゴールはある。しかし、ゴールまでたどり着く方法は一つではない。失敗して成長するということは、その考え方の幅を広げることだと思う。考え方の幅が広いと物事をより深く考えることができる。それは、より論理的に、説得的に物事を組み立てるためには欠かせないことであると思う。
　どういう方面にしろ、成長に終わりはないと思う。どこまで成長できる

かは、どれだけ挑戦し、失敗し、そこから学ぶかで決まる。積極的に挑戦、失敗、学習する勇気をもつような人間でありたいと考える。

◆国際ビジネス学専攻２年　八田宗太

　今回の企業訪問を終えて、私は「ロールモデルの有無が就職活動に、また、会社での仕事に与える影響」について興味を持ちました。

　このことに興味を持ったきっかけは、スライドに表示されたアンケート結果を見たときでした。お話していただいたスライドの中で、「活躍できる職場づくりに役立つことは？」という質問に対して、「ロールモデルが欲しい」という回答が多くあったことが分かりました。ロールモデルがあることで、どのように自分が活躍できるのか、具体的なイメージを持つことができ、それが個々人のモチベーションアップにつながっているのではないかと考えました。

　また、ロールモデルがあることは職場でのモチベーションアップだけでなく、就職活動にも影響を与えていると感じました。槙田さんに入社を決められた理由を伺ったところ、小さい頃からCAというロールモデルを見る機会があったこと、自分の好きなこと、したいことと、そのロールモデルが合致したことを理由に挙げておられました。これだけではサンプルが少ないですが、新たな研究テーマとして設定し、今後研究を行っても面白いなと思いました。

　今回の企業訪問では、これから会社で働くうえで必要なこと、能力を学ぶことができました。特に、「上司と職場コミュニケーションが減るとES（従業員満足）が低下する」や、「先読み力をつけるには？」という質問への回答に挙げておられた、「他業種を知ること」、「少数の意見に耳を傾けること」は、常に意識していきたいと思いました。最後になりましたが、お忙しい中、貴重なお話を聞かせていただきありがとうございました。

◆国際ビジネス学専攻１年　宇佐美淳子

　全日本空輸株式会社（以下、ANA）の印象を一言で示すと、「生命力が強い企業」である。グローバル化が進む世の中は常に変化し、特に世界を舞台に活動する航空輸送業はめまぐるしい変化の中に在る。ANAはその変化に飲み込まれることなく、創業以来60年間「挑戦」をし続けてきた。実際に現在のANAは、アジアを代表するエアライングループとなって、

世界の成長をANAに取り込んでいくことを目標にしているそうだ。このように会社の存在を確立させ、目標に向かって強い志を持って活動する様子を生命力が強いといえるのだと思う。

　そのような力強い企業を訪問して学んだことは、失敗を恐れてはいけないということである。ANAには変化に対応するために挑戦し続けるDNAが受け継がれている。しかし、やみくもな挑戦は単なる失敗を招くだけであり、それを避けるためには自身を客観視し、理解した上で対応策を考え、挑戦する必要がある。つまり、変化を見抜き、対応策を生み出す力が必要なのである。それは一筋縄ではいかない、とても難しいことである。その力を生むためには、様々な人と交流し、知見を深めるとともに、心に少しでも余裕を持つことで、自分の視野を広げることが必要だと思った。実際にANAはそのような活動のための制度や方針を定め、ワークライフバランスをとっていた。それらは従業員のモチベーション向上につながり、変化を見抜く力が磨かれるのである。

　しかしながら、いくら変化を見抜く力が備わっても、正しく見抜いているとは限らない。正誤は行動してみて初めてわかる。だから失敗を恐れずなんでも挑戦する精神が大切なのだと思った。挑戦するからこそ、人は自分の未熟な点に気づくことができ、成長の一歩を踏み出すことができる。そして失敗を通して学び、それでもなお挑戦し続けることでようやく、自分の変化や成長を実感できるようになるのだろう。それは少なからず自信を与え、人を、組織を、活力あるものへ導いてくれると信じ、挑戦する心を大切にしていきたいと思った。

◆**国際ビジネス学専攻１年　水林香澄**

　エレベーターを降りた瞬間に見えたのは、空港で見る風景であった。CAの制服を着た女性従業員が受付カウンターで優しい微笑みで話している。しばらくすると、今回私達の企業訪問のお世話をして下さる石島さんが来られた。石島さんの印象はというと、スラッとしたシルエットにキラキラな笑顔、まさにCAである。私は、早速「航空会社」を感じつつ、清潔感のある廊下を歩いてお話を聞かせていただく部屋へ移動した。

　前日に行った事前報告会では、4、5年生が独自の視点から企業調査を報告してくれたため、今回は多少知識を持った上で企業の説明を聞くことができた。前田さんによる企業概要や事業内容、経営理念のお話を始め、

槙田さんと石島さんによる従業員に焦点を当てたお話を聞かせていただいているうちに、だんだんと熱いものを感じてきた。特に、槙田さんのお話にあった「自立的成長」という言葉が心に強く残っている。お客様を幸せにするためには、まず従業員一人一人が幸せになることが大事であり、それには従業員のワーク・ライフ・バランスが鍵になる。従業員一人一人が24時間を大事にし、会社以外での充実度を高めることが従業員の満足を高めることにつながり、企業にとっての改革にもつながる。また、一風変わった表彰式や、回答率がとても高い従業員アンケートなど、従業員を思っている企業だからこその取り組みが見られた。

　実際に企業を訪れ、働いておられる方々のお話を聞けたことで、全日本空輸のHPにあった「ANAは人を大事にする」という言葉の意味がやっと分かった気がする。多くのサービス業、サービス企業がある中で、全日本空輸はお客様に対して心からのサービスを行なっている。それは従業員一人一人の満足度から生まれるものであり、その満足度は企業が一人一人を見て、大事にすることで高まっていく。今回の企業訪問で真のサービスが生まれる理由を知ることができた。

◆**国際流通学科5年　岩城薫**

　ANA訪問では、「CSRについて」と「女性の活躍推進とワークライフバランスへの取り組みについて」の二つのお話を伺った。私はとりわけ後者のお話に興味を持った。客室乗務員を始めとして、女性が活躍しているANAでどのような取り組みが成されているのか関心があったからだ。

　ところで、ANA全体で見た女性社員の割合は50.3％だが、一部上場の企業の平均は20％ほどだというのだから驚いた。その分他の企業より女性社員にとって働きやすい環境を提供する必要性が出てくるが、ANAの女性社員の活躍の陰には「いきいき推進室」の活動があった。アンケート調査などで社員の生の声を聴きだし、実行、改善していく。実際にこの「いきいき推進室」が機能しているということも、資料や質疑応答の時間で明らかになり、確かに前日の企業調査報告会で言われていた「生きる企業」というのを実感した。

　最終的な印象として、外部的な戦略だけでなく、内側からより良くしていこうという意思がくみ取られた。むしろ、仕事は勿論CSRなどの本来の仕事以外の社会貢献を行うためには、社内環境から良くして働くモチ

ベーションを上げることも重要なのだと解釈した。

今回、日本を代表する航空会社に訪問しお話をお聞きすることができたのは大変貴重な機会であった。しかし、実際に働いておられる現場を見ていないので、単なる会社説明会のようだったというのも正直なところである。

◆国際流通学科5年　笠井美貴子

ゼミ合宿の次の日 ANA へ企業訪問に行った。ANA では人事のこと、CSR、女性のワークバランスなどについてのお話をうかがった。ANA というと誰もが知っている大企業ということで少し構えていたところがあったが、話してくださった方たちはどなたも親しみやすい方たちだった。

ANA はとても人と人とのつながりを重視している企業であると感じた。サービス業であるということもあり、とても顧客を大切にしている。また顧客だけではなく従業員も大切にしている。CSR も顧客満足と従業員満足の両方から成り立つと考えている。また、企業が従業員や顧客のことを考えているだけでなく、従業員それぞれが顧客のことや自分たちの働く環境を改善することにとても積極的なのではないかなと思った。ANA は顧客満足や従業員満足だけでなく、環境や社会にもしっかりの貢献している。

ANA はとても女性の従業員の多い職場である。そのため育児休暇などのサポート面がしっかりしている。そのなかでも一番いいなと思ったのは、こども職場参観日だ。子供たちが両親の職場を訪問しどんな仕事をしているのかをみてもらい、仕事への理解に繋がったりする。このようなサポートの結果、90％くらいの従業員が育児休暇などのあと復帰している。だいたい4人に1人が子持ちの従業員であると聞いた。わたしも来年から就職をして働くが、このような環境の中で働けたらとても幸せだなと思った。

今回の企業訪問は、ANA についての理解が深まっただけでなく、女性のワークバランスについて考える良い機会になったと思う。

◆国際流通学科5年　太田恵利香

私は今まで企業訪問ということをしたことがなく、今回が初めてでした。大手企業の本社ということもあり、別世界に行くような気持ちで、卒

業研究報告会のような緊張具合でした。

　今回訪問させていただいた全日本空輸株式会社では、企業概要、女性の活躍推進とワーク・ライフ・バランスの取り組みについて、CSRについて、お話を聞かせていただきました。自分の卒業研究のテーマがCSRのため、特に興味深かったのはCSRについてでした。訪問させていただいた企業は、私が今まで卒業研究の中で調べてきたどの企業よりも多くのCSR活動を行っていました。多くのCSR活動を行なっている企業から直接お話を伺える機会は滅多に無い、もしくは二度と無い機会なので、とても貴重な時間を過ごすことができました。さらに、事前に訪問先企業について発表し合ったことにはない内容のお話があったり、プレゼンにないお話があったりと、たくさんのお話を聞かせていただくことができました。私の卒業研究は、文献調査のみで終わらせるつもりでしたが、今回の企業訪問のお陰で、自分の目で見てきたことを卒業研究に活かすことができ、感謝でいっぱいです。

　また、お話を聞かせていただいた3人のうち、2人が客室乗務員の方で、立ち居振る舞いがとても綺麗だったことが印象的でした。客室乗務員になりたい訳ではありませんが、私もあの方たちのように、立ち居振る舞いが綺麗な大人になりたいと思いました。そして、発表してくださっている間、ずっと笑顔が絶えず、仕事が好きなのだということが伝わってきました。もうすぐ就職しなければなりませんが、私も本当に就きたい職業に就けるよう頑張っていこうと思わされ、良い刺激になりました。本当に貴重な体験をさせていただき、ありがとうございました。

◆国際流通学科5年　栗原美緒

　今回は全日本空輸株式会社に訪問させていただいた。ANAといえば就職先人気ランキング上位の会社であり、また私の卒業研究に関連しているため、どんなお話を伺うことができるのかと期待して訪問させていただいた。お話を伺って印象に残った言葉が、「マニュアル化されているもの以外にも取り組んでいく必要がある」である。アジアナンバー1を目指して様々な取り組みをしている中で、マニュアル化されていることだけでなく、自ら気づき考えて行動していく必要があるということだった。また、アジアは世界の中でもトップクラスのサービス提供を誇っており、アジアナンバー1は世界のナンバー1というお話も大変興味深かった。

従業員の多くは女性ということもあり、ワークライフバランスに非常に力をいれているという印象を受けた。また、社員のほとんどが従業員満足度の向上に積極的に取り組んでおり、そのような姿勢がANAの高いサービスや就職先人気ランキング上位という結果を生み出している秘訣だと感じた。ANAの求める人材像は、人間力、変革力、顧客志向が備わった人物であり、全くその通りだと実感した。

今回の企業訪問で、自分の将来に対するイメージがつかめたように思える。私はどんな企業に勤めるかではなく、どんな生き方をするかということの方が大切だと考えている。今回の訪問でその考えがより一層深まった。

◆国際流通学科5年　田中達也

今回のゼミ合宿では全日本空輸株式会社(ANA)を訪問した。訪問する前日にゼミ生全員が企業を調査し作成したレジュメを配布し、企業研究を行った。この企業研究はゼミ生それぞれに企業を調査する視点が異なり（企業概要、CSR活動、人材開発、事業内容等）、訪問先企業について様々な視点から知ることができた。事前に企業研究を行い基礎となる知識・情報を知ったおかげで、企業の方のお話しをより深く理解することに役だったと思う。

当日にはANAグループのCSR活動とANAにおける女性の活躍推進、ワークライフバランスへの取り組みを中心にお話を聞かせていただいた。話全体からANAは物事をよく考えている企業というイメージを持った。例えばCSR活動では、「なぜANAが環境保全活動に取り組むのか」ということに明確な理由があり、航空業界の企業らしい環境保全活動への取り組み方、航空業界の企業だからこそできる取り組み方を考えている。またワークライフバランスへの積極的な取り組みなど、社員を大切にしていることも分かった。仕事が全てではなく、日常生活とのバランスを取れるよう配慮し、社員の生きがいを企業も一緒に考えるという人事理念は素晴らしいと思った。このような人事理念を掲げ、活動することはCS向上だけでなく、生産性の向上にもつながると思う。

企業の方から直接お話しを聞くことは、どのように企業がシステムを機能させているかといった外側からの調査だけでは見えない部分が見え、非常に興味深かった。貴重な時間を割き、このような機会を設けて下さった

ANA のご協力に感謝したい。

◆国際流通学科5年　田町悠美子

　ANA に訪問し企業概要や CSR などについてお話を伺った。担当してくれた3人の社員の方のお話を伺って、楽しく仕事をやっているように感じた。

　ANA グループの人事理念には「挑戦する人材の創造」とある。サービスをよりよくするためにはどうすればよいかという質問に対し、仕事に対して自分の価値だけではなくできるだけ範囲を広めて他のことも知っていき、多少の失敗も恐れずに仕事に取り組むと言っておられて、理念が浸透していると感じた。社員が挑戦しつづけていけるのも自分の会社に自信があり誇りがあるからだと思う。また「ANA らしさ」といわれる「あんしん、あったか、あかるく元気」を社員の方のお話から感じることができた。このことは以前から社員が思っていたことを定義づけたものだそうだ。CS（顧客満足）向上には ES（従業員満足）が欠かせないと信じて仕事をしているという言葉には、ANA らしさといわれる社員共通の価値観がありそれが根付いているからこその言葉だと思った。

　ANA の支援や取組は、女性の活躍推進やワークライフバランスなど従業員のための非常に充実したものも多かった。これも CS の向上には ES が欠かせないという思いから、従業員が快適に働けるような環境にしているのだと思う。

　今回の ANA への訪問で以前 ANA に持っていたイメージと少し変わり、言葉だけではない会社だということを実感できた。私は ES と CS について研究しているので、その点を重視している ANA のお話はとてもためになった。これからの卒業研究に活かしていきたい。

◆国際流通学科5年　橋本佳奈

　今回訪問させていただいた企業は、自分の卒業研究に関する業界だったので、とても興味があった。

　実際に社員の方のお話を伺い、ANA は社員を大切にしているという印象を受け、特に女性の働きやすい職場であると感じた。ANA では社員満足の向上と顧客満足の向上の結びつきを強くすることが大切であると考えており、社員満足活動への取り組みとして「いきいき推進室」を 2007 年

に設けている。いきいき推進室では社員が活躍する職場づくりのために、ワーク・ライフ・バランスの推進、仕事と家庭の両立支援など様々な活動を行っている。

その中でも家庭の面では、育児についての制度がとりやすい風土づくりを行っており、育児休暇率・産後の復帰率が90％を超えるなど、女性が働きやすい環境が整っているといえる。私も女性として子育てをしながら、仕事もできる環境が整っているという点には魅力を感じた。さらに厚生労働省より「次世代の育成支援に積極的に取り組む企業」として認定を受けている。また、2003年よりANAグループ51社を対象に毎年行われている社員満足度調査では回答率が93.6％と高い数値であり、社員全員で会社を良くしようという意欲が感じられる。

このような社員満足活動が、社員一人ひとりがいきいきと、より長く活躍できる職場環境の構築へとつながり、ANAは「アジアを代表とするエアライングループ」という高い目標を持って社員全員でこの目標に向かって努力できるのだと思った。

◆国際流通学科4年　門田清香

今回はANA本社にて、ANAの人事部担当者、CSR推進部担当者の方にお話しを聞かせていただいた。まず、私たちがANA本社の受付に行ったとき、そこで対応している方はキャビンアテンダントのような格好をしていた。また、社内にいらっしゃる社員の方々はみなさんたち振る舞いがとてもきれいだったことが印象的だ。地方の学生である私たちへご説明されている間も、ラフな中にも丁寧さが見え隠れしていた。

お話を聞く中で興味深かったのはANAのCSRだ。推進部の方々は従業員たちの満足度を上げれば顧客の満足につながるということを信じてCSRに取り組んでおられた。ANAが信頼する「人間力」「変革力」があり、「顧客志向」の従業員たちのライフステージに合わせて働きたい要望に応えるべく沢山の支援策を打ち出している。これらの活動のおかげでANAの復職率は93パーセントにものぼっている。これは従業員の満足度がとても高いことを表している。従業員たちが働きやすい仕事場を提供することによって従業員の満足度があがり、従業員の満足度が上がることで顧客へよいサービスができる。このようなサイクルがうまくできている会社だと思った。

また、私たちへ ANA についてご説明いただいた後、有名企業が集まったフォーラム 21 のみなさんに反対に私たちが富山高専について説明させていただいた。フォーラム 21 のみなさんは富山高専についてとても興味を持っておられた。専攻科 1 年生の宇佐美さんと水林さんを中心に普段私たちが行っている授業や活動について質問を受け、答えさせていただいだ。正直今まで私はこの学校でなにも思わず生活してきたが、このように興味を持った方にお会いすると、とてもよい環境で学ばせていただいていると実感することができた。また、専攻科 1 年生の方の適切な対応にもとても感動し、私もそうなりたいと思った。

　今回は 4 年生として先輩方のゼミ合宿に参加させていただいて、遠慮せずに行ってよかったと思える、とてもよい経験をさせていただいた。ANA にも、フォーラム 21 の方々にも、また宮重教官をはじめ専攻科 1 年生の方にも多くのことを学ばせていただいた。私はまた来年もゼミ合宿のチャンスがあるのでそれまでには成長していたい。

　文末となりますが、今回の企業訪問にあたり格別のお取り計らいを頂きました全日本空輸株式会社人事部副部長　前田明生様、人事部いきいき推進室長　槙田あずみ様、総務部 CSR 推進チーム　リーダー　石島好子様、成田空港支店総務部　小林義己様に厚く御礼申し上げます。

第10章 2013年度ゼミ合宿

1．2013年度ゼミ合宿の概要

　2013年度ゼミ合宿は8月6日（火）から8日（木）までの2泊3日で、本科5年生のゼミ生8名、専攻科1年生のゼミ生2名、専攻科2年生のゼミ生1名の合計11名の参加のもとに実施した。

　夏休み期間中ということもあり、1日目は避暑地である軽井沢へと移動して、午後からその軽井沢において卒業研究報告会を実施した。翌2日目は午前に特別研究報告会を行い、午後は軽井沢を散策し、夕方から企業調査報告会を実施した。3日目は朝に東京へと移動し、三菱商事本社（丸の内パークビルディング）を企業訪問させて頂いた。

◆ 2013年度ゼミ合宿の日程表
○ 8月6日（火）
富山──JR北陸本線──直江津／直江津──JR信越本線──長野／長野──
8:56　　特急はくたか5号　　　10:05／10:13　　普通妙高4号　　11:53／12:09

──JR長野新幹線──軽井沢／軽井沢──西武高原バス──塩沢
　　　あさま524号　　　　　12:43／13:30　　　　　　　　13:45

　　　　　　　　　　　　　　　　　　　　　　卒業研究報告会（14:25 ～ 20:05）
○ 8月7日（水）
　　　　　　　　　　　　　　　　　　　　　　特別研究報告会（8:45 ～ 10:35）
塩沢──西武高原バス──軽井沢・・軽井沢散策・・軽井沢──
11:12　　　　　　　　　　　11:55　　　　　　　　　　16:55

──西武高原バス──塩沢
　　　　　　　　　　17:15

　　　　　　　　　　　　　　　　　　　　　　企業調査報告会（18:35 ～ 20:25）

○ 8月8日（木）
塩沢──西武高原バス──軽井沢／軽井沢──JR長野新幹線──東京
9:33　　　　　　　　　　9:50／10:59　　あさま520号　　12:12

　14:00 ～ 16:30　三菱商事本社（丸の内パークビルディング）訪問
　　　　　　　　　　　　　　　　　　　　　　　　　　　　東京駅解散

第10章　2013年度ゼミ合宿

ゼミ合宿思い出の1コマ

2. 卒業研究報告会・特別研究報告会から学んだこと

　宮重ゼミにおける卒業研究・特別研究の目的は、卒業研究・特別研究を通じて論理的思考力を身に付けることにある（本科4年後期～5年にかけて行う研究を卒業研究と言い、専攻科1～2年にかけて行う研究を特別研究と言う）。換言すれば、卒業研究・特別研究を通じて、自分自身で考える能力を身に付けることを目的としている。

　そのため、ゼミ合宿における卒業研究報告会・特別研究報告会の目的は、論理の明快な卒業研究論文・特別研究論文を作成するために、提出期限までの時間に余裕のあるこの時期に、卒業研究・特別研究の論理の明快でない箇所を見直すことにある。そのため、この報告会では報告学生は自分の卒業研究・特別研究を論理的に説明し、報告を受ける学生は論理の明快でない箇所や不完全な箇所を指摘することが求められる。これらの作業を通して、各学生の卒業研究・特別研究の論理が明快となるように見直していくとともに、論理的思考力を磨いていくことになる。

　本年度は、ゼミ合宿1日目の2013年8月6日（火）14時25分～20時

05分まで卒業研究報告会を実施した。また、2日目の8月7日（水）に特別研究報告会と企業調査報告会を実施した。卒業研究報告会・特別研究報告会の内容は、以下のとおりである

◆卒業研究報告会：　8月6日（火）実施

報告時間	報告者氏名	報告タイトル
14:25～15:20	吉田ひかる	偏差値の低い大学において就職先がよいのはなぜか
15:20～16:05	浦沙保梨	従業員参加型CSRが企業に与える影響
16:05～16:55	畑田茉莉奈	女性の一般職がなくならないのはなぜか
16:55～17:40	島崎理穂	ワーク・ライフ・バランス満足の高い職場マネジメント
17:40～18:10	広島瑠衣	地方の製菓会社における高収益の要因
18:10～18:45	門田清香	リーダーシップとフォロワーシップの相互関係
18:45～19:25	川口陽子	現代社会における職務能力の決定要因
19:25～20:05	牧絵里奈	ブライダル業界において平均勤続年数が短くなる要因

◆特別研究報告会・企業調査報告会：　8月7日（水）実施

報告時間	報告者氏名	報告タイトル
8:45～9:20	太田恵利香	CSRと企業の持続的発展の関係
9:20～10:00	水林香澄	変革型リーダーシップがM&Aを成功に導く
10:00～10:35	宇佐美淳子	実質的コミュニケーションによるモチベーションの向上
18:35～20:25	全学生	三菱商事の企業調査報告会

　この卒業研究報告会・特別研究報告会に参加した学生の感想は以下のとおりである。

◆国際ビジネス学専攻2年　宇佐美淳子
　ゼミに所属してからの3年間、私は研究を通して論理的思考力の向上に

励んできた。年に一度のゼミ合宿では、次の３つの使命があると考えている。①自分の論理的思考力の成長具合を確かめること、②共に頑張るゼミ生に貢献をすること、③ゼミ生同士で刺激を与え合うことの３つである。使命を果たすために必要なのは、ゼミ生の研究発表に対して的確な指摘をすることだと思う。的確な指摘とは、論理構成のずれを指摘することである。論理構成のずれは、発表者自身で気づくことが難しい。だからこそ、指摘することはゼミ生一人一人への大きな貢献になる。また、論理構成のずれを指摘するためには論理的思考力が必要であるため、自分の論理的思考力を鍛えると同時に、その成長具合を知ることができる。そして、他のゼミ生の指摘内容から、自分とは違う視点や考え方を知ることができ、刺激を得ることもできる。

今年のゼミ合宿では、３つの使命、全てに達成感を得ることができた。まず、ゼミ生の研究において背景・目的・仮説が整合しているかという点に着目し、ずれを見つけ、指摘することができたと感じている。その感覚はこれまでのゼミ合宿で味わったことのないものだったため、自分の論理的思考力の成長を少なからず実感した。そしてそれは同時に、ゼミ生への貢献につながったと感じている。また、今年のゼミ合宿での議論はとても活発だった。ゼミ生は個性豊かな視点で、様々な意見を発言していたからである。「そんな視点もあったか！」と刺激を受けることが何度もあった。

しかし、反省点もある。論理構成のずれを指摘できても、それを解消するための改善案を出すことができなかった点である。それができない理由は、私の論理的思考が大雑把であり、細かな筋道をたてるには力が不十分だからだと分析している。論理的に細かく筋道をたてる思考力は、社会人としても重要なスキルだと思う。そのため、残りの学生生活はもちろん、社会人になっても、緻密な論理的思考を得るために精進していきたいと思う。

◆国際ビジネス学専攻１年　水林香澄

今回のゼミ合宿で私は大きな壁にぶつかった。宮重ゼミから離れていた一年間は、私にとって、考えることから離れていた一年間でもあったため、論理的思考が衰えてしまっていたからだ。それだけではなく、考える前に何を考える必要があるか、問題点はどこかといった判断をする能力もかなり低くなっていた。つまり、私は未だに「自分で考えること」ができ

ていないことに気付かされたのである。宮重ゼミにいれば、考える機会を与えてもらえる上に、考えようという意識も高まる。しかし、宮重ゼミから離れるとその意識が低くなり、考えることすらしなくなってしまい、考える力がつかなくなってしまう。私はまさに、これに当てはまるタイプであった。私が今回のゼミ合宿を通して深く感じたことは、宮重ゼミという考えさせてくれる環境に甘えていた自分がおり、自立できていないことへの悔しさであった。

　また、5年生が的確な指摘をしているのを聞いていて気付いたことは、今年の5年生の中には考える力、論理的思考能力が早くからついている人がおり、彼女たちの影響もあってか、5年生全体が考えることに対しての意識が高いということだ。私が5年生の時にゼミ合宿に参加した時に比べて、質問や指摘の質が高いように感じられた。研究の内容や三菱商事レポートの着目点もみな違っており、5年生はみな違った角度から物事を見ているように感じた。議論の際に全員が更に意見を出し合えば、とても面白い議論になるのではないだろうか。

　そして、今回のゼミ合宿において常に周りを見ていてくれた宇佐美さんに感謝したい。同じ年齢ではあるが、私がいなかった一年間のあいだに多くの経験をしてすばらしい先輩へと成長しており、私から見ても尊敬できる憧れの先輩の姿になっていた。卒研発表の際はもちろん、夜の語り会においても雰囲気を良くするよう話を振ったり、後輩の相談に乗ったりと、常に周りのことを考えてくれていた。おかげで宮重ゼミの仲が深まり、私自身、5年生とも話しやすくなり、とても楽しいゼミ合宿となった。

　一年という時間は長いようで短く、短いようで長い。宇佐美さんの今の姿を見て、これからの私の一年間も大きく成長できる一年間にしたいと感じた。今回ぶつかった大きな壁を乗り越えるために、まずは貴重なゼミの時間を有効に使い論理的思考を身に着け、日常生活の中でも周りを見ながら考えることを頭に入れて行動し、考えることを当たり前にしたい。そうして、社会に出ると最も必要となる「判断する力」を養いたい。今回のゼミ合宿でも多くのことを学び、気付かされた。来年のゼミ合宿にも参加できる私は幸せ者である。来年の今は成長した自分に会えるよう、まずはこれからの一年間、自分を磨いていこう。

第10章　2013年度ゼミ合宿

◆**国際ビジネス学専攻1年　太田恵利香**

　今回は2回目の参加となりました。昨年は本科生、今年は専攻科生としての参加でしたので、昨年とは違った心持ちでした。

　昨年は研究がほとんど進んでいない状態での参加で、不安だらけの報告会だったことを覚えています。しかし、専攻科生の先輩方や同級生に多くの質問やご指摘をいただいたおかげで、研究の目的や仮説、論理構成、問題点などが明らかになり、結果的には不安だったゼミ合宿が充実したゼミ合宿になっていました。

　今年はまだ修正していかなければなりませんが、論理構成は決まってからの参加だったため、昨年よりは不安に感じませんでした。今年は専攻科1年ということで、先輩からも後輩からも質問やご指摘をいただける良い立場だったのではないかと思います。また、単語の定義の中で、これまで何気なく使ってきた言葉の意味を問われたときにすぐに答えることができず、勉強不足を実感しました。難しい言葉や曖昧な言葉はしっかり理解しておかなければならないと思いました。

　昨年も今年も変わらなかったことは、質問する力です。私はもともと質問することが苦手ですが、できるだけ報告者のためになるような質問をしたいと思っていました。しかし、いざ報告の場となると簡単な質問しかできず、周りの様々な視点からの掘り下げた質問や指摘の内容にただただ感心するばかりでした。以前からの目標ですが、質問することに対して苦手意識を持たないくらいに力をつけていきたいと思います。

　ゼミ合宿の醍醐味は、報告会だけでなく集団生活にもあります。今年は貸別荘で宿泊し、食事は自炊でした。集団生活により学年を越えて楽しむことができ、夏休みの良い思い出になったと思います。

◆**国際流通学科5年　浦沙保梨**

　私は2つの目標を持ってゼミ合宿に参加した。それは、①卒業研究の論理構成を明確にし、論理が破綻している箇所を指摘、アドバイスしてもらうこと、②グループディスカッションの苦手意識を克服するため、積極的に意見や質問をすることである。

　私の卒業研究は修正すべき箇所が多く、論理が破綻している箇所もあった。自分の研究への洞察が浅いことを痛感し、より深く物事をみる必要があると感じた。これに対し、専攻科生の特別研究は論理が通っていて、と

てもわかりやすい発表であった。専攻科生の研究からは学ぶことが多く、自分の研究に活かしていきたいと思った。また、多くの意見やアドバイスをいただき、研究の大体の枠組みを決定することができた。

しかし、私自身、踏み込んだ質問や意見ができなかったことは非常に残念である。ディスカッションが苦手な私にとっては、とりあえず質問をすることで精一杯だった。洞察が浅く、知識が乏しいことが原因だと考えられる。だが、ディスカッションに対する苦手意識は少し克服できたと思う。

ゼミ合宿での2つの目標は全て達成できたというわけではない。幸運なことに、私は来年もゼミ合宿に参加することができる。さらなるレベルアップを図り、今よりも高い目標を持って来年のゼミ合宿に参加したいと思う。

◆国際流通学科5年　門田清香

今回のゼミ合宿は、簡単にいうととても中身の詰まったゼミ合宿でした。というのも、すべての行程においてしっかりと頭を使って進めていったからです。

まず合宿へ参加する前の準備の段階から、忘れ物がないように広島さんがしおりを作ってくれたり、全員で持ち物を分担したりしました。このおかげで、ゼミ生全体での忘れ物はありませんでした。次に卒業研究発表会です。ここでもゼミ生が事前に準備をしてきたレジュメについて、全員がしっかりと考え、意見を述べていました。私は去年のゼミ合宿にも参加しましたが、その場よりもはるかに発言量が多かったと感じました。これはしっかり各自話を聞いて、頭の中で整理をし、さらに理解をしていたからできたことだと思います。ここでは、私の論文の構想に対して、的確且つするどい意見をたくさん聞くことができました。そして2日目の軽井沢観光においても、時間とお金を有効に使うべく、次に何をするか、さらにはその次も何をするかをしっかりと考え、行動したことでとっても満足感のある観光となりました。

このようにひとつひとつの行動に対してしっかりと自分のできることを考え、行動に移せたことは私にとって成長したことの1つだと思います。このゼミ合宿では、一緒に行ってくれたゼミ生、専攻科生の方、そして宮重教官が、私同様に卒業論文について真剣に考えて、アドバイスをくれた

ので、今後この合宿での意見をもとに卒業論文を書き進めていきたいです。

◆国際流通学科５年　川口陽子

　私はこのゼミ合宿の存在を知って以来、参加することを楽しみにしていた。なぜならゼミ合宿は、①全員が一人の研究に対して意見し、時間をかけて議論をすること、②専攻科生も参加すること、という二点で普段の週一回のゼミとは大きく異なるからである。お互いの研究について深く考え、議論することで自分の研究内容はもちろん、根本的な考え方を見直す良い機会となったと思う。

　私が研究発表会で注目したのは、それぞれの発表内容に関する質問の内容と答え方である。発表会が始まる際に教官が、専攻科生に対して「専攻科生らしい質問を」とおっしゃっていたので、本科生と専攻科生の違いも考えながら聞いた。

　質問の内容は大きく分けて、単語の意味や定義に関すること、文と文の因果関係に関すること、論文全体の構成に関することの３種類があった。専攻科生の宇佐美さんと水林さんからは文の因果関係、論文の構成に関しての、質問と言うよりは指摘が多くあったように思う。これらの指摘は、論文の要点をつかんだ上で、論理の整合性を高めるための具体的なものであった。一度本科で卒業論文を書き上げたことで積み重ねた知識や経験から、論理的思考が身についているのだろうなと感じた。これらの知識や経験をいかした視野の広さが、専攻科生らしさではないかと思った。もちろん本科生からも同様の意見はあり、専攻科生にならないとできない考え方ではない。今後は、自分の研究を進める上ではもちろん、他のゼミ生の研究を議論する際に、今回あった質問や指摘を参考に常に論理の整合性に注意して、論文が緻密な仕上がりになることを目指していきたい。

　質問に対する答え方に関しては、教官がよく指摘される、自分の研究内容をしっかりと理解する、ということの大切さを実感した。今回の発表会では、自信を持って質問に回答できないことがよくみられ、それだけ各々が研究内容を把握しきれていないという事を痛感した。正しいかどうかは別として、簡潔に論理的に答えるためには、自分の研究内容を把握することはもちろん、回答することに慣れることも必要だと思うので、今後のゼミでは、８人いるゼミ生がお互いに質問、回答を繰り返すことで、最終

には口頭試問の際にどんな質問にも自信を持って回答できるよう高めあっていきたいと思う。

　3日間の合宿で、研究発表会だけではなく食事の席などでも教官、本科生、専攻科生12人で議論をしたことや、企業訪問をさせていただいたことは、とても有意義な時間となった。この経験を今後の研究や生活でいかしていきたい。

◆国際流通学科5年　島崎理穂

　今回のゼミ合宿は軽井沢の塩沢のペンションで行われた。合宿に参加するにあたって、A4用紙1枚で自分の卒業研究についてのレジュメを作成していったが、研究の下準備がかなり不足しており不安でいっぱいだった。

　発表時は準備不足が目立ち、まずは研究背景、研究目的、仮説をしっかりと詰めていかなければならないと痛感した。また、一つ一つの言葉の意味を吟味し使っていくことの大切さを専攻科の先輩方のアドバイスから学んだ。他の研究の報告内容や指摘の中にも、自分の研究に生かせそうなポイントが多々あった。新たな発見をすると共に、広い視野をもって研究を進めていこうと思った。専攻科の先輩方の発表も聞き、内容がとても論理的でわかりやすくまとめられていて尊敬すると同時に、自分も先輩方のような論理的思考力を身につけたいと思った。

　ゼミ合宿に参加したことで、論理的に考え意見を述べることの必要性を改めて感じた。卒業研究の発表だけでなく、同級生や先輩方との交流の中で「考える力」を今後もっと養っていくべきだと気づいた。そのためには今から人一倍の努力をしていかなければならない。研究の遅れを取り戻していけるように、先走るのではなく、じっくり時間をかけて卒業研究に向き合っていきたいと思う。

◆国際流通学科5年　畑田茉莉奈

　今回の卒業研究報告会においての私の目標は、報告を聞くときには「普段のゼミよりもより深く突っ込んだ内容の質問を」、報告をするときには「私の研究を何も知らない人にもわかるような丁寧な説明を」だった。

　一人約1時間と大体の持ち時間は決まっているものの、普段のゼミよりはるかに多く与えられた時間をただ人の報告を聞き、思いついた質問を投

げかけるだけではもったいないと感じ、それならば自身の成長のために、より深い質問をしようと心がけた。実際はなかなかうまくいかないものの、疑問に思ったことを自分なりに言葉にするという点においてはかなりの成長を感じられたように思う。

　自分の報告の際には、今回実際に専攻科生という私の研究を全く知らない方たちがおられたこともあり、言い回しに気を付けるよう心掛けた。しかし、細かい日本語の使い方や、論理の不整合などまだまだ自分に足りない部分が多々あった。また質問に答える際にも、相手の知りたいことを簡潔に答えることになかなか慣れず、回りくどい答え方になってしまうことが多々見受けられた。次回のゼミからの課題にしていこうと思う。

　特別研究報告会では専攻科生の論理が整えられた構成を聞き、知識のない私でも容易に理解できる内容に感銘を受けた。自分まで論理的思考ができるようになったのではと錯覚するほどである。私も筋がきれいに通った論文が書けるよう、普段のゼミから質問と説明を突き詰めていきたいと思う。

◆国際流通学科5年　広島瑠衣

　自分の研究はまだ仮説も決まっていない状態だったため、レジュメは研究背景と仮説案のみであった。日頃のゼミ内での発表を聞く限り、他の人との遅れを感じており、少し焦りもあったが、仮説がなかなか思いつかず苦戦していた。合宿では様々な仮説を提案してもらうことができて良かった。他の人の意見を聞くことで様々な視点から自分の研究を見つめなおすことができ、ディスカッションの意味やその良さを感じた。

　卒業研究報告会で特に感じたことは、自分の研究の事についてしっかり理解しておかなければならないという事だ。ある人が質問にこたえるのを他の人に助けてもらっている様子を見て、他人事ではないと感じた。もし私がこたえにくい質問をされるとしたらきっと分からないところは曖昧にして誤魔化すだろう。私は自分の研究なのに、調べたことが頭に入っていないことに気付かされ、恥ずかしくなった。自分で選んだ研究テーマなのだから、自分は何のために何を研究しているのかはもちろん、自分の研究についてはすべて頭に入っていなければならないことを実感した。

　また、専攻科生からの仮説についての意見は自分の思いつかなかったものであり、仮説を提案した理由も分かりやすく納得できるものであった。

来年の報告会は先輩たちのような鋭い質問や納得のいく意見を積極的に出していきたい。

今回の報告会では検証可能な仮説が多く挙げられ、自分の研究に抱いていた不安が少し取り払われた。今後は複数挙げられた仮説をそれぞれ検証していき、結論を出せるものを選んでいきたい。

◆国際流通学科5年　牧絵里奈

ゼミ合宿の1月前、私はとても焦っていた。毎週行われるゼミに参加していても自分の卒業研究の先が見えず、目的や仮説もゼミが行われる度にぶれていたからだ。また、ゼミ生の中でも進捗度が異なっており、出来る人に遅れをとっていると感じていたこともある。

今回初めてゼミ合宿に参加し、参加する前はとてもつらいものだと考えていた。実際参加してみると、発表に対する質問を考えるのは難しく、自分の質問は本当に必要な質問なのだろうかと不安になった。しかし、決してその時間はつらいものではなく、その質問に対して他の5年生が同意をしてくれたり、更に話を広げてくれたりすることはとてもうれしかったし、また専攻科の先輩方がする質問はなるほどと感心させられるものばかりだった。また、専攻科の先輩方の特別研究は、内容は難しいのだろうが、私たち5年生に理解しやすいように説明してくださっていると感じた。やはり、長く1つの研究を続けている人は、自分の研究内容を理解しており、レベルの違いを改めて思い知った。

卒業研究の発表はとても貴重な時間であり、印象深いものであったが、それ以上に深く印象に残っていることがある。それは2日目の夜のことだ。1人の5年生が先輩方に卒業研究についての不安を話しており、私を含め何人かの5年生も一緒に話を聞いていた。最初に私が述べたのと同じように、同級生の中でもレベルの違いがあることについての焦りや不安を話した時、先輩方はそのように同級生の中にできる人がいることで、私たちは全員が高いレベルになれるとおっしゃっていた。その話を聞いた時、確かに自分はその同級生たちの研究を理解しようとしたり、良いところを真似てみたりしており、それはとても良いことだと気付いた。また、そのような同級生がいることはありがたいことなのだと分かった。

ゼミ合宿に参加する前、今の状態で参加しても意味がないのではないかと考えていたが、今後自分は何をしなければならないのかということを見

つけるとても良い機会になった。このゼミ合宿を通して経験したことや学習したことを活かし、今後はさらに同級生と精進しあってきたい。

◆国際流通学科5年　吉田ひかる

　卒業研究報告会では、各自の研究テーマについて発表した。質問したり、討論したり、アドバイスをいただいたりと、論文の構成について詰めていった。

　自分のレジュメには反省すべき点が多くあった。その中でも、自分の書いた文、言葉を見つめ直すという作業をすることの大変さが分かった。また質問されても、答えられないことが多くあった。それは、自分の卒論（卒業論文）テーマについて「洞察が浅い」「整理がされていない」ことからくるものであると思う。

　他の人の報告の時には、質問することが苦手で、質問事項が見つからない時もあった。それは専攻科生や同級生の発表に対し、不自然だと感じるところがなかったからである。しかし、教官や専攻科生、同級生のなかでも、異なる視点からの意見をいくつも取り上げ、そして討論し合っていた。その討論のなかで、よりよい論文が形作られていた。その討論のなかにあまり入ることができなかったことが、少しの後悔として残った。

　「考える」、「質問する」、「説明する」、「討論する」、「文章を書く」ということは、一夜にして作られるものではなく、日々の積み重ねからくるということ、それを培うために、日々のゼミの時間も大事にしなければならないと感じた。そして今回のゼミ合宿において、学んだこと、指摘されたことを生かし、自分の卒論を書き進めていきたい。

3. 三菱商事株式会社本社（丸の内パークビルディング）への企業訪問から学んだこと

　宮重ゼミにおける企業訪問の目的は、次の2点である。第1に、宮重ゼミでは経営学に関する卒業研究や特別研究に取り組む学生が多いため、企業訪問を通じて企業内部の状況を肌で感じることによって、文献や講義からは得ることのできない「暗黙知」を修得することである。第2に、学生は将来、企業などの組織へと就職することになるため、研究という観点からのみではなく、働く場所という観点からも企業を理解することである。

特に先輩社会人の背中を見て、「働く」ということを考えてもらうことを大きな目的としている。

　本年度は、ゼミ合宿3日目の2013年8月8日（木）14時〜16時30分までの2時間30分にわたって三菱商事本社（丸の内パークビルディング）を企業訪問させて頂いた。企業訪問の内容は、以下のとおりである。

◆三菱商事本社訪問の内容
　①　三菱商事化学品グループ概要
　　　　　　（化学品グループCEOオフィス　マネージャー　持田洋介様）
　②　海外研修生体験等の業務経験紹介
　　　　　　　　　　（石化中間原料部ANチーム　芦田卓郎様）
　③　三菱商事の人材育成施策
　　　　　　　　　　（人事部研修チーム　マネージャー　松本彩様）
　④　適宜、質疑応答

　三菱商事本社（丸の内パークビルディング）への企業訪問から学生の学んだことは以下のとおりである。

◆国際ビジネス学専攻2年　宇佐美淳子
　三菱商事株式会社（以下、三菱商事）への訪問では、三菱商事の事業（化学品グループ）および人材育成施策に関する知見を得たと同時に、世界を舞台に活躍する先輩社会人の方々の特長を探ることができた。そこから私が学んだことは、「目的意識」の大切さと「時間対効果の意識」の必要性である。

　お話を伺った3名の先輩社会人からは、仕事に対する熱意がひしひしと伝わってきた。先輩方は「社会に貢献がしたい」「人の役に立ちたい」などの目的を抱いており、それを達成するための方法を日々考えながら、仕事に取り組んでいる様子だった。さらにその目的や方法は、三菱商事の理念や事業方針と非常に近いものであると感じられた。それ故に全員の口から「三菱商事は良い会社」という意見を聞くことができたのだろう。その意見は、会社に居心地の良さを感じ、仕事に満足していることを示唆している。そのような働き方ができる理由は、個人がぶれない「目的意識」を強く抱いているからだと私は分析した。

また、三菱商事の先輩方と自分を比較し、大きな違いを感じた点がある。それが、時間対効果の意識である。先輩方のプレゼンテーションは、情報が簡潔であるにもかかわらず要点は抑えてあり、お話を伺っていた時間の密度の濃さを実感した。同じ空間にいるのに、自分に流れている時間と先輩方に流れている時間の速度に違いを感じたほどである。自分は「時間は有限」という意識が低いことを思い知らされた。また、先輩社会人のプレゼンテーションから、密度の濃い時間を過ごすためには臨機応変に情報を扱うことが必要だと学んだ。それができるようになるためには、自分の引き出しを増やし、その中身をすばやく扱えるようになる訓練が必要なのだと思う。

　目的意識、時間対効果の意識を高く持つことは、社会人としてだけではなく、人生を充実させる上で重要な意識だと感じる。それを学ばせて頂いた貴重な機会に感謝し、今後の人生に活かしていきたいと強く思う。

◆国際ビジネス学専攻1年　水林香澄

　今回の企業訪問では、化学品グループの概要、インドでの海外研修体験及び人材育成施策の説明をしていただき、三菱商事について詳しく知ることができた。特に、化学品グループの概要を聞き、ひとつのグループだけでも事業の規模が大きく、世界各国に拠点があることを知ったことから、このようなグループがいくつも存在する三菱商事はとても大きな企業なのだと改めて感じた。また、インドでの海外研修体験のお話は、海外に興味がある私にとってとても魅力的であった。近年多くの企業がインドで事業を行っているにも関わらず、意外にもインド市場への進出が難しいことを知り驚いたと共に、この経験を通して海外研修の目的のひとつである「やり抜く精神」を身に着け成長して帰ってこられた芦田さんは、仕事に積極的で輝いておられ、憧れを抱いた。

　三菱商事は社員にグローバルな視野を持たせるために、実際に経験してこそ身に付く考え方や意識などを重視してパーソン育成を図っており、更に若手社員が必ず海外へ行かなければならないという制度から、三菱商事がどれほど世界を豊かにすることに力を入れているのかが窺えた。人材育成施策の説明においては、三菱商事が必要とするリーダー像とそのようなリーダーを生み出すための人材育成について知ることができた。三菱商事では、入社時から社員全員の人材育成が行われ、厳しい実戦経験を経て理

想のリーダーへと成長していくため、リーダーになる人材だけでなく、社員全員に企業理念が深く浸透し、企業全体がひとつの目標に向かう組織づくりになっていた。

　今回、時間に限りがあるにも関わらず多くの質問をさせていただいた中で、主にビジョンや目標を掲げることの大切さと上手なワーク・ライフ・バランスのとり方を学んだ。持田さん、芦田さんお二人とも「人の役に立つ仕事がしたい」とおっしゃられ、このビジョンは三菱商事の理念とも一致しているため、三菱商事は理念の統一がなされていることが改めて分かった。また、昔と現在で目標がどう変化したかという質問をした際に、持田さんがおっしゃった「ずっと変化していきたい」という言葉がとても印象的である。いろいろな経験を通じて視野が広がり考え方も変わるため、「視野を広く」という意識を持って働かれているとおっしゃった持田さんは、生き生きされており、成長することに前向きで向上心の強い方だと感じた。私も自分に限界をつくらず、常に変化、成長する人間でありたいと思った。

　ワーク・ライフ・バランスにおいては、お二人だけでなく同僚や上司の方もオン・オフの切り替えを心掛けておられるとのことだった。お二人のお話を通して感じたことは、仕事がお忙しいにも関わらず上手くワーク・ライフ・バランスをとることができるのは、家族や友達、趣味など自分にとって大切な人や物事があり、心の支えとなる存在やリフレッシュできる時間があるからだということだ。これから社会にでる私達にとっても、ワーク・ライフ・バランスは重要となってくる。しかし、ここで忘れてはいけないことは、オン・オフの切り替えをするために、もちろん支えてもらう存在も必要だが、私達ひとりひとりが誰かを支える存在でもあるということである。今回お答えいただいた、上手なワーク・ライフ・バランスのとり方を通し、人はみな支え合いながら生きているということを改めて実感した。

◆国際ビジネス学専攻1年　太田恵利香

　今回のゼミ合宿では三菱商事を訪問させていただきました。これまで何度か企業を訪問させていただきましたが、大企業は建物のつくりや入口のセキュリティなど何もかもが素晴らしく、はじめから驚かされました。また、ロビーで忙しく動く方々を見て、社会人として働くことが大変である

と感じさせられました。

　三菱商事でお聞きした内容は、①化学品グループ事業全般の紹介、②石油化学商品トレーディング・海外研修生体験の紹介、③人材育成施策全般の紹介、でした。海外に興味がある私としては、海外研修生体験の紹介がとても印象に残っています。派遣される目的に沿って自ら研修内容を設定するところが特に興味深かったです。会社の看板を持って働くという責任感が常にありますが、とても良い経験になると思います。

　そして、持田さんのVISIONの「しあわせ」、芦田さんのVISIONの「役に立ちたい」という普段は聞くことができない大企業で働く人の仕事に対する考えを聞くことができたので、自分の将来の参考にしたいです。持田さんのVISIONの「自分がしあわせにならないと他人もしあわせにできない」というように、まずは自分がしあわせになる選択をしていきたいと思いました。自分はどんな仕事ができればしあわせなのか、就職活動をするに当たり参考にさせていただきたいと思います。事前に訪問先企業について調べて報告し合った内容以外のお話を聞くことができ、新しい情報を多く得ることができた有意義な時間だったと思います。貴重なお話をお聞かせいただき、ありがとうございました。

◆国際流通学科5年　浦沙保梨

　今回、三菱商事という大企業を訪問するということでとても緊張していたが、このような機会はめったにないため、楽しみでもあった。

　三菱商事は昔からの企業理念である「三綱領」を大切にしている企業であり、社員の皆さんにもその理念が浸透していると感じた。今回は、化学品グループCEOオフィスの持田さん、石化中間原料部ANチームの芦田さん、人事部研修チームの松本さんの三名にお話を伺ったが、皆さん全員が「人の役に立つ仕事をしたい」とおっしゃっていた。企業だけでなく、社員の皆さん全員が企業理念を大切にし、同じビジョンを持っているということを感じた。

　私はCSRに関する研究に取り組んでいるため、特に松本さんのお話は関心があった。三菱商事が求める人材は、高い倫理観を持ち、仕事に一生懸命取り組む人で、知識は二の次だとおっしゃっていた。松本さんのお話やいただいた資料からわかるように、三菱商事はコンプライアンスやCSRに積極的に取り組んでいる企業であるため、自分の研究に活かせる

情報をたくさん収集することができた。

　今回三菱商事に訪問させていただき、主に業務内容に関するお話を伺った。しかし、それだけではなく、お話を伺った三名が経験されたことや感じたことは、これから就職する私たちにとって参考になるものだった。このような貴重な機会を与えてくださった三菱商事の方々には感謝申し上げたい。

◆国際流通学科5年　門田清香

　3日目の三菱商事への訪問は私にとって、ただの興味を満たすだけのものではなく、卒業論文に関わる大きな出来事でした。私の論文は売り上げなどを見て外側から判断できるものではなく、働いている方たちの気持ちや信念がとても重要な役割を持っているからです。今回は、特に三菱商事で働いていらっしゃる皆さんの心の中の気持ちに注意してお話を聞かせていただきました。

　まず社内からセキュリティもしっかりしており、改めて大企業であることを実感させられました。この時点で私たちゼミ生は大変緊張していました。そしていざ会議室に通していただいたとき、会議室のきれいさと設備になれていない私たちは少し戸惑いを感じました。案内をしてくださった持田さんはとても優しく、最初に化学品グループについて話してくださっている時に、私たちがわからないような話の時は特にわかりやすく説明してくださいました。また、化学品グループの第一本部で働いていらっしゃる芦田さんは、海外研修についてとても興味深いお話をしてくださいました。人事部の松本さんは、私たちの質問を的確に把握して、最も必要と思われるポイントについてズバリと答えてくださいました。

　皆さんのお話の中でも私が印象に残っているのが、皆さんが仕事に対して「楽しんでやっている」とおっしゃっていたことです。持田さんと芦田さんは、「人の役に立つ仕事が実は自分の幸せになる」とおっしゃっていて、高い意識の中お仕事をしていらっしゃることが言葉の端々からわかりました。私も将来このように意識が高い人々の中で働けたらどんなにいいかとうらやましくも思いました。

　今回の三菱商事への訪問は、私にとって個人的にも、卒業論文的にも、とても得るものが多い訪問となりました。お忙しい中私たちのための時間を作ってくださった持田さん、芦田さん、松本さん、またこの場をセッ

ティングしてくださった宮重教官には大変感謝しています。ありがとうございました。

◆国際流通学科5年　川口陽子

　今回の企業訪問で三菱商事を訪問させていただいたが、訪問前は、三菱商事がどのような会社なのか正直わからなかった。しかし、事前調査を行い、実際に化学品グループの事業内容などのお話を聞いたことで、事業の規模や幅広さを知ることができた。

　お話を伺って印象に残った点が二つある。一つ目は、企業理念についてである。持田さんのお話の中で、社是の「三綱領」と、化学品グループのVIGOSTAという理念が紹介された。これらは研修などを通して社員一人一人に浸透しているとうかがったが、持田さん、芦田さんのお話からそれを実感した。仕事をする上でのビジョンは何かという質問に対して、持田さんは「人を幸せにすること」、芦田さんは「人の役に立つこと」と回答された。表現の仕方は違うが、これらのビジョンは根本に三綱領の所期奉公の考え方などがあると思った。世界中で多様な事業をしていても、社員それぞれが同じ理念を共有していることが、三菱商事が成果をあげている背景なのだろうと感じた。

　二つ目は、三人の話し方についてである。事業内容を説明されるときも、質問に答えるときも、端的でとてもわかりやすい話し方をしておられた。特に松本さんが質問に答えるときにおっしゃった「この質問のポイントは…」という一言が印象に残った。これは質問をすばやく理解し、要点をつかみ、更にそれを相手に確認しており、誤解の無い円滑なコミュニケーションを成り立たせていた。話し方に気をつけることは基本ではあるが、とても重要だと思うので、自分も日頃から注意したいと思う。

　今回、三菱商事を訪問させていただき、部署や年齢がさまざまな三人の方からお話を伺ったことは、学生の私にとって非常に良い経験となった。大変お忙しい中、貴重なお話をしてくださり、質疑応答の時間を多く設けてくださった持田さん、芦田さん、松本さん、本当にありがとうございました。

◆国際流通学科5年　島崎理穂

　今回訪問させていただいた三菱商事株式会社では、企業全体の概要から

化学品グループの詳細、海外研修生体験について、さらに人材育成の考え方などのお話を伺った。

「商社」がどういったものかご存じでしたか、と聞かれた時、名前はよく見聞きするが、よく分からない業界であると思った。実際、訪問前に商社について調べる前は、企業内でどのような業務が行われているのかもよく知らなかった。しかし持田さんの説明はとても分かりやすく、商社の担う社会の中での役割を理解することができたと思う。海外研修生体験をはじめとした人材育成に関するお話では、三菱商事は人材育成に大変力を注いでいるという印象を受けた。伝統を受け継ぎつつ、さらにビジネスを多様化させ変化していく三菱商事に対応し、組織をリードし動かしていく社員の育成が、三菱商事をさらに大きく発展させていくと感じられた。

また私の研究ではほぼ全ての働く人々に共通するものを題材にしているため、実際に企業で働く方々からお話を聞くことはとても良い機会になったし、働くことと生活することに対する多くの貴重な意見をお聞きできたと思う。

3人の方々から仕事に対する姿勢や働くことへの考え方などをお聞きしたことは、来年から社会人生活を始める私に良い刺激を与えた。なぜその仕事を選んだのか、仕事を通してどんなことを成し遂げたいのか、自分の人生の中で仕事はどんな役割を果たすのかなど、社会人になっても自分にとって「働く」とはどういうことなのかを深く考えていきたい。

◆国際流通学科5年　畑田茉莉奈

私は現在、女性の一般職がなくならない原因について研究している。そこで今回、三菱商事を訪問し、実際に働いている方たちのお話を伺うという機会は、私の研究の大きな糧となった。残念ながら、私の研究対象である一般職の女性の話は伺うことはできなかったが、それとは逆に総合職でバリバリ働く女性のお話を伺うことができ、とてもよい経験となった。

その中でも三菱商事の研修プログラムは、数はもちろん内容も充実しており、とても印象的であった。様々な研修を通し、社員を強化することは会社にとっても社員にとっても大切なことであるが、それは同時に社員に厳しさを与える。その主な要因としては、海外などへの転勤が挙げられる。さらに、これは男女関係なく経験するというお話を伺った。私の研究では「仕事と生活のうち、生活に重きを置く女性たちは転勤を避けるた

め、一般職を希望する」という仮説のもと研究を進めているため、生活に重きを置いている女性にばかり重点を置いて研究を進める形となってしまう。しかし、実際には仕事に重きを置いている女性たちもいるのだということが確信でき、より真実味のある研究内容となるように感じた。

　また、同社の採用者のうちの女性比率は10年前では130人中20人ほどだったのに対し、現在では30～40人、全体の2～3割にもなり、少しずつ増えているとも伺った。これは、アパレルや人事などへの女性の応募・採用が増加したからというお話であったが、三菱商事だけでなく、また商社という括りだけでなく、日本全体で女性の総合職希望は増加しているのではないかと考えると、私の研究ももう少し考える必要がありそうだと感じた。

◆国際流通学科5年　広島瑠衣

　私達は三菱商事株式会社に訪問させていただいた。訪問前は、三菱商事は敷居の高い企業であり、そこで働く人は難しい話をするのではないかというイメージを持っていて緊張していた。しかし実際はとても分かりやすく説明していただき、商社という企業が身近なものに感じられた。三菱商事では化学品グループの事業内容、海外研修の体験談、人材育成のお話しを伺った。商社というのは世界の国々を相手に貿易しているという漠然としたイメージしかなかったが、社員の皆さんは三菱商事がどんなことをしていらっしゃるのか、学生にも分かる言葉で説明してくださったため、三菱商事、商社という企業の理解が深まった。

　私は事業内容に特に関心があったが、化学品グループはプラスチックの原料や塩などの貿易や事業投資を行う事業だということが分かった。私が今このレポートを作成するために打っているパソコンのキーボードに使われるプラスチックにも、三菱商事は重要な役割を果たしているのではないかと考えるようになり、世界を相手に仕事をする企業という日常から遠いイメージが身近なものへと変化した。

　身近なものに感じられながら、やっていることは世界を相手にした大きな仕事で、やはり凄い企業であると実感した。また、働く皆さんが世の中の役に立つというビジョンをいだいて働いていることが分かった。私は世の中の役に立つために三菱商事を選んだ理由が企業訪問で分かった気がする。今までの乏しいイメージでは三菱商事はただ貿易をする大きな会社と

いうだけで、人の役に立つ仕事というものが結びつかなかったが、三菱商事について知れば知るほど人の役に立つ、やりがいのある仕事なのだなと感じた。

　私は四年次のインターンシップなどにも参加しておらず、「働く」ということがどんなことなのかよく分かっていなかったが、企業訪問で働いている人の生の声を聞くことができ、自分の将来のビジョンを描く助けとなった。学生時代にこのような体験ができるということはとても貴重で幸せなことだ。ゼミ合宿に参加し、三菱商事へ企業訪問することができてよかった。

◆国際流通学科5年　牧絵里奈

　三菱商事株式会社に訪問し、最初にビルに入ったとき、その規模の大きさと働く人の多さに驚いた。そして、きっとここにいる人たちはエリートと呼ばれる人だが、実際は毎日大変な思いをして働いているのだろうなと感じた。

　会議室に通していただき、3人の方々がお話をしてくださった。すべてのお話から、それぞれが自分の働く会社の良さを知っており、さらにその良さを知ってもらいたいと考えていることが感じ取れた。特に2番目にお話しをしてくださった芦田さんは、本当に仕事を楽しんでいるという雰囲気だった。お話を伺っているうちに、きっと従業員のほとんどの方が同じような気持ちを持っており、楽しんで仕事をしているのだろうと思うようになり、ビルに入った瞬間に感じた印象は間違っていたと思った。また、様々な種類の研修があるということが、そのような気持ちを全従業員が共有する良い機会となっているのではないかと感じた。

　また、卒業研究とはあまり関係のないことだが、持田さんと芦田さんが共通しておっしゃっていた「人の役に立つことがしたい」という言葉は私にとってとても印象深いものであった。私は来年から社会人として働かなければならない。そこで私は「何のために働くのか」、その仕事を通じて何をしたいのか、ということを考えさせられた。

　三菱商事に訪問し、3人もの方々の貴重なお話を伺えたことは、卒業研究だけでなく、今後の自分について考える良い機会となった。

◆国際流通学科5年　吉田ひかる

　今回のゼミ合宿では三菱商事株式会社を訪問した。そこでは、化学品グループの概要、人材育成についてのお話を伺った。そして三菱商事は「理念」を重んじる会社であると思った。今回のお話で特に重点を置かれていたのが、「立業貿易」であると感じた。この「立業貿易」とは、グローバルな視野で事業展開を図ることである。

　人材育成において、理念の統合を図っている。この理念の統合を三菱商事本社の社員はもちろん、拠点やグループ企業の社員にも行うことで、人事体制の強化、目標達成への姿勢の統一をすることができる。また人材育成のなかに、海外研修のプログラムがある。海外での仕事をする際に、グローバルな視野を持っていることはもちろん、慣れない環境で対応していけるよう、精神的逞しさが必要となってくるからである。採用するにあたって、高い能力が要求される。それは、リーダー人材、思考力に長けていることだ。世界各地にある拠点では、各地の言語、文化を理解したうえ、更に男女平等に仕事をこなしていかなければならない。このような環境下のなかでは、より高いレベルの人材が求められるということだ。

　今回企業訪問で、グローバルな社会で働いておられる方々たちの貴重なお話を伺うことができた。普通ならば体験することの出来ない機会であると思う。そして私自身の卒業研究のテーマの内容のお話も伺うことができ、活かしていきたいと思った。

　文末となりますが、今回の企業訪問にあたり格別のお取り計らいを頂きました三菱商事株式会社　石化中間原料部　ANチーム　チームリーダーの貫田統士様、企業訪問当日に貴重なお時間を頂きました三菱商事株式会社化学品グループCEOオフィス　マネージャー　持田洋介様、人事部研修チーム　マネージャー　松本彩様、石化中間原料部　ANチーム　芦田卓郎様に厚く御礼申し上げます。

第11章 2014年度ゼミ合宿

1．2014 年度ゼミ合宿の概要

　2014 年度ゼミ合宿は 7 月 5 日（土）から 7 日（月）までの 2 泊 3 日で、本科 5 年生のゼミ生 3 名、専攻科 1 年生のゼミ生 2 名、専攻科 2 年生のゼミ生 2 名の合計 7 名の参加のもとに実施した。

　1 日目は有馬温泉へと移動して、午後からその有馬温泉において卒業研究報告会と特別研究報告会を実施した。翌 2 日目はゼミ生の親睦を深めるために、ユニバーサルスタジオジャパンへと出かけた。3 日目は午前中に企業調査報告会を実施のうえ、午後から神戸市内へと移動して、株式会社神戸製鋼所神戸本社を企業訪問させて頂いた。

◆ 2014 年度ゼミ合宿の日程表
○ 7 月 5 日（土）
富山―――JR 北陸本線―――大阪――JR 神戸線――西宮――
8:18　　　特急サンダーバード 14 号　　11:37　　快速　　　　13:12

――さくらやまなみバス――有馬温泉
　　　　　　　　　　　　14:03

　　　　　　　　　　卒業研究報告会・特別研究報告会（14:50 〜 18:20）
○ 7 月 6 日（日）
有馬温泉――さくらやまなみバス――西宮――JR 神戸線――ユニバーサルスタジオ
7:55　　　　　　　　　　　　　　　8:43　　　快速

　　　・・ユニバーサルスタジオジャパン　観光・・

ユニバーサルスタジオ――JR 神戸線――西宮――さくらやまなみバス――有馬温泉
　　　　　　　　　　　快速　　　19:37　　　　　　　　　　　　　20:25
○ 7 月 7 日（月）
　　　　　　　　　　　　特別研究報告会・企業調査報告会（8:00 〜 9:30）
有馬温泉――さくらやまなみバス――さくら夙川――JR 神戸線――灘
11:46　　　　　　　　　　　　　　　12:26　　　　　普通

　14:00 〜 16:20　神戸製鋼所神戸本社　訪問

灘――JR 神戸線――大阪―――JR 北陸本線―――富山
　　普通　　　　18:42　　特急サンダーバード 39 号　　22:00

2. 卒業研究報告会・特別研究報告会から学んだこと

　宮重ゼミにおける卒業研究・特別研究の目的は、卒業研究・特別研究を通じて論理的思考力を身に付けることにある（本科4年後期～5年にかけて行う研究を卒業研究と言い、専攻科1～2年にかけて行う研究を特別研究と言う）。換言すれば、卒業研究・特別研究を通じて、自分自身で考える能力を身に付けることを目的としている。

　そのため、ゼミ合宿における卒業研究報告会・特別研究報告会の目的は、論理の明快な卒業研究論文・特別研究論文を作成するために、提出期限までの時間に余裕のあるこの時期に、卒業研究・特別研究の論理の明快でない箇所を見直すことにある。そのため、この報告会では報告学生は自分の卒業研究・特別研究を論理的に説明し、報告を受ける学生は論理の明快でない箇所や不完全な箇所を指摘することが求められる。これらの作業を通して、各学生の卒業研究・特別研究の論理が明快となるように見直していくとともに、論理的思考力を磨いていくことになる。

　本年度は、ゼミ合宿1日目の2014年7月5日（土）14時50分～18時20分まで卒業研究報告会・特別研究報告会を実施した。一部学生の特別研究報告会と企業調査報告会は3日目の7月7日（月）に実施している。卒業研究報告会・特別研究報告会の内容は、以下のとおりである

◆卒業研究報告会・特別研究報告会：　7月5日（土）実施

報告時間	報告者氏名	報告タイトル
14:50～15:20	千葉由佳	なぜ企業はＳＮＳへ参入するのか―企業がＳＮＳへの参入で成功する方法―
15:20～15:50	立野詩織	色彩による仕事の動機づけ
15:50～16:20	新家彩夏	宝塚歌劇団が長期にわたって存続できる理由
16:50～17:20	浦沙保梨	戦略的CSRはモチベーション向上に寄与するのか
17:20～17:50	広島瑠衣	地方の製菓会社における高収益性の要因
17:50～18:20	水林香澄	変革型リーダーシップがM&Aを成功へ導く

◆特別研究報告会・企業調査報告会：　7月7日（月）実施
報告時間　　　　報告者氏名　　　　　　報告タイトル
8:00 〜 8:30　　　太田恵利香　　　CSRと企業の持続的発展の関係
8:30 〜 9:30　　　全学生　　　　　神戸製鋼所の企業調査報告会

　この卒業研究報告会・特別研究報告会に参加した学生の感想は以下のとおりである。

◆国際ビジネス学専攻2年　水林香澄

　今回のゼミ合宿は居心地が良すぎたように思う。もちろん、自由時間にはプラスな効果をもたらし、和気あいあいと楽しい時間を過ごせたため非常に良かったのだが、鋭い指摘や異なった角度からの新たな発想が求められる議論の場では、あまり濃い時間にできず、充実しなかったように感じているからである。私はこのような雰囲気にしてしまったのが自分自身だと自覚し、反省していると共に、場づくりの難しさを痛感した。

　私は今回、最高学年として参加したため、リーダーとしての役割を果たさなければいけないと思っていた。私が行っている特別研究でも明らかになっているように、リーダーは場づくりの役割も担わなければいけない。加えて、私は5年生と正式に対面するのが初めてだったため、親しみやすく話しやすい先輩として感じてもらい、仲を深めていこうと試みた。私自身が場づくりを意識していたからか、それとも5年生の性格のおかげか、出会って間もなかったが案外すぐに打ち解けることができたため、私はリーダーの役割を果たせたと思っていた。

　しかし、研究・調査報告会ではあまり議論モードにはならず、指摘どころか質問さえも非常に少なかった。そんな中、一生懸命思考し、鋭い指摘や質問をしてくれたのが広島さんであった。広島さんが議論を進めようと積極的に発言してくれたにも関わらず、私たちは受身で、その議論を広げることができなかった。私はこの時には気付けなかったのだが、議論の場づくりをするべきだったのだ。つまり私は、その状況に合わせた適切な場づくりができなかったということである。自由時間はみんなが楽しめる場をつくり、一方議論の場では、人の意見に反応したり自ら意見を発信したりし、みんなが意見を言うよう促す必要があったのである。私は今回のゼミ合宿で、場づくりの難しさを身をもって感じた。

以上のように、今回のゼミ合宿でも反省する点があった。しかしながら、ゼミの仲間と学年を越えて交流し、楽しい時間を過ごせたことはとても貴重である。ゼミ内でコミュニケーションがとれていて仲が良いということは、より思考を働かせ意見を言う努力さえすれば活発な議論を行える可能性が高い。これからのゼミの時間は、一人ひとりが場づくりを意識し、みんなで積極的な議論をしていけたらと思う。

◆国際ビジネス学専攻2年　太田恵利香

今回のゼミ合宿も良い刺激があり、良い思い出となった。専攻科生は専攻科生だけで普段ゼミを行なっているが、ゼミ合宿では5年生も加わって研究報告会をする。普段の質問やアドバイスとは違った観点の意見があり、大変参考になった。また、自分では気づかない点を指摘され、より研究が深まると感じた。

しかし、今回のゼミ合宿で残念だったことは、諸事情により初日の研究報告会に参加できなかったことである。ゼミ合宿における研究報告会は、伝える力を身につけられる良い機会である。自分が報告する際には多くの質問や指摘を受けることになる。その際には、自分の研究を初めて見る人もいるため、分かりやすく伝える力が必要となる。また、考える力も身につける良い機会でもある。自分とは違う観点からの質問や指摘を受けるので、それについて議論する中で考える力を身につけることができる。

3日間という短い期間のため、伝える力も考える力も身につけるまではいかないにしろ、「身につけたい」と思うきっかけとなる。初めてゼミ合宿に参加した際、先輩方の姿を見て伝える力や考える力を身につけたいと思っていた。きっと先輩方は論理的思考力を身につけていたのだと思う。論理的思考力は、就職活動をしていた際、どの企業に行っても言われた言葉である。来年度から社会へ出るにあたり、論理的思考力を身につけられるよう努めていきたい。

◆国際ビジネス学専攻1年　浦沙保梨

今年のゼミ合宿では専攻科生ということもあり、本科生よりも求められている部分が多いため、少し緊張していた。しかし、他の人の研究発表を聞くのは楽しみでもあった。

まず自分の研究は、本科での卒業研究以上に定義や理論を詳しく書く必

要があり、先輩からもその部分を指摘された。また、本科では事例分析の対象企業が中小企業であったため、特別研究では大企業に焦点を当て、普遍化を行う必要がある。他にも修正箇所が多々あるため、細かいところまで詰めていかなければならないと感じた。

今回でゼミ合宿に参加するのは３回目になる。１年前は論理的思考力が全くついていなかったが、今は少しその能力がついたように思える。１年前は論文構成どころか、テーマすら定まっておらず、無事に卒論（卒業論文）が仕上がるのか不安に思っていた。しかし、今では論理構成が出来上がり、論理的思考力も多少ついてきたのではないかと感じている。１年前と今では雲泥の差である。訓練を重ねれば人は成長するのだな、と思った。その訓練ができ、論理的思考力が身についたのも、宮重ゼミに入ったからだと実感している。

来年もゼミ合宿に参加するが、１年後の自分はどう変化しているだろうか。今より成長するためには、これまで以上に訓練をし、より多くのことを学ぶ努力をしていかなければならないと感じている。

◆国際ビジネス学専攻１年　広島瑠衣

今回のゼミ合宿で私が感じたことは、今年の研究発表は去年よりも気楽であったということである。去年は自分の研究がまだ途中で、自信がなく、余裕がなかった。そのため他の人の研究が耳に入って来ず、質問がなかなかできなかったように思う。今回は専攻科生というプレッシャーこそあったが、他の人の研究について考えることができるくらいには余裕があった。そのため、去年は大変だと感じていた質問を考えることが、今年はとても簡単だった。特に５年生の研究はまだ途中の段階であったため、いろんな疑問が浮かんだ。そして去年の自分の研究も専攻科生から見たら疑問だらけのものだったのだろうなと感じていた。また、逆に質問されたときも、１年間で自分の研究についてよく理解していたので、すんなり答えることができた。

発表のときはこのようなことを考える余裕はなかったが、ゼミ合宿を終えた今、振り返ってみると、自分は成長したなと実感した。帰りの大阪駅で同じ専攻科１年の浦さんと話していたことだが、彼女も去年はまったく浮かばなかった質問が今年は面白いくらいに思いついて、１年でかなり成長したと感じていたようだ。

今回のゼミ合宿での研究発表会は、去年よりも成長した自分を見つける良い機会になった。成長したなと実感することで、自信がつき、これからの研究を頑張っていこうという気持ちになった。

今年は私たちは1年生で先輩がいたが、来年は私たちが一番上の学年になる。今年よりもっと成長した自分になって、5年生のときや今憧れている先輩たちに近づけるよう、多くのことをまだまだ学んでいきたい。

◆国際ビジネス学科5年　新家彩夏

今回初めて参加したゼミ合宿はいつも授業でディスカッションしている5年生に加え、専攻科生の先輩方とともに卒業研究発表会、企業調査発表会を行うということで、自分の知識不足が目立つのではないかととても不安だった。実際に卒業研究発表会では自分の研究内容について専攻科生の方々から受けた質問は、5年生から受けたことのない切り口からの質問ばかりで戸惑った。

特に広島さんから受けた「何を組織文化と考え、何を組織構造と考えるのか」という質問に、はっとしてすぐに答えることができなかった。レジュメの中で「組織文化」、「組織構造」という言葉を多く利用していたが、言葉を並べているだけで私自身その定義を理解していなかったからである。言葉は使う前に自分の中で意味や定義を明確にしておかなければならないと強く思った。このように自分の未熟さを感じたと同時にこれが先輩方と私の違いなのかと痛感した。4年生の後期からこのゼミに所属し、最初の頃と比べるとほんの少しは成長したのではないかと思っていたが、先輩方と話すと自分はまだまだなのだと感じた。

また企業調査発表会では個々の視点の違いにおもしろさを感じた。まずたった1つの企業を調査したにも関わらず、7名が違う内容であったことに驚いた。自分にはなかった視点からの調査を聞くたびに、「そういう見方もあるのか！」と何かを新発見したような感覚になった。

今回の卒業研究発表会、企業調査発表会から学んだことに共通しているのは、自分の意見に満足せず他人の意見に耳を傾けることの重要さ、面白さである。今後、積極的に他人の意見を聞き自分の視野を広げ、自分の意見をさらに深いものにしていきたいと思う。

◆国際ビジネス学科５年　立野詩織

　今回のゼミ合宿は私にとって気づきと反省であった。卒業研究発表会では、事前に耳にしていたことから覚悟を持って挑んだ。最初に感じたことは、やはり先輩方の論理構成が整っていることだった。事前に知識がなくとも、聞いていて納得させられた。自分は頭の中では描けていても、いざ言葉にするとなると混乱してしまう。数か月後には私もあのように論理整然と書けているのだろうかと希望を持つことができた反面、不安にもなった。

　また、何気なく使ってきた言葉にも、人によって考えは異なるため、言葉によっては定義づけが必要だという指摘がとても印象に残った。私は先輩方に対して、知らない言葉の意味を問うような簡単な質問をすることしかできなかったが、一瞬にして論理を組みなおし、核心をつく質問をしている先輩方の姿を見て、そのような着眼点があったのかと驚いた。

　３日間を通して、先輩方と一緒に自炊をしたり、夜に話したりすることで親しくなることができた。周りに気を配って動ける人が素晴らしいと感じた。自分より１、２年多く生きている先輩方は経験が豊富であり、こんなにも違うのかと驚くばかりであった。私はまだまだ無知であり経験が足りないことを実感させられた。

　私は卒業して就職する予定であるが、専攻科へ進んで２年多くこのゼミで勉強できる新家さんが羨ましくなった。もっと自分を苦しめて鍛えるべきだと強く感じた。ぜひまたゼミ合宿に参加したい。

◆国際ビジネス学科５年　千葉由佳

　このゼミ合宿は卒業研究発表と企業訪問を目的としたものでした。今回初めて参加したゼミ合宿は、不安でいっぱいでした。その理由は２つあります。１つは、論文の構成など、合宿での発表に向けた資料を作ってみたものの、前日に不整合な点が数多く見つかり、思うように修正ができないまま合宿に参加してしまったからです。自分自身の発表中や質疑応答の間には、逃げ出したい気持ちでいっぱいになっていましたし、発表全体を通して、私の発表内容やその資料は誰よりも稚拙なものであったためです。しかし、この合宿の機会は滅多にあるものではありません。今回は向き合いきれず目をそむけてしまいましたが、同級生の指摘や専攻科生の指摘、何よりも宮重教官の指摘によって、これからどうしていけばよいのか気づ

くことができたからです。この合宿で、いかに論理的思考が大切なのか改めて感じたこと、学ぶことができ、少しでも先輩方のようになれればと思いました。

　2つめは、企業訪問前の発表です。企業訪問の前には、全員が訪問先について事前にレポートしたものを発表する機会がありました。私は思うように自身の論文と組み合わせてレポートを作成することが出来ませんでしたし、やはりこのレポートも稚拙なものであったと思っています。私はまだまだ論理的思考が出来ていないと思っています。それは知識不足、経験不足からくるものだと考えています。さらに論理的に考えられるよう、論文を書くことを通して知識不足、経験不足を補っていけたらと感じています。

　合宿では発表や企業への事前レポートなどを通して、論理的に考えることの重要さを改めて考えることが出来ました。今のままでは、専攻科の先輩方、宮重教官のように論理的に考えることは出来ません。その為にはまず、行動にうつすことから始めなければならないと感じています。今の私は口で言うことしか出来ていません。合宿で学んだことを論文で書くとき、またそれだけでなく他のことをするときに活かして行きたいと思いました。

卒業研究報告会の様子

3. 株式会社神戸製鋼所神戸本社への企業訪問から学んだこと

　宮重ゼミにおける企業訪問の目的は、次の2点である。第1に、宮重ゼミでは経営学に関する卒業研究や特別研究に取り組む学生が多いため、企業訪問を通じて企業内部の状況を肌で感じることによって、文献や講義からは得ることのできない「暗黙知」を修得することである。第2に、学生は将来、企業などの組織へと就職することになるため、研究という観点からのみではなく、働く場所という観点からも企業を理解することである。特に先輩社会人の背中を見て、「働く」ということを考えてもらうことを大きな目的としている。
　本年度は、ゼミ合宿3日目の2014年7月7日（月）14時～16時20分までの2時間20分にわたって神戸製鋼所神戸本社を企業訪問させて頂いた。企業訪問の内容は、以下のとおりである。

◆神戸製鋼所神戸本社訪問の内容
　①　神戸製鋼所の事業紹介　（人事労政部人事グループ　安田まさ子様）
　②　事務系職の仕事内容と仕事経験の紹介
　　　　　　　　　　　　　　（人事労政部人事グループ　安田まさ子様）
　③　質疑応答（ディスカッション）
　　　　　　　　　　　　　　（人事労政部人事グループ　安田まさ子様）

　神戸製鋼所神戸本社への企業訪問から学生の学んだことは以下のとおりである。

◆国際ビジネス学専攻2年　水林香澄
　神戸製鋼所の神戸本社に到着し、私はまず、環境に対する意識が高い会社だという印象を抱いた。理由は、全面がガラス張りの壁になっており、外の自然な明るさを取り込んだり美しい緑が感じられる造りになっていたからだ。後に安田様が、神戸本社は省エネや省CO_2にこだわって造られたのだとお話して下さり、神戸製鋼所の環境意識の高さが非常に理解できた。また、自社で発電をし、その電力を利用して直接的な地域貢献を行っていることも知り、積極的にCSRを行っている会社だと感じた。しかし、

神戸製鋼所のCSRの活動は決して今に始まったことではない。安田様がお話しして下さった、阪神・淡路大震災の際に、社会のために自社の技術を他社に教えたストーリーは正にCSRに値するだろう。このように、神戸製鋼所はCSRの概念が広まる以前から社会的責任を果たしてきたのだと知り、CSRは神戸製鋼所のDNAのひとつなのだろうと感じた。

　以上のように、CSRを含む神戸製鋼所のDNAが100年以上も受け継がれてきている理由には、「人」の特徴も関係していると考える。神戸製鋼所は創業当初から、何事も前向きにやってみるチャレンジ精神と、個々の判断を尊重する自由闊達な風通しの良い社風を持っており、安田様自身の経験談や考え方からも実際にこの社風を感じることができたからである。私は、この社風は人を採用する際に重視する要素が鍵だろうと思い質問をしてみたところ、その人の考え方や行動プロセスなどを見ておられることが分かった。つまり、物事を自らの頭で考え判断できる人間か、自ら行動に移すチャレンジ精神がある人間かという、人の中身を慎重に見極めておられるのだ。こうして神戸製鋼所のDNAを受け継ぐ人財が選ばれ、彼らが仕事の経験を積んだり先輩社員とコミュニケーションをとっていくことで、DNAが浸透していく。そして、このプロセスが循環し続けていることが、DNAを受け継いでいく秘訣なのだと知ることができた。

　しかしながら、採用の際に見ている以上のポイントは、どこでどのような仕事をしようとも社会人にとって欠かせない要素だと考える。今回の企業訪問は、これから社会に出る私にとって、自分自身を見つめ直すきっかけにもなった。更に思考を磨き、より積極的に物事に取り組んでいく人間になれるよう、常に高いアンテナを張りながら生きていきたい。

◆国際ビジネス学専攻2年　太田恵利香

　今回のゼミ合宿では株式会社神戸製鋼所を訪問させていただいた。対応していただいたのが若手の女性社員ということで、和やかな雰囲気の中でお話を聞くことができた。来年度から社会人として働くことになるため、様々な経験をふまえた充実した内容のお話は大変参考になった。

　お話の中で特に印象的だったことは2つある。①今の学生には知識はあっても知恵がないこと、②論理的に物事をまとめることは社会でも同じなので学生時代に訓練すべきであること、の2つである。どちらも論理的思考力に結びつくものであると感じた。Endに辿り着くためには、効率

的にするには、と考える際には論理的思考力が必要であり、社会人として論理的思考力があることは必須であると実感した。今回の企業訪問で感じたことを忘れず、これからも精進していきたい。

　社会に出るまでもう１年もない。少ない時間ではあるが、働き始めるまでに力をつけておきたい。そのためにも、積極的に議論に参加したり、指摘したりできるようになっていたいと思う。それによって働く頃には何か変わっていたいと思う。

　最後に、安田様にはお忙しい中お話を聞かせていただき、ありがとうございました。大変充実した時間を過ごすことができ、感謝しております。本当にありがとうございました。

◆国際ビジネス学専攻１年　浦沙保梨

　株式会社神戸製鋼所は鉄鋼事業を行う企業、という漠然としたイメージしかなかった。企業の概要についてのお話から、鉄鋼事業の他にも溶接事業やアルミ・銅事業など、様々な事業を展開していることが分かった。その中でも、オンリーワン製品・技術という言葉が印象に残っている。神戸製鋼の技術は他社には模倣できない技術であり、自社の製品や技術に自信を持っているということが垣間見えた。

　今回お話を伺った安田さんは、仕事にやりがいを持ち、生き生きとお仕事をしているという印象を受けた。安田さんは以前、中国で化学兵器を処理するという仕事をされていたそうだ。慣れない現地での仕事は苦労も多かったが、それ以上にやりがいがあったという。その仕事が終わり、現地の人々から感謝されたとき、この仕事をやってよかったなと感じたとおっしゃっていた。安田さんのお話を聞いたとき、私も誰かの役に立つ仕事、やりがいのある仕事をしたいと感じた。

　同じ女性として、社会人になる身として、安田さんの生き方に憧れを感じた。そんな安田さんの理想像はというと、身近にロールモデルがいるわけではなく、自分の経験から理想像を見出したという。経験がものを語るとはまさにこのことだ。私もいろいろな経験をし、その経験を糧に自分に合った仕事、自分のやりたい仕事を見つけていきたいと思う。

　今回の企業訪問では貴重なお話をたくさん聞かせていただいた。このような機会を与えてくださった株式会社神戸製鋼所の皆様には感謝申し上げたい。

◆国際ビジネス学専攻１年　広島瑠衣

　今回の企業訪問は、私にとって４社目の訪問であった。訪問企業は神戸製鋼所で、お話しを伺ったのは人事の安田さんだった。彼女のお話しはとても聞きやすかった。鉄鋼業界についてほとんど知識のない自分でもわかるほど、話が分かりやすく、そして例えが上手で、難しい専門用語もよく理解できた。

　また、安田さんは自分のお仕事に関するお話もしてくださった。このとき素直に感じたことは、安田さんは自分の仕事が好きなんだな、ということである。安田さんは中国でのお仕事について話してくださったが、仕事のことや、そこで出会った人のことを話す姿はとても生き生きしていた。仕事が好きでなければ、こんなに生き生きと語れるはずがない。仕事が楽しいと思える会社に出会えた安田さんがうらやましいと感じた。そして将来の自分はこんな風に自分の仕事を生き生きと語れる人になっているのだろうかという不安が生まれた。しかし、不安がっている場合ではない。就職活動は目前に迫っている。私は自分のやりたいことを見つけて、自分と合う企業と出会い、そしてその企業に入りたい。そのためには何をすればいいのか。

　安田さんが神戸製鋼所に就職しようと思った理由を聞いて、感じたことがある。それは安田さんが、以前に訪問させていただいた企業の人たちと似ているということだ。安田さんは学生時代に海外に１人でフィールドワークを行うという経験をしていた。今まで会ってきた人たちも海外留学していた人やふらっと１人旅をするのが趣味な人が多かった。そしてそこから何かを感じ、今の企業に就職したという人がほとんどであった。安田さんも海外でのフィールドワークを通して、自分は何がしたいのかを考え、それができるのが神戸製鋼所であった。海外でも国内でもなんでも良い、とにかく今いる状況から脱して、まったく新しい人やものに出会うという経験は自分を見つめ直し、自分のやりたいことを見つける良いきっかけになると感じた。私はこの夏、海外に行く予定である。ただ海外で勉強するだけではなく、違った環境で自分は何を感じるのかということを意識して行きたい。

　今まで出会った人たちは面白い経験をたくさんしており、そして私もこんな風になりたいと思える人たちであった。今回もまた安田さんは私の憧れる人の１人に加わった。企業訪問ではたくさんの人に出会うことがで

き、考えさせられることばかりである。そんな機会を持てたことを嬉しく思う。

◆国際ビジネス学科5年　新家彩夏

　今回神戸製鋼所を訪れ、人事労政部の安田さんからお話を伺いながら、将来こういう会社で働きたいと率直に思った。その一番の理由は神戸製鋼所の「おもしろいからやってみよう！」のチャレンジ精神にある。今回訪れた神戸製鋼は多くの事業を行っているが、その多くが既存の技術から生まれた多角化であった。既存の技術からといっても新しい事業に参入するにはそれなりの資金と時間が必要であり、失敗のリスクも伴うはずである。しかしそれでも神戸製鋼は多角化を進め、現在では9つの事業を行っている。1つの事業が成功したから満足するのではなく、失敗を恐れずにまた次の段階へと積極的に成長しようとするというところに、神戸製鋼所100年の歴史の理由があると思った。私は将来満足することなく常に向上心を持ち続けられる会社で働きたいと考えている。その点で神戸製鋼所は私にとって理想の職場の一つとなった。

　さらにお話を伺った安田さんのさばさばした人柄はとても印象的であった。安田さんは学生時代に単身でボリビアに行ったり、業務でも海外に行ったりとさまざまな経験を積んでおられた。「海外へ行く前は不安だったけれど行けばなんとかなる！」という思いで行ったと話してくださった。また安田さんに将来の目標をお聞きすると、「部長などになりたいというよりはのびのびと仕事をしたい。結婚しても仕事を続けたい。」と話してくださり、安田さんの仕事に対する愛着を感じた。

　神戸製鋼所の「おもしろそうだからやってみる」、安田さんの「行けばなんとかなる」、どちらにもチャレンジ精神が感じられる。会社の社風と自分の気質が合致することで仕事への愛着が生まれるのではないかと思う。私は2年後には就職活動をしなければならない。自分のやりたい仕事を考えるのはもちろんだが、自分にはどのような社風の会社が合っているのかということも明確にして、就職活動をしていきたいと思う。

◆国際ビジネス学科5年　立野詩織

　神戸製鋼を訪問し、まず歴史の展示フロアを見学した。私自身、学校でラグビー部のマネージャーをしており、神戸製鋼チームの試合を観戦した

ことがある。そのため、神戸製鋼といえばラグビーという印象を持っていた。しかし、身近なものに幅広く関わっているということを知って驚くと同時に親近感を抱いた。オンリーワンを掲げて新しい製品を生みだし続け、多くの分野で世界一や日本一を誇っていることから、何でもやってみようという雰囲気にも表れていると感じた。

　今回の訪問では、「楽をしようとすればいつでもできるが、自分の未来に反映される」という言葉が一番心に響いた。大学時代に研究の調査のために一人で海外へ行くという安田さんの行動力が、私にはないものと感じた。多くのことを乗り越えた経験が安田さんの今をつくっていることが伝わってきて、だからこそ言葉に説得力があった。安田さんが以前は人見知りだったというのはとても信じられなかった。それでも人との出会いの数や幅広さによって変わったと聞いて、私ももっと人から吸収し克服したいと思った。自分はまだまだ知識も知恵も足りないと痛感させられた。

　レポートや論文をデータに基づいて書くことは、自分と向き合う作業であり、論理的思考の訓練にもなるから学生のうちに苦しむべきだという言葉は非常に刺さった。これからは自分の言葉で人に説明することができる能力を身につけたい。日々を学校で過ごすだけの生活では視野が狭くなっていたように感じる。普段出会うことができない安田さんからお話を聞くことができた今回の機会に感謝している。

◆国際ビジネス学科5年　千葉由佳

　今回株式会社神戸製鋼所を訪問し、安田さんにお話を伺った中で、論理的思考について学びました。はじめに会社の概要について説明をいただき、その後質疑応答に移りました。

　会社概要について説明していただいている間はもちろんのこと、質疑応答に移った後も安田さんは、常に論理的思考で対応してくださったと感じました。私たちの反応から、言葉を変えたり言い回しを変えたりしており、今の私にはできないことを簡単になされていると感じました。

　質問の中に「安田さんにとって仕事とは何ですか」というものがありました。安田さんは「人と何かを進める、知るプロセス」とおっしゃっていました。また、「社会では論理的思考が絶対必要」という事も言っておられました。この事を聞いてから、安田さんのお話にもあった、中国での仕事についてのことを思い出していました。論理的思考ができるからこそ、

また「知るプロセス」の中にいるという考えがあるからこそ、仕事を上手くこなしておられたのだと思いました。お話の中にもやはり、そのような面が表れているのだと感じました。

今まで、あまり安田さんのように論理的に考える方を見てこなかったせいか、とても新鮮な気持ちで、最後までお話を聞くことができたと感じています。何となくではありますが、安田さんから神戸製鋼所の社風を感じることが出来ました。本社ビルに入って会った方からも、同じような雰囲気が感じ取られ、人が会社を選ぶのか、会社が人を選ぶのかはわかりませんが、同じような考え方を持つ方が集まっているのだなと思いました。

また、この機会において、私には論理的思考がまだまだ出来てないことが顕著に表れてしまったと感じています。質問をさせて頂いた時も、上手くまとめられず、何ら脈絡のないような質問をしてしまいました。経験が足りないと思わざるを得ません。

この訪問では、社会に出たときにどう対応していくかを学ぶことができました。論理的思考を持って物事を考えていかなければならない、ということを改めて考えることができる機会であったと思います。

文末となりますが、今回の企業訪問にあたり格別のお取り計らいを頂きました株式会社神戸製鋼所 機械事業部門圧縮機事業部の荏原伸二様、人事労政部人事グループの濱田正臣様、企業訪問当日に貴重なお時間を頂きました株式会社神戸製鋼所 人事労政部人事グループの安田まさ子様に厚く御礼申し上げます。

第12章 2014年冬合宿

1. 2014年冬合宿の概要

　2014年冬合宿は2014年1月6日（火）から7日（水）までの1泊2日で、専攻科宮重ゼミのゼミ生5名（専攻科2年生1名、専攻科1年生2名、専攻科進学予定の本科5年生2名）の参加のもとに実施した。

　1日目は東京に集合し企業調査報告会を実施した。2日目は午前中に富士電機本社（ゲートシティ大崎イーストタワー）を、午後に千代田化工建設グローバル本社（みなとみらいグランドセントラルタワー）を企業訪問させて頂いた。

◆2014年冬合宿の日程表
○1月6日（火）
　　20:30　　　　　　東京集合
　　21:00～22:30　　企業調査報告会（富士電機、千代田化工建設）
○1月7日（水）
　　 9:30～12:20　　富士電機本社（ゲートシティ大崎イーストタワー）訪問
　　14:00～17:20　　千代田化工建設グローバル本社
　　　　　　　　　　（みなとみらいグランドセントラルタワー）訪問
　　　　　　　　　　　　　　　　　　　みなとみらい駅解散

2. 富士電機株式会社本社（ゲートシティ大崎イーストタワー）への企業訪問から学んだこと

　2014年冬合宿における企業訪問の目的は、以下の2点である。第1に、国際ビジネス学専攻は文系の高専専攻科であり、同専攻の宮重ゼミの学生は文系4年制大学生として就職活動を行う。すなわち、大学生として自分自身で自由公募の就職活動を行うことになる。そこで実際に企業で働く社員の方々との交流を通じて、「働く」場所という観点から企業を理解することが目的である。第2に、国際ビジネス学専攻の宮重ゼミの学生は特別研究において、企業の経営戦略や企業倫理、人的資源管理など企業の内部環境に関する実証研究を行っている。そこで実際に企業へと訪問のうえ企業で働く社員の方々との交流を通じて、文献や講義からは得ることのできない「暗黙知」を修得することも目的である。

第 12 章　2014 年冬合宿

　2014 年冬合宿では、2014 年 1 月 7 日（水）9 時 30 分～ 12 時 20 分までのおよそ 3 時間にわたって富士電機株式会社本社（ゲートシティ大崎イーストタワー）を企業訪問させて頂いた。企業訪問の内容は、以下のとおりである。

◆富士電機本社訪問の内容
　①　富士電機の概要紹介（人事・総務室 採用センター 主任 若林直樹様）
　②　富士電機の事業紹介
　③　富士電機の各種支援制度の紹介
　④　富士電機の人材育成の紹介
　⑤　富士電機の採用選考の紹介
　⑥　質疑応答
　⑦　新入社員の方の経験談
　　　　　（営業本部 海外プラント営業統括部 営業第四部 西澤英之様）
　⑧　適宜、質疑応答

　富士電機本社（ゲートシティ大崎イーストタワー）への企業訪問から学生の学んだことは以下のとおりである。

◆国際ビジネス学専攻 2 年　宇佐美淳子
　富士電機株式会社（以下、富士電機）を訪れ、人事の若林さんと営業の西澤さんにお会いし、お二人の強い目と活き活きした表情が心に残った。今回の訪問を振り返ってその理由を考えてみると、お二人は自分の仕事に誇りを感じ、試行錯誤をしながらも満足を感じながら生きている印象を受けたからだと思う。では、どうしたらそのような生き方ができるのだろうか。
　富士電機は社員の選考評価項目に、「Thinking：考え抜く力」「Action：前にふみだす力」「Teamwork：チームで働く力」の 3 つを掲げている。私たちはゼミの活動を通して、論理的思考力の向上に努めており、これはこの 3 つの力の礎となるものだと思う。なぜなら、課題を見つけることや新しいアイディアを出すこと、行動を計画すること、相手の気持ちや立場を考えて振る舞うこと、これら全てに必要なのは段取り立てて考える力だからである。実際に論理的思考力を持つ者が社会全体で求められているこ

とは目に見えて明らかであり、もはや「論理的思考力が必要」という情報は盲目的に信じられてしまうほどの威力を持って拡散している。

　しかし、本当に大切なのは論理的思考力を鍛えるだけではなく、その先に、行動＝Actionが伴うことであると私は今回の訪問を通して学んだ。いくら論理的思考力を鍛えても、実際にその考えに基づいた行動を起こさなければ、客観的に見ると考えていないのと同じだからである。若林さんによると、これらの力を兼ね備える人に共通する特徴は、「自分の軸を持ち、主体的に行動ができること」である。私は自分の軸とは、自分の価値観に基づいた行動の積み重ねによって形成、自覚されていくものだと思う。実際、西澤さんの軸は、「強い意思による選択」と「それに向かってまっしぐらに突き進む行動」の積み重ねで形成されていると私は感じた。

　このように求められる社会人像という視点から討論した結果、自分の軸に基づいた行動をしていくことが、満足を感じながら活き活きと生きるための方法と知ることとなった。これは、普段の生活の中では成し得ない経験である。時間を割いてくださった富士電機の若林さん、西澤さんに深く感謝し、今後の生き方に活かしていきたいと強く思う。

◆国際ビジネス学専攻１年　水林香澄

　富士電機の受付を通り待合室にいた際、私は意外に静かで緊迫感があると感じた。以前に富士電機に訪れた宮重教官や宇佐美さん、太田さんの話を聞き受けたイメージとは少し違い、想像よりも静かで緊張した。しかし、この時感じた少しお堅いイメージも、若林様と西澤様のおかげで柔らかく居心地のいい会社のイメージに変わった。

　若林様は会社概要から採用についてまで幅広い説明をして下さった。若林様のお話の中で私が最も興味を持ったことは、ブラザーシスター制度による人間関係やコミュニケーションの問題の早期解決である。ブラザーシスター制度という親しみやすい名前にユーモアを感じただけでなく、社員の居心地をより良くする独自の制度を設けておられることから、社員ひとりひとりが生き生きと働ける環境づくりに非常に力を入れていることが伝わってきた。

　また、今回の訪問では海外営業の西澤様にもお話をして頂いた。新入社員研修において同期との絆を深め、その強いつながりが今に活かされていることを知り、研修時代のグループワークや飲み会の濃厚さを感じた。採

用選考評価基準である「チームワーク」や「コミュニケーション能力」を認められた人たちが共に研修を行うことで、企業文化や企業DNAはもちろん、より高いチームワーク力、コミュニケーション能力も身についていく。富士電機の場合は、特に「人の気持ちを考えて行動、発言する力」を育成することによってチームワークやコミュニケーション能力を高めているように感じた。この結果が見受けられたのが、若林様と西澤様のやりとりである。お二人は同じ部署ではなく、普段頻繁に会われる仲ではないはずだが、お二人で話されている時の雰囲気や話し方が親しく感じられ、研修で身に着けた高いコミュニケーション能力と社風を感じることができた。

◆国際ビジネス学専攻１年　太田恵利香

　５月に特別研究のインタビュー調査で訪問させていただいたので、今回が２回目の訪問となりました。現在就職活動中ということで、今回は会社概要、採用、若手社員の方の体験談を中心とした大変参考になるお話を伺うことができました。若手社員の方の体験談においては、入社１年目の海外営業に携わっておられる社員の方のお話を伺うことができ、充実したひと時となりました。

　若手社員の方のお話で印象的だったことは、「自分のやりたいことができるところを選ぶ」、「やると決めたらそこに向かって頑張る」ということです。長く働くためには、やはりやりたいことがある企業が良いと思います。長く働くためにも、自分がやりたいことを考え、自分に合う企業を見つけ、そこに向かって頑張っていきたいです。企業訪問で対応していただいた皆様には、お忙しい中貴重なお話を聞かせていただき、本当にありがとうございました。

◆国際流通学科５年　浦沙保梨

　今回の企業訪問で、富士電機はチームワークを大切にする企業という印象を受けた。富士電機の経営方針やどのような人材を求めているかという選考評価項目にも、チームワークが大きく掲げられていた。また、今回伺ったお話のなかにも、チームワークという言葉が度々出てきた。１人でやる仕事はほとんどなく、チームで協力して仕事に取り組んでいるそうだ。また、分からないことや困ったことがあった時は同期に相談するとい

う。このような同期のつながりは、仕事をする上で本当に助けになるとおっしゃっていた。

　また、富士電機で働く方々は士気が高い方ばかりだった。常に考え、向上心を持って仕事に取り組んでおられた。「仕事へのやる気の原動力は何ですか？」という私の質問に対し、楽しいと思える仕事をつくることだとおっしゃっていた。自分の仕事にやりがいや誇りを持っているようだった。また、自らが楽しいと思える仕事をするには、今のうちにしっかりと自分のやりたいことを整理し、軸を立てておくことが必要だと助言してくださった。

　今回の企業訪問では、研究に関することだけでなく、就職活動や社会人になった際に活かせるお話をたくさん伺った。このような貴重な機会を与えてくださった富士電機の皆様には感謝申し上げたい。

◆国際流通学科5年　広島瑠衣

　冬のゼミ合宿では2社の企業へ訪問させていただいた。1社目は富士電機株式会社であった。今回私たちに対応して頂いたのは人事の若林さんと営業の西澤さんだった。若林さんには富士電機さんの会社情報や採用情報の話を伺った。私は働くということがまだはっきりと分かっていなかったため、自分の働くビジョンが見えてきた気がする。とくに今回の訪問では、人事の仕事に興味を持った。話を聞いてまず感じたのは、人事の仕事は会社と働く人の未来が見える面白そうな仕事という印象だった。人事の方々は会社の必要としている、会社に合っている人材を選び出し、採用し、その人に合う部署を割り振る仕事だと自分なりに考えた。そして、人事という仕事は会社を作っているのだなと感じた。私は会社を動かしているのは社長などの偉い人だけというイメージがあり、社員が行っているとは考えていなかった。人事の仕事の話を聞いたことは、会社で働くということが、製品を作ることしかイメージがなかった自分にとって、とても印象深いものであった。

　また、富士電機さんは世界を相手にする会社であるため、異文化の理解が重要であることが分かった。営業の西澤さんはトルコの人と仕事をしていると伺った。私は海外で働くことに憧れがあり、その理由は自分の語学力が活かせるからというものであった。しかし、どんなに語学力があっても、その国の文化を理解していなければ、コミュニケーションはうまく行

かないということが分かった。文化は国々で異なり、どの人も自分の文化中心に考えがちになると思う。だからこそ異文化理解は難しいが、それを理解し、コミュニケーションをとり、ビジネスを成功させていくことは面白いなと感じた。また、西澤さんは、入社一年目の方であったため、入社時研修や新入社員ならではの話を伺った。富士電機さんの入社時研修では座学はもちろんのこと、グループワークもあることが分かった。グループワークのメンバーはその都度代わり、いろいろな人とコミュニケーションをとり、意見交換をすることができる。これにより、西澤さんはコミュニケーション能力がついたそうだ。また、他の部署に知り合いができ、研修が終わり、仕事が始まったあとにその人脈が役にたったという経験も聞くことができた。

　富士電機さんの訪問で自分の働くことへの興味が増えた。また、自分の積極性の無さに驚かされた。企業の方々は忙しい時間を割いて、私たちに会ってくださっている。また、とても親切で私たちの質問に真剣に答えようとしてくださっているのに、私はあまり質問ができなかった。それはとても失礼なことなのではないかと感じた。ゼミ合宿では自分の足りない部分を発見し、どのようにその欠点を改善していくべきか課題が見つかった。この経験から得られたことを活かせるようにしたい。

　文末となりますが、今回の企業訪問にあたり格別のお取り計らいを頂きました富士電機株式会社　人事・総務室　能力開発センター　福井隆　様、企業訪問当日に貴重なお時間を頂きました富士電機株式会社　人事・総務室　採用センター　主任　若林直樹様、営業本部　海外プラント営業統括部　営業第四部　西澤英之様に厚く御礼申し上げます。

3. 千代田化工建設株式会社グローバル本社（みなとみらいグランドセントラルタワー）への企業訪問から学んだこと

　2014年冬合宿における企業訪問の目的は、以下の2点である。第1に、国際ビジネス学専攻は文系の高専専攻科であり、同専攻の宮重ゼミの学生は文系4年制大学生として就職活動を行う。すなわち、大学生として自分自身で自由公募の就職活動を行うことになる。そこで実際に企業で働く社

員の方々との交流を通じて、「働く」場所という観点から企業を理解することが目的である。第2に、国際ビジネス学専攻の宮重ゼミの学生は特別研究において、企業の経営戦略や企業倫理、人的資源管理など企業の内部環境に関する実証研究を行っている。そこで実際に企業へと訪問のうえ企業で働く社員の方々との交流を通じて、文献や講義からは得ることのできない「暗黙知」を修得することも目的である。

　2014年冬合宿では、2014年1月7日（水）14時00分〜17時20分までのおよそ3時間20分にわたって千代田化工建設株式会社グローバル本社（みなとみらいグランドセントラルタワー）を企業訪問させて頂いた。企業訪問の内容は、以下のとおりである。

◆千代田化工建設グローバル本社訪問の内容
　①　自己紹介
　　　（HRMユニット採用研修セクション　セクションリーダー　小野康様、同GM補佐　池田喜一郎様、同採用研修セクション　井上理紗様）
　②　会社説明（HRMユニット採用研修セクション　米倉資雄様）
　③　デスク見学
　　　　（HRMユニット採用研修セクション　岡本亜佑美様、田中李沙様）
　④　若手社員とのパネルトーク
　　　（医薬・環境プロジェクトユニット　古一杏美様、HRMユニット労務厚生セクション　池宏様、同　大高晃様、調達・ロジスティクスマネジメントユニット調達サプライマネジメントセクション　山口絢子様）
　⑤　適宜、質疑応答
　⑥　社員の方々との交流会

　千代田化工建設グローバル本社（みなとみらいグランドセントラルタワー）への企業訪問から学生の学んだことは以下のとおりである。

◆国際ビジネス学専攻2年　宇佐美淳子
　千代田化工建設株式会社（以下、千代田）を訪れて、私は「自分らしく生きる」ことの魅力を感じ、刺激を得た。
　今回の訪問では10名もの社員の方々とお会いし、社内見学や座談会形式での意見交換の機会を頂いた。皆さんの働く目的や千代田を選んだ理

由、学生時代の様子などを伺うと、各々に「自分らしさ」という軸がはっきりと通っていることを感じ、魅了された。なぜ魅了されたかというと、皆さんが確実に自分で自分の人生を歩んでいることが、表情や言動、過去の経験談から感じられたからである。自分で自分の人生を歩むのは当然だが、それはなかなか難しいことだと私は思う。周りに流されたり、周りの目を気にして自分を押し殺したり、他人のせいにしたりと、「自分らしさ」は「自分」を強く持てなくなると、簡単に無くなってしまう状況にさらされているからだ。

　千代田の皆さんとお会いしたことで、私は「自分らしく生きる」ためのコツを学ぶことができた。それは、色々な経験をし、色々な人に会い、色々な知見を増やして自分の視野を広げると同時に、その度に自分の感情に素直に向き合うことである。千代田の皆さんは、学生時代に留学や海外旅行、海外インターンシップなどに取り組んでおり、日本という枠や典型という枠を超えた経験が豊富だった。その経験談を伺っているときに印象的だったのは、その経験を通して自分が思ったことや考えたことも必ず話してくださったことである。おそらく経験と同時にその経験をした自分の気持ちと向き合うことで「自分らしさ」が形成されていき、それを信じることで「自分」を強く持てるようになるのではないかと私は思った。そしてそれを繰り返すことで、自分で自分の人生を歩めるようになるのだろう。千代田の皆さんとお会いして、そのように生きている人は自信を持っており、性格も表情も明るいことを体感した。

　「自分」を強く持つことを諦めて、周りに流されて生きることは簡単である。しかし、魅力ある人にはなることはできないだろう。だから私は、「自分らしく生きる」ことにこだわって生きていきたいと思う。

◆国際ビジネス学専攻１年　水林香澄

　二年ぶりに訪れた千代田化工建設。新しいオフィスになり外観が変わっていた一方、以前お会いした池田様、井上様、池様はお変わりなく、千代田の中身は変わっていないと感じた。

　今回の訪問では多くの社員の方々から生のお話を聞く機会があったため、千代田で働く「人」をより深く知ることができた。目に見える共通点は「笑顔」であったが、人間性の共通点としては「忍耐力」と「改善力」があることだと感じた。もちろん、熱意があることや人柄の良さも共通点

として挙げられるが、今回は仕事での苦労話や経験談等を聞き、特に強く感じた共通点が「忍耐力」と「改善力」であった。辛いことや問題が生じたら、まずはその状況を受け入れて原因を考える。そして、より良い形にしていくにはどうすべきか、という改善策を前向きに考えて実行に移す。お話して下さった社員の方々全員が、こういった流れで問題解決をしていることに気付き、仕事はただ楽しさややりがいを感じてするものではなく、困難な問題が生じた際に根気よく前向きな行動をとり、そこにいかに楽しさややりがいを見出すかということも非常に重要なのだと知った。

　就職活動をやっていて、人事の方やセミナーの講師から「働いている自分をイメージしなさい」という言葉を何度も聞く。今回の訪問での社員の仕事のお話を経て、やっと働く自分をイメージできるようになったため、このような機会を与えて下さりとても有難かった。また、懇親会の場を設けて下さったことからも、「人」を大切にする社風を感じ取ることができ、社員もお客様も大切にする千代田に更に魅力を感じた。

◆国際ビジネス学専攻1年　太田恵利香

　初めて訪問させていただきましたが、とても風通しの良い社風の企業だと感じました。社員の方同士で会話されている際はアットホームな雰囲気で、皆様仕事を楽しんでいるように感じられました。こちらも会社概要、若手社員の方々の体験談をアットホームな雰囲気で伺うことができました。現在就職活動中ということで、大変参考になるお話を伺うことができました。若手社員の方の体験談においては、入社1年目の社員の方々と入社4年目の社員の方々のお話を伺うことができ、充実したひと時となりました。

　今回の訪問では若手社員の方々との懇談の場を設けていただき、様々な方とお話する機会を得ることができました。普段は高専という狭いコミュニティーの中にいるため、社会人の方々とお話することは良い刺激になりました。企業訪問で対応していただいた皆様には、お忙しい中貴重なお話を聞かせていただき、本当にありがとうございました。

◆国際流通学科5年　浦沙保梨

　千代田化工建設は、企業訪問に伺うまで、詳しい事業内容をよく存じ上げなかった。エンジニアリングやプラントなど、難しい用語が飛び交う

中、何も知らない私たちに丁寧に説明してくださったおかげで、理解を深めることができた。

　今回の企業訪問では4名の若手社員の方にお話を伺うことができた。4名の方に共通していたことは、仕事への熱意があり、野心があるということだ。人事部の大高さんは、いい職場づくりを心がけ、相手のことを考えて仕事に取り組んでいるとおっしゃっていた。仕事内容は異なるものの、それぞれ自分の仕事にやりがいや誇りを感じているようだった。また、「学生時代やっておいてよかったことはありますか？」という質問に対し、皆さんが口を揃えて人脈を広げること、とおっしゃっていた。インターンシップや留学などの経験が今の糧になっているという。いろいろな人と出会うことで、自分の視野を広げ、多様な考え方ができると助言してくださった。

　このような貴重な機会を与えてくださったにもかかわらず、あまり積極的に質問することができなかったことが悔やまれる。そんな私に対し、多くのご助言をくださった千代田化工建設の皆様に感謝申し上げたい。

◆国際流通学科5年　広島瑠衣

　冬のゼミ合宿での訪問企業2社目は千代田化工建設株式会社であった。この企業ではまず、働く人の雰囲気が良い企業だなと感じた。企業訪問は社会人の方とお話しするということもあり、少し緊張してしまいがちになるが、話しかけられる雰囲気がとてもあたたかく、落ち着いて話を聞くことができた。お会いしたのは人事の米倉さん、若手社員の方々だった。

　はじめに人事の米倉さんに千代田化工建設株式会社とはどんな会社なのか教えていただいた。私は千代田化工建設さんは名前も知らない状態で、名前を聞いても何をしている会社か全く想像がつかなかった。米倉さんの話によると、千代田化工建設さんは大規模な設備の計画から建設、そしてその設備のメンテナンスまでを行っていることが分かった。また、国内のものだけではなく、世界で様々な設備を作っており、世界に広がる会社だと感じた。世界中で大規模な設備をつくるということは、世界の人々と対応しなければならない。そのため、千代田化工建設さんは世界で活躍できる仕事ができる会社だと感じた。それだけでなく、社会の役に立てる仕事ができるということも分かった。

　また、若い社員の方々に質問できる時間をもうけていただいた。年の近

い社員の方の話を聞くことで、近い視点で、働くこと、就活の話を聞くことができた。今回は入社4年目の池さん、古一さん、入社1年目の大高さん、山口さんにお話しを伺った。この時間で印象に残った質問は、「働くことの意義とは何なのか」という質問だ。これは自分自身にも問いたい質問であった。私はまだ、何のために働こうとしているのか分かっていない。ただ、周りが働いているから働くことは当たり前という意識があった。しかし、それでは仕事が長続きしないと思う。自分が何のために働くのかを理解することで、仕事をするのに目標ができ、それを達成するために努力し、達成すればまた目標ができ、再び努力するというサイクルが生まれるのではないかと考えた。そして、このサイクルを通して自分の仕事にやりがいを感じるのではないかと考えた。しかし、まだ私は自分が何のために働くのかわかっていない。これから長く付き合っていかなければならない課題だなと感じた。

　若手社員の方々には学生時代にやっておくべきことも伺った。どの方々も口を揃えて様々な人とコミュニケーションするべきだと言う。私はその大切さを企業訪問で学んだ。今まで私は同年代の人としか話してこなかったため、視野が狭かったように感じる。社会人の方々とお話をすることで沢山の知識がつき、なにより、社会人の方々のお話は聞きやすく、分かりやすく、楽しかった。自分もこんな風に上手に話ができる人になりたいなと思った。そして自分の目指す姿をイメージすることができた。このイメージをはっきりとさせて、これからの活動に活かしていきたい。

　文末となりますが、今回の企業訪問にあたり格別のお取り計らいを頂きました千代田化工建設株式会社 HRMユニット 池田喜一郎様、井上理紗様、企業訪問当日に貴重なお時間を頂きました千代田化工建設株式会社 HRMユニット採用研修セクション セクションリーダー 小野康様、同 アシスタントグループリーダー 米倉資雄様、同 岡本亜佑美様、同 田中李沙様、医薬・環境プロジェクトユニット 古一杏美様、HRMユニット労務厚生セクション 池宏様、同 大高晃様、調達・ロジスティクスマネジメントユニット調達サプライマネジメントセクション 山口絢子様に厚く御礼申し上げます。

第 12 章 2014 年冬合宿

千代田化工建設における若手社会人とのパネルトーク

第13章 2008年度キャリア研究会研修合宿

1．2008年度キャリア研究会研修合宿の概要

　キャリア研究会では、2008年3月26日（水）〜27日（木）の1泊2日で、14名の部員の参加のもと研修合宿を行った。
　1日目は、7名ごとに2班に分かれて、訪問先企業であるグンゼとCSRに関する調査内容の報告と意見交換を行った。2日目はグンゼ株式会社大阪本社CSR推進室へと企業訪問させて頂き、実際に企業で働かれる方々からお話を伺った。

◆キャリア研究会研修合宿の日程表
○3月26日（水）
富山――JR北陸本線――福井／福井――JR北陸本線――敦賀／敦賀――
6:34　　　普通　　　　　　9:16／10:10　　普通　　　　11:01／11:23

――JR湖西線――京都／京都――京都バス――大原
　　新快速　　　　12:58

　　　　　　　　　　　　　京都市内自由散策
　　　　　　　　　　　　　企業調査報告会・CSR調査報告会

○3月27日（木）
大原――京都バス――京都／京都――JR東海道本線――大阪
10:00　　　　　　　11:05／11:15　　新快速　　　　　11:45

　12:45〜15:15　グンゼ株式会社大阪本社CSR推進室　企業訪問

大阪―――JR北陸本線―――富山
15:42　　特急サンダーバード31号　　19:04

2．グンゼ株式会社大阪本社CSR推進室への企業訪問から学んだこと

　キャリア研究会における企業訪問の目的は、①キャリア研究会に所属する高専2年生の学生がそれぞれのキャリア形成を考え、「働くことの意義」を見つけること、②企業社会で必要とされるCSRについて理解を深めること、の2点である。今回の企業訪問の内容は、以下のとおりである。

第13章　2008年度キャリア研究会研修合宿

◆グンゼへの企業訪問の内容
　① 歓迎のあいさつ（CSR推進室長　安部雅敏様）
　② グンゼの「CSR推進」について（同　安部雅敏様）
　③ グンゼの「是」とCSR（CSR推進室　吉川智美様）
　④ 質疑応答（同　吉川智美様）

　グンゼ株式会社大阪本社CSR推進室への企業訪問から学生の学んだことは以下のとおりである。

◆国際流通学科2年　池田智美
　今回キャリア研究会の合宿に参加して色々なことを学ばせて頂きました。企業を訪問する前日の勉強会では、自分だけでなく友達の意見も聞くことができ、1つのことでも色々な考え方があるのだと改めて実感させられました。勉強会のために調べるまで正直、企業倫理やCSRについても詳しく知っておらず、「それって何？」と言うような感じでした。勉強会で討論をする前、友達も同じことを話していて、調べてきた内容もみんな似たものばかりに偏りがちでした。しかし、みんなで討論をしていくたびに、「企業の面としては？」それとも「消費者の場合では？」と、様々な面から考え直すことによっていろんな答えが出て、一人で調べて考えることよりも複数で討論をするほうが自分にも納得する答えがでて、初めて討論を楽しいと思いました。
　企業訪問の際には、吉川さんが丁寧に話してくれたり、自分たちで考えたりして作業することにより、より深く考えさせられました。企業訪問で一番初めに学んだと実感できるものは「己を十分に知れ」ということです。私たちが吉川さんに、「学校をテーマにCSRについて考えよう」といわれたとき、実際に頭の中には浮かばず、考えられませんでした。それなのに私たちがグンゼという企業について尋ねると、吉川さんはいろんなことをスラスラと答えてくださいました。それこそ、吉川さんの話を聞いていると、悪いところも含めてよく知っていたと思います。私たちも、いつ、どこで、どんなことを聞かれるかはわかりませんが、やはり、自分たちの身の回りのことについて聞かれた時には良いところも悪いことも認めて話せるような人物になりたいと感じました。
　あと、吉川さんが話していた、「会社を否定するということは、自分自

身を否定すること」という言葉が印象に残っています。自分自身の振る舞いや態度がいかに周りに影響を及ぼすかと言う言葉を再確認させられたように感じます。まだまだ、今回の合宿だけでは、企業倫理やCSRについてはっきりとしたものは見出せませんでした。しかしながら、討論をして深く考えたり、吉川さんのような実際に働いている社員さんの話を聞くことにより、違った面で様々なことを学ぶことが出来たので、有意義な合宿が出来てよかったと感じています。

◆国際流通学科2年　坂井汐里

　グンゼ大阪本社に訪問するにあたり、私には個人的なテーマが2つありました。ひとつは今回の議題となった「企業の社会的責任とは何か？」です。消費者である私たちが企業に求めるものにもかかわらず、私には関係のないことだと思っていましたが、今回の研修会でその意味の広さを知り、私たちの生活に欠かすことのできない企業の重要性を学ぶことができ、私の職業認識も大きく変化しました。

　企業訪問前日の夜にグループで話し合いを行ったのですが、その定義すら一致せず、話がまとまることなく終了してしまいました。そして私はすっきりしない気分のままグンゼを訪問し、研修会に参加しました。吉川さんのCSRについての説明のおかげで、その概要をつかむことができました。その説明のなかで、個人の社会的責任（PSR）とは何かと考える機会がありました。私はこれまでCSRについて調べてきたものの、わが身に振り替えて考えたことはなく、CSRとはこんなに身近なものであったかと再認識しました。

　もう一方のテーマは「企業で働くことの意義の発見」です。私が社会に出て生活するようになるまで、あとたった数年しかないのですが、どうしても「働く」という概念をまだ遠くにしか感じていなかったのです。そんな私にとって、後半の吉川さんの話はとても興味深いものでした。人生のうちのほとんどは仕事に追われる日々で構成されています。私はその期間をよりよく過ごすために必要な知識を学ぶ、学生生活という準備期間にいるというのに、社会の厳しさを受け入れる強さを身につけることなく、ひたすら黒板の文字をノートに写すだけの毎日を送ってきました。しかし、この企業訪問をきっかけに自分の将来や人生の目的を真剣に考えていこうと思いました。吉川さんの話にもありましたが、CSRはたくさんのPSR

（個人の社会的責任）が集まってこそ成り立つといいます。同じように、私もいつか社会の構成員として重要な役目を果たしていきたいと思います。

◆国際流通学科２年　笹岡由希

　企業見学の前夜の勉強会ではCSRとグンゼについて話し合った。そこではまずCSRとは何なのか、ということから始まり、CSRは社会や企業にどのような影響を与えているのか、グンゼはどのような企業でどのようなCSRを果たしているのかということなどを話し合った。話し合いをしていくうちにCSRは環境問題と深く関わっていることや、CSRはただ企業が果たすべき責任というわけではなく企業に対する信頼につながっているということ、グンゼでは創業そのものがCSRと同じ考えだということなどがわかった。またブランドや企業のイメージが大切で、有名な企業が少しでもミスをするとその企業はダメージが大きくなるということも感じた。

　グンゼではCSR担当の吉川さんがCSR、そしてグンゼについて詳しく、また明確に説明してくださった。その話の中でCSRが今社会からどれだけ必要とされているかということや、CSRはPSR、つまり企業にいる社員（人間）一人一人の責任が集まって企業の責任になっているということ、CSRはとても広い範囲で求められていることなどがわかった。

　また今までグンゼは下着やストッキングを生産している企業だというイメージが強かったが、プラスチックやタッチパネルなどの電子部品、またスポーツジムなどあらゆる分野に進出していることを知り、とても驚きまたすごいなと思った。とくにペットボトルの周りについているフィルムラベルの多くがグンゼの商品だった。このように企業は一つのことだけでなく様々な分野に進出していくことで業績を伸ばすだけでなく、社会に貢献しているのだと思った。他にも私たち自身が考え、発表したり、吉川さんの仕事の話や苦労した話などためになる話が聞けたりもした。この企業見学でCSRや企業の責任など様々なことを詳しく知ることができ、とても勉強になった。

◆国際流通学科２年　澤崎智郁

　私はグンゼを訪問してCSRなどについての考えを深められたと思いま

す。以前は何故または何のために企業はCSRを推進しているのか、情報を公開しているのかが疑問でした。前日の夜に話し合いをした時には、企業がCSRの情報を公開することで私たちはこれだけ社会に貢献していますよ、とアピールしているのではという意見が出ました。これでは企業が優先しているのは会社内の事になり、CSRを推進して一体何を目指しているのかが更に分からなくなったのですが、実際に話を伺ってみるとステークホルダーとの共存共栄を図っているとのことでした。

CSRの「S」はSocialからSustainableに変わってきているということも聞き、CSRとは社会を維持するためにしていることなのだと分かりました。取引先の経営が上手くいっていないと自分の会社にも響いていくことがあるし、この考えだと結局は社会的責任を果たしていくことで社会の環境も良くなり、自分の会社も栄えていく事になるので、うまく成り立っていくのかと感じました。

また、CSR推進室の吉川さんの会社に通う意味についての話で、今この会社で働いている理由はやりがいを見つけたからという意見も参考になりました。やりがいを持って仕事をすることも大切なのだと思いました。私はグンゼに入った時、清潔できちっとした印象を持ちました。また吉川さんのお話や活動から意欲のある会社だと感じました。今回の企業訪問は一般の企業に入ったことがなかったので、会社の雰囲気などが分かりとても良かったです。ありがとうございました。

◆国際流通学科2年　棚辺絵梨香

合宿に参加する前はCSRという言葉は全く知らなかった。事前調査を行った後も、漠然と社会貢献事業や環境問題に取り組むことだと思っていた。しかし、宿での討論でその考えは間違いではないけれど、全てではないということがわかった。誰に対するCSRが一番大切なのか？という話題が挙がったときに、利益をだし会社を存続させて、従業員の雇用を確保することも必要だという意見が出た。私は消費者や市民としての立場のことを中心に考えていて、雇用されている社員へのCSRは考えの外だったので衝撃を受けた。

翌日グンゼへ訪問し、一人一人が果たすべき責任が集まって企業全体の責任が果たされるという考えを聞いた。CSRは会社がわざわざ何か事業をするということもあるが、私たちができることをすることなのだと分

かった。グンゼで話し合ったが、学校でも自分ができるだけの責任を果たすべきなのだ。CSR がより身近に感じられた。また、共存共栄の考えが私は好きだ。それぞれが自分の利益を出しながらも、お互いの利益を生み出す手助けをしているという考え方が 111 年前にあったことに驚いた。この研修を通して、CSR そしてグンゼについて知ることができた。また、企業をアピールするときは、自分の企業のことを知っていることはもちろん、相手をよく調べることも大切なのだと感じた。

◆国際流通学科 2 年　永原玲美

　前日の勉強会は、集まったメンバー各々が前もって調べてきたとはいえ、こういう専門的なことについて話し合うのはほとんど初めてのことなので、どのようなものかと思っていましたが、沢山意見交換ができて充実した勉強会になりました。私が調べたこと以外にも QOL やメセナ活動など初めて聞く単語がいろいろありました。しかし、みんな CSR とはなんなのかはっきりとは分からず、とても頭を使った気がします。私たちは、宮重教官の話を聞き、それについて意見を出し合うというように勉強会を進めたのですが、知識や考えなどをとても深められました。

　グンゼさんを訪問した際に、社員の方々がみんな挨拶をしていたことが印象的でした。その背景には三つの躾というグンゼさんの創業の精神があるのですが、この項目に少し感動しました。始めはどうしてこんな常識的なことが会社によって決められているのか疑問に思いましたが、三つの躾の意義なるものを読んで、納得してしまいました。

　CSR について詳しく説明していただいたのですが、やはり定義がないと難しいと思いました。責任の種類にも法的責任や経済的責任などがありますが、どのようなことに取り組めばその責任が果たせるのかという所は、企業あるいは個人の考え方によって違いが出るものだと思います。

　自分が会社で働くようになり CSR について考えるとき、株主や顧客、取引先や従業員など多方面の関係や繋がりについて考えなくては、CSR は果たせないのだと分かりました。また、CSR を果たし、社会に貢献することで会社の評価も高くなり、良い連鎖が起こるのではないかと思います。私はものやサービスの向上には限界があるのではないかと思います。そんな中で競争を続けるには価格や品質以外の競う部分がなくてはいけません。今後はその CSR が競う部分になるのではないかと思います。

今回のキャリ研合宿を通して会社に対する考え方が少し変わりました。そして、自分の将来についても考えを深めることができました。もしまたグンゼさんと話ができる機会があれば、「不進不存」についてどのような考えを持たれているのかうかがいたいと思います。

◆国際流通学科2年　中谷美咲
　グンゼに訪問することが決まり、CSRについて調べ始めた。CSRという言葉は始めて聞いたが、今回の訪問や話し合いを通して、考えを深められたと思う。
　CSRについて、訪問前後で考えが変わった部分がいくつかあった。特に、CSRのあり方についてのイメージが変化した。調べたときに、「ブランド力向上」や「市場評価の向上」がCSRの目的と記されていた。だから、「CSRとは、消費者を対象にし、利益を得るためにアピールするもの」なのだろうと思った。「従業員や株主にも関係している」というのは、実際は資料上だけだろうと思っていた。だが、ライフクリエイト部門設立の理由を聞いたとき、それは違うと思った。「他事業の縮小に伴って職を失う人たちの職場の確保のため」とおっしゃった。職場の確保は消費者が対象でもなく、利益的なものでもない。消費者や利益以外を目的とした活動を具体的に知り、そして、自分の利益のためだけでなく、関係する人たちを守ろうとするCSRもあるのだと思った。
　CSRの進め方について、話し合いのとき、疑問を持つ人が多かった。企業がメセナ活動など少数しか求めていない活動をしていることから、「押し付けのCSRもあるのでは？」という結果になった。「誰にCSRをはたすか」という判断を間違えると、そのように思われてしまうのだと思う。一部にしかCSRを果たさないのは困る。かといって、すべてのステークホルダーに果たすのは、やはり難しい。CSRのSが、socialでsustainableであるためには、範囲や優先順位を熟考しなくてはいけないと思った。

◆国際流通学科2年　能町理美
　今回グンゼを訪問するにあたって、初めてCSRということを事前に調べたが、よく分からなかった。みんなと訪問前日に討論して、少しは理解したと思うが、CSRとはこういうものだと説明する自信はなかった。

実際にグンゼを訪問して、吉川さんの話を色々聞いて、グンゼという会社をより詳しく知ることができた。CSRについても前より理解を深めたと思う。会社を持続することが何よりも企業にとっては大切なことであり、今、そうするためにはCSR活動を活発にしていかなければならないのだと思った。ある意味、CSRをアピールすること自体も企業間の競争なのかもしれない。あの後、どの会社のHPを見て回っても大抵CSRのページが設けられている。それだけ今CSR活動は企業の存続になくてはならないものなのだと思った。

　グンゼのCSR報告書を読んで、本当にステークホルダーのために活動していると感じた。従業員のために育児・介護支援制度を整備していたり、環境への取り組みも具体的に載っていたり、参考になった。みんなと討論した中に、「なぜグンゼは他の事業にも手を出したのだろう」という疑問が上がったが、その経緯を知ることができた。

　宮重教官が私たちに「ここまでCSRがうるさく問われるようになった背景は何だと思いますか。」と聞かれ、真剣に悩んで意見を交換したが、答えは出なかった。だが、やっぱり「不祥事」の多い今日に関係があるのではないかと思う。大抵の不祥事の中身というのは、消費者を裏切るような行為だ。ステークホルダーである私たちに対し虚偽の表示や健康を損ねるような物の提供は、どうしても企業の社会的責任が問われる。そこで、企業側からCSRを主張することで、消費者からの信頼を得、いい関係を築き上げることに繋がるのだと思う。ステークホルダーありきの企業なのだ。先に述べた様に、会社の存続はCSRにかかっている。なぜなら、CSRを果たさない企業はステークホルダーからの信頼を得られないからだと思う。

◆国際流通学科2年　八田宗太

　今回グンゼを訪問するということで、CSRを初めて勉強しました。また、訪問日の前日に一緒に行ったみんなと話し合いをしました。そのときに、CSRは個人でできるものではなく、企業や団体などといった大きな存在の中で必要だと思いました。

　訪問日当日、初めての会社訪問だったので少し緊張しましたが、社内の雰囲気がよく緊張はすぐに解けました。社員の方たちを見ると、とても働きやすそうな会社だなと思いました。CSR推進室長の安部さんにはCSR

の概念について、さらに詳しいことは吉川さんにお話ししていただきました。お話しでは、一番必要なものはPSR（Person Social Responsibility）で、それがCSRをつくっていくとおっしゃっていました。
　お話しの最後に吉川さんが、「今自分がこの会社で働き続けられているのはグンゼのおかげであり、グンゼに感謝しています」と言っておられましたが、グンゼという会社が社員のことをしっかり考えているからそう思えるのだろうなと思いました。そのときいただいた資料の中にも、社員に対する取り組みが多く書かれていました。他の社員の方たちはどう思っておられるのか聞いてみたかったなと思いました。
　自分で調べているときは、自分一人ではどうにもできないものと思っていましたが、一人一人の意識でも変えていけるものという考えに変わりました。たくさんの企業がCSR活動に積極的に取り組んでいる現在、自分も何かに取り組んでいけたらなと思います。今回の訪問では参考になることをたくさん聞くことができとてもよかったです。

◆**国際流通学科2年　山岡詩織**
　今回、GUNZEのオフィスを訪問し、「CSR」を中心に、GUNZEの企業活動や取り組みを学ばせていただいた。企業訪問の前日、学生同士で「CSR」についてや企業の在り方について議論したが、知識や関わりの浅い私たちはそれらがどういうものなのか全く答えを出せずにいた。今回の企業訪問では、「CSR」の概念について詳しく説明していただき、またその「CSR」の持つ意味や方針についても知ることができた。
　GUNZEでは、CSR活動を通してステークホルダーなど周りのものとの関わりをとても大切にしていることが分かり、GUNZEという企業が私にとって身近なものに感じられるようになった。
　GUNZEでは様々なCSR活動が行われていたが、その中でも私が興味を持ったのが社会貢献活動である。GUNZEでは「BOOKMAGIC」という古本やCDの回収をして、発展途上国の子どものために教育支援を行う活動や、使用済み切手や書き損じはがきを回収しての植林支援活動、ホーチミン市でのチャリティバザーなど、GUNZEの事業内容とは直接関係のない分野でも社会貢献活動を行っている。CSRは戦略投資だとおっしゃっていたが、貧しい農村のために蚕糸業を振興しようと設立され、また創立時の「共栄共存」という精神を今も掲げているGUNZEらしい取り組みに

思えた。

　今回の訪問を通して、企業の取り組みや様子を直接伺うことができた。そして、それらの活動は私たちにとって決して無関係なものではないと実感した。今回学んだことや経験を生かして、企業倫理などについての知識を深めると同時に、自分の将来や生き方についても考えていきたいと思う。

◆国際流通学科２年　山﨑佳乃

　今回、株式会社グンゼに企業訪問をし、「CSR推進」について学んだ。私は今回のこの企業訪問がなければCSRに触れることはなかっただろう。なぜならば、私はまだ学生であり、社会にでて実際にCSRを推進する立場ではないからだ。さらに、企業が私たちに対して行っているCSRに気がついていなかったからだ。

　CSRはステークホルダーとのバランスが大切である、私はそう感じた。企業が行うCSR活動には必ず人がついてくる。消費者に対してであったり、従業員、取引先、株主、地域、そして地球に対して行われている。企業は消費者のみ対象であったり、従業員だけなどと特定の人だけに対してCSRを行っても、特定の対象者のみ満足し、その他は満足することはできない。このように、一方だけが満足できるCSRになることを回避するためには、ステークホルダーになる者の全員に対してバランスよくCSRを行うことが大切である。

　この関係は鎌倉幕府の時代に行われた御恩と奉公に似ている。企業がステークホルダーにCSRを提供すると、ステークホルダーは御恩として企業に信頼を提供する。このことから、CSRとは企業の社会的責任を果たすこととなっているが、実際は企業がステークホルダーとの友好を保つために築く信頼関係だと思った。

　企業がバランスのとれたCSRを提供してくれていることにより、私たちは不満のない生活を送ることができている。CSRについて学んだからこそ、CSRはしてもらって当然、などと考えずに、身の回りに対して行われているCSRを意識しながら生活していきたいと思った。

◆国際流通学科２年　山田彩加

　夜の勉強会ではそれぞれ調べて来たことについて意見を言い、CSRに

ついてなんとなくだか理解した。討論していると、私たちは色々なことに興味を持って周りを見ていて、自分の意見を持っているなと思った。またそれはすごく良いことで、自分がこうだ！と感じていることが他の人には違って見えていて、異なる価値観を知ることで、物事を違った角度からも見られる気がした。

　グンゼさんに着いた時は、緊張で考えていた質問や意見が真っ白になったが、話を聞いているうちに、勉強会で調べた CSR よりもさらに詳しく知ることができた。社員の方もとても親切で、ただ話を聞くだけでなく私たちの意見や質問にも丁寧に答えてくださった。

　今の時代では会社の信用が第一で、その信用を確保するために CSR があるといってもよいだろう。グンゼ＝アパレルだと思っていたが、アパレルの次に機能ソリューション事業も実績をあげているということに驚いた。訪問後、コンビニや下着ショップに行くと普段気付かなかったが、グンゼ商品がたくさん出回っていることに気付いた。

　今の私にとっての CSR はきちんと進級し資格を取り学ぶことだと思うので、実行していきたいと思う。

◆国際流通学科２年　山田和紀子

　今回、企業訪問に参加し、グンゼという企業と CSR について深く考えることができた。事前にグンゼと CSR について調べてみてわかったことがたくさんあった。グンゼといえばアパレル事業という固定概念があったため、ホームページを見てアパレル事業以外にも機能ソリューション事業や、ライフクリエイト事業など幅広く事業を手掛けていることを知り、とても驚いた。CSR は「企業の社会的責任」と直訳されるが、どうしても環境問題から離れられず、それらが実際どういう活動を示しているのか、これについては調べてもわからない点は多々あった。

　グンゼを訪問する前夜ミーティングでは、各々が作ってきたレジュメを元に意見交換をした。主に CSR について話し合い、たまに時事問題についても話し合ったが、みんなが自分の意見をしっかり持っていることに感心し、大変刺激を受けた。

　企業訪問当日はとても緊張していたが、社内の明るい雰囲気と、説明をして下さった吉川さんの聞き手を惹きつける話し方や、私たちにも話し合い発表する場を設けて下さったことで緊張もほぐれ、楽しみながら説明を

受けることができた。調べてもわからなかった CSR については、まず、「企業の社会的責任」と訳すことができると書いたが、今では「責任」ではなく、「信頼」だという考えに変わってきていることがわかった。それぞれのステークホルダーへ果たす役割こそが CSR だということもわかった。

　自分が将来就職を考える際の参考になったこと、CSR について学べたこと、吉川さんの話して下さった体験談から、私も今自分にできることを精一杯やろうと思ったこと、これらが今回の大きな収穫だったように思う。企業訪問に参加できて本当によかった。

◆国際流通学科2年　渡辺美佐子

　前日の話し合いでは、重点的に企業がなぜ CSR 活動を行うかを話し合った。意見は分かれ、会社が利益をあげるためと社会貢献という意見が出た。また CSR 活動は多種多様で、時代の変化とともに活動も変化するということが結論として出た。例えば、環境問題などが現在注目されている CSR 活動である。

　そして Gunze を訪問することで、CSR 活動に対する考えが変わった。PSR 活動とは個人が行うものであり、その集団が CSR 活動になるということがわかった。つまり、PSR 活動はわたし自身にも関わっているということがわかった。PSR 活動を通して人は自分の生きていく中での役割を果たすのではないだろうか。人がそれぞれ PSR 活動を行うことで、他者へ影響を与える。それが企業の場合は CSR 活動だと私は考える。おそらく、吉川さんもそのことを私たちに伝えたかったのではないだろうか。今回の合宿を通して、私も今果たすべき役割をしっかり把握して、充実した高校生生活最後の1年にしたいと思った。

　文末となりますが、今回の企業訪問にあたり格別のお取り計らいを頂きました経営倫理実践研究センターの山口謙吉先生、グンゼ株式会社 CSR 推進室長の安部雅敏様、CSR 推進室の吉川智美様に厚く御礼申し上げます。

編著者紹介

宮重　徹也（みやしげ・てつや）

1975 年	愛媛県今治市生まれ
1996 年	広島商船高等専門学校流通情報工学科卒業
1998 年	信州大学経済学部経済学科卒業
1998 年～ 2000 年	萬有製薬株式会社（現 MSD 株式会社）に勤務
2000 年	富山商船高等専門学校国際流通学科助手
2003 年	富山大学大学院経済学研究科企業経営専攻（修士課程）修了，修士（経営学）
2007 年	富山商船高等専門学校国際流通学科助教
2008 年	金沢大学大学院自然科学研究科生命科学専攻（博士後期課程）修了，博士（学術）
2009 年	富山商船高等専門学校国際流通学科専任講師
2010 年	富山高等専門学校専攻科（国際ビジネス学専攻）准教授
2014 年	富山高等専門学校国際ビジネス学科准教授
現在	富山高等専門学校国際ビジネス学科准教授

主な著書　医薬品企業の経営戦略—企業倫理による企業成長と大型合併による企業成長—（慧文社）
　　　　　図解雑学：医薬品業界のしくみ（ナツメ社）
　　　　　医薬品企業の研究開発戦略—分離する研究開発とバイオ技術の台頭—（慧文社）

企業との協働によるキャリア教育
私たちは先輩社会人の背中から何を学んだのか

2015 年 3 月 31 日初版第一刷発行

編著者：宮重徹也
発行者：中野　淳
発行所：株式会社 慧文社
　　　　〒 174-0063
　　　　東京都板橋区前野町 4-49-3
　　　　〈TEL〉03-5392-6069
　　　　〈FAX〉03-5392-6078
　　　　E-mail:info@keibunsha.jp
　　　　http://www.keibunsha.jp/

印刷・製本　モリモト印刷株式会社
ISBN978-4-86330-069-9

落丁本・乱丁本はお取替えいたします。

Ⓒ 2015, Tetsuya Miyashige. Printed in Japan

慧文社の本

医薬品企業の研究開発戦略——分離する研究開発とバイオ技術の台頭

◎巨大化する大手医薬品企業。大手医薬品企業は、どのように画期的新薬を生み出しているのか？

今、大きな変革期にある医薬品企業。欧米、日本の各大手医薬品企業はバイオベンチャー企業の協力のもと、医薬品の「研究」と「開発」を分離する傾向にある。ブロック・バスターの研究開発戦略を明らかにして、現在の創薬技術を解明する。医薬品メーカー関係者、医療関係者、経営学者等必携の書！

宮重徹也
藤井　敦 著

A5判・並製

定価：2000円＋税
ISBN978-4-86330-066-8

医薬品企業の経営戦略——企業倫理による企業成長と大型合併による企業成長

◎成長力の源泉は「倫理」にあった！

企業成長を目指して世界的な大型合併を繰り返す医薬品企業。しかし、成長力の真の源泉は患者さんの生命を助けたいという強い思いだった。多数のデータを駆使して医薬品産業の現状を分析し、これからの同産業がいかにあるべきを問う。

宮重徹也 著

A5判・上製

定価：2000円＋税
ISBN978-4-905849-26-1

グローバル化の進展とマクロ経済

◎グローバル化の意義とその実態！

激動する今日の世界経済の背景にあるグローバル化とそれに伴う市場統合の実態に焦点を当て、実証分析に基づき世界経済が直面する諸問題を、図表を駆使してわかりやすく解説する。

樋口一清
河越正明 編著

A5判・上製

定価：2800円＋税
ISBN978-4-86330-051-4

新オーストリア学派とその論敵

◎リバタリアニズム経済学「新オーストリア学派」長年にわたる研究成果の粋！

新オーストリア学派のミーゼス、ロスバード、ホッペらの業績を紹介しつつ、この学派の「国家論」や「貨幣論」の特長を鮮明にし、マルクス、ポランニー、ケインズの三大「論敵」を批判する。

越後和典 著

A5判・上製

定価：3800円＋税
ISBN978-4-86330-052-1

IT立国エストニア——バルトの新しい風

◎北欧の小国エストニアのITに世界が注目！本邦初の詳細レポート！

いまIT先進国として世界の注目を集める、北欧の小国・エストニア。世界初の国政選挙インターネット投票、多種多様な公共サービスで活用される国民eIDカードなど、最先端をゆくIT基盤や各種電子政府サービスを紹介。

前田陽二
内田道久 著

A5判・上製

定価：2500円＋税
ISBN978-4-86330-019-4

慧文社　〒174-0063　東京都板橋区前野町4-49-3　TEL03-5392-6069　Fax03-5392-6078
http://www.keibunsha.jp/　E-mail:info@keibunsha.jp　ご注文は書店又は直接小社へ